LEONARDO POLO

# AYUDAR A CRECER
## CUESTIONES DE FILOSOFÍA DE LA EDUCACIÓN

Edición, notas y estudio introductorio
Joaquín León–Parodi

EDICIONES UNIVERSIDAD DE NAVARRA, S.A.
PAMPLONA

Serie: Educación

# Cupón para la Biblioteca Virtual

Accede a la versión eBook de este título por solo **1,99 €**. Con la compra de este libro puedes utilizar el siguiente cupón para la lectura en *streaming*\* desde la Biblioteca Virtual. **Sigue estas instrucciones** para visualizar tu libro:

1. Dirígete a la web de la Biblioteca Virtual en **https://ebooks.eunsa.es**.

2. En la web ve a **Iniciar sesión** e introduce tu email y contraseña. Si no estás registrado, deberás completar el proceso en **Registrarse**.

3. Tras registrarte, accede a la página del libro o lee el QR de esta página. Bajo el precio podrás **insertar el código oculto en el siguiente cupón** para activar la promoción.

Despegue para visualizar

Acceso directo al eBook

## Canjéalo en ebooks.eunsa.es

\*Con acceso a internet desde cualquier navegador.

© 2024. Leonardo Polo (†)
Ediciones Universidad de Navarra, S.A. (EUNSA)
Campus Universitario • Universidad de Navarra • 31009 Pamplona • España
+34 948 25 68 50 • www.eunsa.es • eunsa@eunsa.es

ISBN 978-84-313-3942-5
DL NA 861-2024

Fotografía cubierta
*iStock*

Printed in Spain – Impreso en España
Imprime: Podiprint

# Índice

# Presentación

Leonardo Polo

El presente texto responde a la transcripción de las conferencias orales que me invitaron a dar en el Programa de Maestría en Ciencias de la Educación, en la Universidad de Piura (Perú). Son muchos ya los años en que he tenido la oportunidad de ofrecer a esta institución universitaria mi trabajo filosófico, y de que éste fuera gratamente aceptado. Este quehacer filosófico fue ratificado en 1995 con mi nombramiento, por parte de las respectivas autoridades académicas, como *Doctor Honoris Causa*. Por tanto, poseo sobrados motivos para estar agradecido a dicha institución.

Acepté gustosamente tratar de algunas cuestiones referentes a la *educación* en 1995, aunque, evidentemente, otros profesores especialistas en la materia podían ampliar la temática. En cuanto a la oportunidad de este estudio –centrado en el plano familiar–, esa pertinencia salta a la vista, no sólo por la crisis mundial que atraviesa la familia y la deficiencia educativa imperante, lo cual exige tratamientos no parciales o reductivos; sino también por lo nuclear y profundo de estos temas tan humanos como intrínsecamente conexos entre sí.

El hombre es un *ser de proyectos* porque él es un proyecto. El afianzamiento y desarrollo de ese proyecto que implica, por otra parte, la salida de la crisis mundial que atraviesa la sociedad, pasa necesariamente por el corazón de la *familia,* y también debe ser encomendada a una buena *educación.*

En los diversos capítulos que componen este libro el lector podrá apreciar el carácter oral de las exposiciones originales, adaptadas, en la medida de lo posible, al estilo del texto escrito. Por si es útil, y ya que se trata de un escrito breve, en ocasiones, a pie de página, aludo a otras publicaciones mías en las que se amplían algunas nociones a las que se hace referencia en el texto.

Agradezco a la Dra. Luz González Umeres la ocasión que me brindó de impartir estas lecciones. Gracias también a las personas que se dedicaron a las labores del traslado del material audio-visual al soporte de texto y, asimismo, a aquéllas ocupadas en el trabajo de corrección y orden del escrito, realizado en la Universidad de Piura en 1997, por los doctores Genara Castillo y Juan Fernando Sellés. Mi agradecimiento asimismo para con el Dr. Ángel Luis González por los trabajos conducentes a la publicación de este libro, y al Dr. Francisco Altarejos por su lectura, sugerencias y el estudio introductorio que antecede a este texto.

# Estudio introductorio[1]

## *Una filosofía de la educación centrada en la persona y con miras a la trascendencia*
Joaquín León-Parodi

## 1. Introducción

Es un honor que me hayan encargado esta edición crítica de *Ayudar a crecer. Cuestiones de filosofía de la educación.* Por eso agradezco a las personas que han hecho esto posible y a todos los que –con el apoyo de EUNSA– difunden el pensamiento de Leonardo Polo a través de la edición de las *Obras completas de Leonardo Polo.* Considero que el pensamiento poliano puede ser un gran aporte a la sociedad en general, puesto que desde su antropología trascendental se puede iluminar el actuar del hombre en sus más diversos ámbitos: uno de ellos es la Educación, como queda de manifiesto en esta obra y en diversas investigaciones que han procurado estudiar la antropología trascendental para aplicarla al quehacer educativo.

---

1. De la misma forma que lo indica Francisco Altarejos en su estudio introductorio para la primera edición de esta obra, las citas textuales del presente libro se destacan en cursiva, añadiendo la negrita para las cursivas originales. Para agilizar la lectura, se omite las referencias de página de las mismas, pues el lector las encontrará en su momento durante la lectura del libro.

He leído *Ayudar a crecer* en tres oportunidades. La primera fue antes de estudiar la *Antropología trascendental* y los otros escritos donde Polo trabaja su concepción de la antropología. La segunda fue después de haberme inmerso en la antropología descubierta por él. Y la tercera, para hacer posible esta nueva edición, tras haber concluido un estudio que pretendió sistematizar el pensamiento educativo de Leonardo Polo. Pienso que cada lectura fue más provechosa que la anterior, porque Polo no es un teórico de la educación, sino que es un filósofo que se dedicó a muchas vertientes temáticas, aunque bien es verdad que en su proyecto de vida estuvo el elaborar la *Antropología trascendental*. Por esta razón, estas sesiones sobre cuestiones de filosofía de la educación adquieren un valor particular, sobre todo si se comprende la antropología trascendental de Leonardo Polo, al menos en parte, porque no cabe dejar de profundizar en ella.

Por lo indicado, y para no solaparme con el excelente estudio introductorio que hizo Francisco Altarejos en la primera edición de este libro, dedicaré estas páginas a plantear de manera sucinta cómo Leonardo Polo entiende al hombre en su *Antropología trascendental*, con el propósito de que todo lector –particularmente aquellos que no han estudiado el pensamiento poliano– pueda sacar buen provecho a esta obra. Al final de esta introducción dedicaré un apartado a tratar el fin de la educación y otro para estudiar la educación personalizada.

Cabe advertir que en esta reedición crítica de *Ayudar a Crecer. Cuestiones de filosofía de la educación* se añaden al pie de página algunas notas del editor (N.E.), que pueden resultar útiles para que el lector logre una comprensión más acabada de la obra. Dentro de esas notas se encuentran referencias a los autores clásicos y a otros autores –cuando Polo hace alusión a ellos–; también referencias a otras obras de Leonardo Polo –para una mejor comprensión de algunos conceptos e ideas polianas– y, en fin, algunos comentarios –que pretenden explicar y aunar conceptos– que se consideran importantes para aclarar algunos puntos tratados por Polo. Además, al final de esta publicación se añade un Anexo titulado *Ética y educación,* que corresponde a una conferencia que Polo impartió en el Centro Cultural Ausangate de Lima (Perú) el 10 de septiembre de 1990[2].

## 2. El hombre debe ser estudiado mediante el método sistémico

Antes de introducirse en el estudio del ser humano desde la antropología trascendental de Leonardo Polo, hay que advertir que el estudio del hombre –y, por consiguiente, el estudio del quehacer educativo– debe ser estudiado por medio del método sistémico, y no analíticamente[3]. Cuando una realidad se consigue estudiar por partes, sin afectarla a su totalidad, se puede utilizar el método analítico. Sin embargo, cuando una realidad se encuentra interrelacionada, y al dividirla en distintas piezas se afecta esa realidad, se debe utilizar el método sistémico[4]. A este respecto señala Leonardo Polo que "una máquina, por ejemplo, puede considerarse por partes porque está hecha de partes, por acoplamiento de piezas. Un coche puede tener encendido el motor y la marcha en punto muerto; aunque acelere, el coche no anda"[5]. En esta clase de estu-

---

2. Este trabajo se encuentra publicado en: POLO, L., *Artículos y conferencias,* en *Obras Completas,* Serie B-III, vol. XXX, Eunsa, Pamplona, 2022, pp. 367-379.

3. El mismo Polo lo indica de este modo: "Lo que hace el método analítico es –digámoslo así– entender partes, no totalidades significativas, orgánicas, organizadas, en funcionamiento coherente. A lo más que se puede llegar con el método analítico es a conocer una serie de piezas, una serie de elementos, distinguirlos, y luego tratar de componerlos". *La esencia del hombre,* p. 165.

4. Cfr. POLO, L., *Quién es el hombre.*

5. *Ibid.,* p. 45.

dio funciona el método analítico. Pero, en el caso del estudio del ser humano no se puede proceder de esta forma, ya que el hombre no puede dividirse en piezas, porque en él todo es importante. En palabras de Polo: "la verdad del hombre no es un resultado, un mosaico de piezas: no es artificial. El hombre es unitario *a priori*"[6]. Por este motivo, advierte que el hombre no debe ser estudiado por medio del método analítico, puesto que él "cada factor está presente en el otro, es decir, está ayudando al otro y separado del conjunto no sería"[7]. A esto añade que "considerar al hombre como una máquina es no entenderlo de ninguna manera. El hombre es una realidad compleja de variables interdependientes, de tal manera que todas están en funcionamiento"[8].

El hombre es un conjunto armónico; lo propio de él es su integridad; por tanto, debe ser estudiado de manera sistémica. Para José Ignacio Murillo este enfoque consiste en estudiar lo humano "encontrando la relación que existe entre sus diversas manifestaciones, viendo como cada uno de los factores influye en los demás, pero dejando esas referencias abiertas para incluir nuevos aspectos"[9]. Lo mismo ocurre con el estudio de la educación, la cual tiene en el centro de su actividad al ser humano. El hombre es el sujeto de la educación –sólo se puede hablar de educación haciendo referencia al ser humano–; por consiguiente, el estudio del quehacer educativo también deberá realizarse por medio del

---

6. *Ibid.*, p. 46.

7. Polo, L., *La esencia del hombre*, p. 235. El párrafo continúa: "¿Qué indica esto? Que el orden de agregación funcional es muy débil, pero en lo arcaico el orden es mucho más íntimo. Se podría expresar con la palabra «sentido»: la mano no tendría sentido, se degradaría en su propio modo de ser si se separara del gesto, pero el gesto es posible solamente si la mano está conectada con el lenguaje, con un medio comunicativo". *Ibid.*

8. Polo, L., *Artículos y conferencias*, p. 389.

9. Murillo, J. I., *Invitación a la antropología*, pro manuscripto, p. 34.

método sistémico. La educación debe ser armónica –integral–, y para eso su estudio debe utilizar el método sistémico: el estudio de la educación –y principalmente su fundamentación– deberá procurar la armonía del hombre.

En relación con lo dicho, indica Ignacio Falgueras que "el hombre es complejo tanto en su conjunto como en cada una de sus dimensiones, y no se alivia, sino que se aumenta la dificultad de su conocimiento cuando se desconsidera alguna de ellas, hasta el punto de llegar a hacerse ininteligible"[10]. Por este motivo hay que señalar que en el estudio del hombre se debe respetar el orden del propio ser humano, desde su corporalidad hasta su espiritualidad. Esto es así porque, como advierte Leonardo Polo, el ser humano es sumamente complejo y "en él todos los factores son relevantes, de manera que no se puede pensar que si en el hombre modifico una parte se quedan las demás quietas, sino que al influir en una parte estoy afectando a todas. Al hombre no lo puedo considerar analíticamente. El único modo de aproximarse al ser del hombre es teniendo en cuenta que en el hombre todo es pertinente"[11].

El estudio sistémico del hombre es particularmente relevante en lo que respecta a la Filosofía de la Educación, puesto que –como advierte Javier Pérez Guerrero– la alteración de cualquier factor en el proceso educativo afectará al resto de los factores y puede perturbar la integridad del educando[12]. El hombre no se puede 'desarmar en diversas piezas', ya que en él existe una unidad. Por este motivo, se debe afirmar que el ser humano no consiste en cajones o compartimentos aislados que funcionan de manera independiente, sino que es una unidad armónica que actúa de manera

---

10. Falgueras, I., *Hombre y destino*, Eunsa, Pamplona, 1998, p. 74.

11. Polo, L., *Artículos y conferencias*, p. 389.

12. Cfr. Pérez Guerrero, J., *Educar mirando a los ojos. Filosofía de la educación personalizada*, Eunsa, Pamplona, 2022, p. 183.

sistémica. El hombre está formado por diversas dimensiones, pero al actuar esas dimensiones lo hacen al unísono, integradamente. Lo mismo sucede con cada ser humano al ser educado.

Por lo dicho, es muy importante tener en cuenta el método sistémico para fundamentar la educación desde la filosofía, puesto que, en caso contrario, se puede caer en reduccionismos que consisten en tomar en cuenta solo una parte del hombre de manera aislada o darle a alguna de sus dimensiones un valor desproporcionado. El reduccionismo ha hecho mucho daño a la concepción del ser humano y, como consecuencia, al estudio de la filosofía de la educación. Por consiguiente, se puede afirmar que una mirada analítica o parcelada en el quehacer educativo llevará a un quiebre en el educando.

## 3. Las diversas dimensiones del hombre

En su filosofía, Leonardo Polo procura continuar la tradición clásica y escolástica, ampliando los hallazgos de Aristóteles y Tomás de Aquino[13]. En concreto, para su estudio sobre el ser humano en la antropología trascendental, procura aplicar la distinción real acto de ser-esencia, descubierta por Tomás de Aquino[14]. Polo parte de este descubrimiento, pues sostiene que, para continuar la filoso-

---

13. Cfr. FRANQUET, M. J., "Trayectoria intelectual de Leonardo Polo", *Anuario Filosófico*, Nº 29/2, 1996. Rafael Corazón, en su estudio sobre la filosofía de Leonardo Polo, sostiene que "Polo es aristotélico y tomista, pero intentando superar, corregir y continuar la tradición realista". CORAZÓN, R., *El pensamiento de Leonardo Polo*, Rialp, Madrid, 2011, p. 20.

14. "Cuando se dice: «el ser es diverso de lo que es», se distingue el acto de ser de aquello a lo que conviene ese acto. Pero la razón de ente se toma del acto de ser, no de aquello a lo que conviene el acto de ser; y por tanto no es concluyente la objeción". TOMÁS DE AQUINO, *De veritate*, q. 1, a. 1.

fía clásica, "lo mejor es partir de la distinción real sin suponerla, y desarrollarla sin limitarse a admitirla. Según esto, ser fiel a Tomás de Aquino quiere decir no quedarse donde él llegó, sino abrir nuevos temas desarrollando las indicaciones que se encuentran en él, y de acuerdo con un método que está ausente en su planteamiento"[15]. Polo emprende esta tarea en su obra y, por tanto, aplica la distinción real para estudiar las diversas dimensiones humanas.

Antes de explicar cuáles son las diversas fases del ser humano, conviene advertir que, para Leonardo Polo, el estudio del ser y esencia del universo y del hombre corresponden a materias distintas: el primero es estudiado por la metafísica, mientras que el segundo es estudiado por la antropología[16]. A este respecto, indica Piá Tarazona que "el acto de ser humano no se investiga de modo paralelo al acto de ser del universo, pues los resultados de la metafísica no se pueden aplicar en sentido estricto a la antropología"[17]. Es así, como afirma Polo, porque "el acto de ser del hombre no es el acto de ser del universo, porque su acto de ser es personal y el del universo no"[18]. Lo propio ocurre con la esencia, ya que la esencia del hombre es susceptible de adquirir unas perfecciones llamadas hábitos, mientras la esencia del universo carece de esa capacidad[19].

Junto con lo dicho, hay que indicar que en la filosofía poliana se puede distinguir entre los siguientes términos: sustancia, na-

---

15. POLO, L., *Antropología trascendental*, p. 166.

16. "Si hay actos de ser distintos también se distinguen las esencias y las distinciones entre el acto de ser y las esencias también serán distintas". POLO, L., *Persona y libertad*, p. 34.

17. PIÁ TARAZONA, S., "La «Antropología trascendental» de Leonardo Polo", *Studia Poliana*, N° 1, 1999, p. 102.

18. POLO, L., *La esencia del hombre*, p. 103.

19. "Donde primeramente se ve que la esencia del hombre no es la esencia del universo es justamente cuando nos damos cuenta de que la esencia como perfección en el hombre es justamente *hábito*, y que eso no se da en el universo". *Ibid.*, p. 139.

turaleza, esencia y acto de ser. La *sustancia* es la materia formalizada sin vida; son los compuestos hilemórficos –ej. una piedra–; la *naturaleza* son los seres vivos –ej. una planta o un animal–; la *esencia*, término que denota perfección de la naturaleza, es distinta en el universo y en el hombre, pues en el primero equivale a las cuatro causas físicas, regidas por una de ellas, la final que es el orden del universo; en cambio, en el hombre, la perfección ordenada y creciente se debe al crecimiento de sus potencias inmateriales: la inteligencia con hábitos y la voluntad con virtudes; y, finalmente, *el acto de ser*, el fundamento del universo físico, es realmente distinto, por inferior, al acto de ser personal humano[20], sencillamente porque aquél es necesario mientras que este es libre.

Cabe aclarar también que para Leonardo Polo el ser del universo es el primer principio, mientras que su esencia consiste en la tetracausalidad[21]. Es claro que el ser y la esencia del universo son distintas realmente del ser y la esencia del hombre: "en el hombre, por una parte se podrá hablar de acto de ser humano, y también se podrá hablar de esencia del hombre"[22]. Así lo explicita en otra oportunidad: "no es lo mismo la creación del universo material que la creación del hombre. Crear el universo material es crear un acto de ser, pero crear al hombre es crear otro acto de ser distinto. Cuando se trata de personas hay tantos actos de ser cuantos hombres creados, puesto que la persona es el acto de ser"[23]. Esto quiere decir que cada ser humano es irreductible: único e irrepetible[24].

---

20. *Ibid.*, p. 302.
21. "Las cuatro causas conforman la esencia, y el primer principio es el acto de ser". *Ibid.*, p. 120.
22. *Ibid.*, p. 297.
23. *Ibid.*, p. 95.
24. "El ser personal es el 'quién' o 'cada quién'… La persona como 'cada quién' se distingue de las demás por irreductible. Hablar de persona de modo

Teniendo claro lo indicado hasta el momento, hay que aclarar que, la antropología trascendental descubierta por Leonardo Polo distingue en el hombre tres dimensiones. La primera es la '*naturaleza humana*', conformada por la corporalidad del hombre y por la inteligencia y voluntad en su estado natural, es decir, como *tabula rasa* la primera y como potencia pasiva la segunda. Superior es la '*esencia del hombre*', que está formada por la sindéresis –ápice de la esencia– y por la perfección de la naturaleza humana, esto es, la naturaleza 'esencializada'. Finalmente se encuentra la '*persona*', el acto de ser personal, que es coexistencialmente libre, cognoscente y amante. Es importante aclarar que para Leonardo Polo la *naturaleza* y la *esencia* dependen de la *persona*.

## 4. El ser humano es su acto de ser personal[25]: una intimidad única e irrepetible que está llamada a aportar

Leonardo Polo considera que "la distinción real entre esencia y acto de ser es lo característico de toda criatura, lo que la distingue de Dios… La esencia y el *esse* se distinguen realmente *in creatis*"[26]. A diferencia de lo que ocurre en las criaturas, en Dios no se distingue el acto de ser de la esencia, porque Dios es solo acto de ser,

común, o en sentido general, es una reducción. Nadie es la persona de 'otro', porque de ser así las personas no co-existirían: las personas co-existen en íntima coherencia con su distinción. El ser personal humano se convierte con una pluralidad de trascendentales, pero ante todo significa *irreductibilidad*, es decir, *quién*. *Quién* equivale a co-existir irreductible. Se puede hablar de 'quién' en universal; pero esa consideración es sumamente incorrecta". POLO, L., *Antropología trascendental*, p. 105.

25. Cuando Polo se refiere al 'acto de ser del hombre' utiliza diversos términos que significan lo mismo o son equivalentes: 'acto de ser personal', 'persona', 'intimidad', 'además', 'cada quién', 'coexistencia', 'co-ser', 'ser-con'.

26. POLO, L., *Presente y futuro del hombre*, p. 365.

ya que en él no hay potencia alguna[27]. A su vez, Polo indica que el acto de ser del hombre es distinto del acto de ser del universo: "el hombre es un ser libre, y, en la misma medida en que lo es, no pertenece al universo. *Persona significa subsistencia frente a todo.* El hombre como persona es la criatura que se mantiene, que se sostiene «frente a», es la criatura que se enfrenta, y este enfrentarse y mantenerse significa también *un destinarse* que apunta más allá del Universo"[28]. De esta manera Polo deja claro que en el caso del hombre su acto de ser es personal: "al hombre le corresponde el ser personal. Al ser en sentido fundamental no le corresponde ser persona. Al entender algo como fundamento o como causa, no por ello se le entiende como persona."[29]. En resumen, Leonardo Polo distingue el estudio del acto de ser del universo –que es estudiado por la metafísica–, el cual es *necesario*, del estudio del acto de ser del hombre –que es estudiado por la antropología trascendental–, el cual es *libre.*

La antropología trascendental considera que el hombre *es* un *co-acto de ser personal: la persona, un cada quién íntimo.* El hombre no solo es capaz de tener como –según el parecer de Polo– con-

---

27. "La distinción real entre la *essentia* y el *esse* es la distinción entre potencia y acto. El acto sería el acto de ser y la esencia sería la potencia. Así, la esencia es potencia del acto de ser siendo distinta de él. Y esto es precisamente lo que permite distinguir a Dios de la criatura, o a la criatura de Dios. En Dios no hay *distinctio realis*, o bien porque la esencia y el ser son idénticos o bien porque ni siquiera tiene mucho sentido hablar de esencia en Dios, sino que la esencia es Él. Dios es el *Ipsum Esse*, el mismo ser". POLO, L., *La esencia del hombre*, p. 84.

28. POLO, L., *Presente y futuro del hombre*, p. 329. En otro lugar insiste: "La libertad hay que colocarla en el plano trascendental; pero eso no es posible si se la entiende desde el ser principial. Desde luego, una libertad fundada es contradictoria. Para ser libre es menester, no digo independencia completa, pero sí no estar precedido por una instancia más profunda que haga de fundamento". *Antropología trascendental*, p. 35.

29. POLO, L., *Presente y futuro del hombre*, p. 354.

sideraba Aristóteles[30], sino que también puede añadir: "el hombre no se define últimamente, o sólo, como el ser capaz de tener, puesto que es preciso encontrar la raíz de su capacidad de *dar*. El principio de la dación ha de ser más radical que la inmanencia, e incluso que la virtud. Es lo que se llama *intimidad*"[31].

Hay que considerar que cada *intimidad personal* es irreductible –única e irrepetible– e insustituible: "la persona es *cada quién*. Tanto significa «cada quién» que la misma noción de persona puede llevar a confusión: hablamos, por ejemplo, de las personas, en universal. Pero no es correcto, pues, o hay diferencia entre las personas, o no hay personas. O las personas son radicalmente diferentes o no hay personas"[32]. Esto quiere decir que cada ser humano es único e irrepetible en su acto de ser personal, en su intimidad radical: "la persona humana es, en la historia, el *novum* en cuanto que tal, si es que persona significa *cada quién* (la persona que es cada quién no existe *antes)*"[33]. Como consecuencia, nadie puede ser la *persona* de otro.

Según lo indicado, hay que sostener que toda *persona*, por ser una novedad única e irrepetible, es un *ser aportante*: al ser *cada quién* una novedad radical, cada *persona* está llamada a aportar de una manera que nadie más lo ha hecho ni podrá hacerlo jamás.

---

30. "El hombre no es animal racional sino animal que *tiene* razón, y tener razón significa, a su vez, tener la verdad". POLO, L., *La persona humana y su crecimiento,* p. 87. "Aristóteles dice que el hombre es el *zoon lógon ekhon*... animal que tiene razón". *Artículos y conferencias,* p. 325. Esta idea del Estagirita se encuentra en varias de sus obras: "Cierta actividad propia del ente que tiene razón. Pero aquél, por una parte, obedece a la razón, y por otra, la posee y piensa". ARISTÓTELES, *Ética a Nicómaco,* I, 7, 1098a. "El hombre además es guiado por la razón; él solo posee razón". *Política,* VII, 1332b.

31. POLO, L., *Epistemología, creación y divinidad,* p. 59.

32. POLO, L., *Persona y libertad,* p. 38.

33. POLO, L., *La originalidad de la concepción cristiana de la existencia,* p. 279.

Cada *persona* está llamada a aportar algo único e irrepetible desde su *intimidad*. En palabras de Leonardo Polo: "siendo en intimidad, la persona es también en liberalidad. Por ello mismo, la persona interviene aportando, añadiendo. La liberalidad es, pues, la suscitación de algo nuevo"[34]. Cada persona está llamada a añadir algo nuevo –algo personal– que nadie más puede añadir; de manera que "hombre es un ser innovante, de cuya actuación depende algo que sin ella no existe de ninguna manera. Es novante porque aporta, y no desde el mundo, sino desde sí"[35]. Por consiguiente, cada *persona* debe albergar en su intimidad una misión que le es propia y que nadie más puede cumplir; cada *persona* está llamada a su propia misión *íntima*, a la que se llama '*vocación*'.

Hay que tener presente que la *intimidad personal* de *cada quién* solo es conocida por Dios[36]: "quién soy sólo lo sabe Dios. Dicho con terminología tomista, Dios significa el yo soy del acto de ser. Por lo tanto, el quien humano sólo se sabe en Dios"[37]. Y, por tanto, como el añadir se lleva a cabo desde la *intimidad*, es Dios quien encarga la misión personal: encarga la *misión íntima* quien crea esa intimidad –esa novedad personal–, y lo hace mostrando a *cada quién* su encargo *personal* en su *intimidad*. En palabras de Juan

---

34. *Ibid.*, p. 356.

35. Polo, L., *La esencia del hombre*, p. 65.

36. "Una persona humana no puede ser la réplica de otra, porque su ser personal nos está oculto. Sólo Dios lo conoce. Una persona no se puede comunicar con otra de tal manera que el intelecto agente de aquella persona sea la iluminación de una persona, del propio intelecto agente. Somos personas, pero somos personas distintas. Estamos unidos en el plano de la *naturaleza* y de la *esencia* humana, pero somos distintos como *personas*, porque cada una es creada '*ex novo*'". Polo, L., *Epistemología, creación y divinidad*, p. 259.

37. Polo, L., *La persona humana y su crecimiento*, p. 96. La misma idea aparece en la filosofía tomista: es "exclusivo de Dios el conocer los secretos de los corazones". Tomás de Aquino, *Summa Theologiae* , I, q. 117, a. 2.

Fernando Sellés: "sólo Dios, el Creador de cada persona humana, puede revelar el sentido personal al hombre"[38].


## 5. El acto de ser personal es coexistencia libre, conocer personal y amar donal personal

El *acto de ser personal* está conformado por los trascendentales personales[39]: *coexistencia libre, conocer personal* y *amar donal personal*[40]. Sin embargo, hay que advertir que, aunque se pueden distinguir tres trascendentales personales, se debe que tener en cuenta que cada hombre *es* una *persona* y no tres personas distintas. A raíz de esto, se debe contemplar que los trascendentales personales son armónicos entre sí y siempre actúan al unísono. Los trascendentales personales se convierten entre sí, y actúan conjuntamente. Como refiere Polo, "no se puede ser intelecto agente si no se es libre, y no se puede ser donal sin intelecto agente y sin libertad"[41].


38. SELLÉS, J. F., *Antropología para inconformes*, Rialp, Madrid, 2011, p. 15.

39. Como explica Sellés, los trascendentales personales son "una perfección pura, sin mezcla de imperfección, pues si es acto, hay que erradicar de él la potencia. Pero se trata de una perfección pura que no es propia de toda realidad, sino exclusiva de las realidades personales". *El conocer personal. Estudio del entendimiento agente según Leonardo Polo*, Cuadernos de Anuario Filosófico, Nº 163, Servicio de Publicaciones de la Universidad de Navarra, Pamplona, 2003, p. 11. A esto añade que los trascendentales personales "son esos radicales humanos que conforman el núcleo personal humano". *Ibid.*, p. 20.

40. Leonardo Polo en su *Antropología trascendental* distingue cuatro trascendentales –separando la coexistencia de la libertad–, pero al final de su vida indicó que no hay verdadera distinción entre coexistencia y libertad, porque la coexistencia no puede ser necesaria: tiene que ser libre.

41. POLO, L., *La esencia del hombre*, p. 172.

El acto de ser personal es *coexistencia libre* porque la *persona* desde su intimidad es libertad y es abierta –jamás encerrada en sí misma–: "co-existencia designa el ser personal como más que existente. Se dice que el ser del universo existe, pero no que co-existe. Cabe sostener que el hombre existe, pero no basta con eso; conviene añadir que co-existe"[42]. Además, a nivel personal, la *persona* no 'tiene' libertad, sino que *es* libertad. Para Polo, la libertad en el hombre no se limita al elegir de la voluntad: "la libertad es un trascendental personal. Pero la libertad personal no es la libertad de elección, que es una libertad derivada de aquélla, una aparición de la libertad humana pero no radical. La libertad trascendental no es simplemente libertad de elección, ni es el libre albedrío clásico"[43]. Libertad indica apertura. Esto quiere decir que, en su acto de ser personal, *cada quién* se encuentra abierto al futuro de manera irrestricta –Polo lo describe con la expresión 'no desfuturización del futuro'[44]–; está abierto íntimamente a la dependencia trascendental con su Creador –Polo también lo expresa con la cláusula 'inclusión atópica en la máxima amplitud'[45]– y es una

---

42. POLO, L., *Antropología trascendental*, p. 43. A esto se debe añadir que "la antropología trascendental es la doctrina acerca del co-ser humano o bien de la co-existencia. El hombre no se limita a ser, sino que co-es. *Co-ser designa la persona*, es decir, la realidad abierta en intimidad y también hacia fuera; por tanto, *co-ser* alude a *ser-con*". *Ibid.*, p. 42.

43. POLO, L., *La esencia del hombre*, p. 295.

44. "*La no desfuturización del futuro*... El que no desfuturiza es aquel para quien el tiempo no es un tiempo que se gaste, porque por mucho que viva siempre tiene el futuro abierto". POLO, L., *Persona y libertad*, p. 159.

45. "La libertad es la inclusión atópica en la máxima amplitud. Desde aquí, tendríamos que hablar de qué significa máxima amplitud, que en última instancia es el Absoluto; inclusión atópica es inclusión no ocupando lugar, puesto que si se ocupa lugar entonces se está fijo". POLO, L., *La esencia del hombre*, p. 295.

novedad única, irrepetible e insustituible en la historia –a lo que Polo también llama 'discontinuo de comienzos'[46]–.

De lo dicho se debe concluir que una *persona* sola es pura tragedia, un absurdo, porque el acto de ser del hombre está creado para coexistir: "la persona humana está vertida hacia personas o es una tragedia. En rigor, la noción de persona humana única carece de sentido"[47]. Dicho de otra manera: "la persona única es una contradicción. Tomás de Aquino lo dice de una manera taxativa cuando indica que un *amor* no correspondido es un amor absurdo. Más aún: habría que matarlo. En rigor, un amor que no sea el amor de un amante y que se refiera a otro amante, no es un amor personal"[48].

Cada quién se abre en su intimidad personal en búsqueda de alguien con quien coexistir. La persona es apertura: "*co-existencial* quiere decir que está abierto *a*, es decir, no puede detenerse en sí mismo"[49]. Dicho de otra manera: "la intimidad como pura relación consigo sería una cárcel que conduce a la desesperación"[50].

Sin embargo, Leonardo Polo considera que, al buscar con quien coexistir, "la persona humana descubre que interiormente carece de réplica. Ahora bien, como esa carencia no puede ser definitiva, es, por tanto, activa de inmediato"[51]. En su intimidad la persona

---

46. "Ninguna persona es reductible a las demás en el tiempo histórico; por lo tanto, la novedad histórica es la persona; la persona es lo que no está en modo alguno previsto, cada persona es nueva". POLO, L., *Persona y libertad*, p. 161.

47. POLO, L., *Epistemología, creación y divinidad*, p. 257.

48. *Ibid.*, p. 258. Esta idea de Tomás de Aquino aparece en siguiente texto de la Summa contra gentiles: "Lo principal en la intención del amante es ser correspondido en el amor por el ser amado, pues la inclinación del amante tienda principalmente a atraer al amado hacia su amor; y si no ocurriera esto, sería necesario destruir el amor". *Summa contra gentes*, III, c. 151.

49. POLO, L., *Epistemología, creación y divinidad*, p. 257.

50. *Ibid.*, p. 202.

51. POLO, L., *Antropología trascendental*, p. 233.

se da cuenta que no *es* 'otra' persona distinta con la que pueda coexistir. A esto le llama Polo 'carencia de réplica'; y esta carencia de réplica proporciona una orientación, que se activa libremente en búsqueda: "la apertura interior es el descubrimiento de lo que he llamado carencia de réplica, y se dualiza con la apertura hacia dentro, que es el descubrimiento de que esa carencia no puede ser definitiva. Según este último descubrimiento se alcanzan los trascendentales en los que el carácter de *además* se *trueca* en búsqueda, a saber, el intelecto personal y el amar trascendental"[52]. Esta réplica que se busca es más íntima a la persona humana que su propio coexistir, de manera que la libertad requiere de un conocer para destinarse a la réplica. De esta forma, la libertad se convierte con el conocer personal y con el amar donal personal, a quienes corresponde la búsqueda de réplica. Por este motivo, señala Leonardo Polo que "la libertad puede entenderse como la actividad que anima la búsqueda, porque tanto la búsqueda de réplica como la búsqueda de aceptación son activamente libres"[53].

La intimidad personal es *conocer personal*. Por la carencia de réplica, que no puede ser definitiva, la *persona* se lanza en búsqueda de 'con quién coexistir' mediante el conocer personal: "la réplica que se busca es más íntima a la persona humana que su propio co-existir. Se busca hacia dentro, no hacia fuera, puesto que el intelecto personal no es una luz iluminante, sino una luz transparente"[54]. Se lanza en búsqueda para desvelar su *sentido personal*. El hombre sabe *qué es*, y en cierto modo en qué radica su novedad, su distinción personal, pero tiene que descubrir progresivamente *quién es*. A este respecto, indica Sellés que "el tema que busca el conocer personal humano es personal; es una persona que

52. *Ibid.*, p. 232.
53. *Ibid.*, p. 267.
54. *Ibid.*, p. 244.

pueda dar a conocer enteramente a la persona humana su propio sentido personal"[55].

En esta búsqueda el conocer personal no se encuentra consigo mismo, puesto que el conocimiento humano no es reflexivo: el conocer personal tiene que apuntar hacia alguien que le revele su sentido personal completo. Es decir, el conocer personal tiene como tema alguien que de razón entera de su sentido propio: así se llega a un tema que es inabarcable e inagotable por el intelecto personal, que apunta a Dios. De esta manera la persona conoce a Dios al conocer como Dios la conoce a ella: el conocer personal "es pura diafanidad, transparencia intacta, que se corresponde temáticamente con lo *inabarcable*. Lo inabarcable coincide con la insondabilidad originaria en tanto que significa su carácter de *persona*. La pura transparencia del intelecto personal humano está abierta al *inteligir divino*, lo cual es el supremo don"[56]. Al conocer a su Creador y conocerse paulatinamente desde ese conocimiento, la *persona* se ve como quién *es* y como quién está *llamada a ser*, pero también precisa aceptarse. La persona humana en la presente situación conoce en cierto modo (no enteramente) como su Creador la conoce, pero en ella también entra en juego el amar donal personal, ya que "el encuentro de la verdad y el encuentro del amor se corresponden: enamorarse es inseparable de encontrar la verdad y encontrar la verdad es inseparable de enamorarse"[57]. Por consiguiente, al encontrarse con la verdad suprema, que es el Creador, el conocer personal se convierte con el último trascendental personal: el amar donal personal.

---

55. SELLÉS, J. F., *Antropología de la intimidad. Libertad, sentido único y amor personal*, Rialp, Madrid, 2013, p. 189.
56. POLO, L., *Epistemología, creación y divinidad*, p. 194.
57. POLO, L., *Antropología trascendental*, p. 271.

La persona de cada quién es *amar donal personal*: "en la persona humana el amar está en el orden del acto de ser"[58]. La persona acepta ser ese don que está llamado a ser, y esa aceptación se traduce inmediatamente en dar. Así lo expresa Leonardo Polo: "dar es trascendentalmente libre en tanto que se refiere, según la estructura donal, a la aceptación, y aceptar es trascendentalmente libre en tanto que se refiere al dar. Crear al hombre es donar un ser personal que, co-existencialmente, es aceptar y dar"[59]. Por ello, la aceptación del ser se vuelve en un dar a Dios que, a su vez, busca la aceptación divina. De esta forma, la *persona* coexiste libremente en el amar donal personal, por lo que el amar trascendental también se refiere a Dios. Si esto no ocurriera, se paralizaría la donación divina en la criatura, lo cual no tiene sentido.

Adicionalmente, el aceptar ser de la persona del hombre convertido en dar y el aceptar divino requieren de un tercer elemento: el don. No puede haber una relación de dar y aceptar sin don: "el dar y el aceptar comportan el don. Esto quiere decir, en definitiva, que la estructura del dar es trina y no dual"[60]. Sin embargo, la persona humana es incapaz de generar dones personales, puesto que no es creadora: "como la persona humana es dual o co-existente, pero de ninguna manera trina, el hombre necesita de su esencia para completar la estructura donal. El hombre sólo puede dar dones a través de su esencia"[61]. Por tanto, la *persona* desciende a su *esencia* para poder generar los dones personales para ofrecer a Dios: "el amar —el dar— y el aceptar son trascendentales personales. En cambio, el amor —el don— en el hombre no es trascendental sino esencial"[62]. Es decir, la *persona*, al ser incapaz de comunicar

58. *Ibid.*, p. 251.
59. *Ibid.*, p. 250.
60. *Ibid.*, p. 250.
61. *Ibid.*, p. 250.
62. *Ibid.*, p. 271.

a su propio don de carácter personal, genera por medio de sus manifestaciones operativas –en su actuar– los dones para ofrecer a su Creador. El hombre da dones a su Creador para coexistir amorosamente con Él, y Dios acepta los dones infundiéndoles un valor inconmensurable: "lo que el hombre otorga a Dios es insignificante. Pero la aceptación divina dota a la ofrenda humana de un valor superior al que de suyo tiene. Por eso, aceptar es el refrendo del don humano, sin el que no significaría apenas nada"[63].

Se puede sostener, por tanto, que los tres trascendentales personales se refieren a Dios: al Creador. En el acto de ser personal se coexiste libremente con Dios, se conoce a Dios y se ama a Dios. Esto quiere decir que la intimidad personal de cada quién siempre se refiere a Dios y, como se advirtió más arriba, que solo Dios puede conocer la *intimidad*. Por consiguiente, queda claro que el acto de ser personal coexiste libre, cognoscente y amorosamente con Dios. La *persona* conoce a Dios –y se conoce íntimamente a sí misma en la medida en que Dios le revela quién es y quién está llamado a ser– y en la medida en que se destina libremente a Él en una coexistencia amorosa, o sea, en la medida en que acepta ser quien está llamado a ser, ofreciendo dones de amor a Dios. Esto es lo que se llama una coexistencia personal e íntima con el Creador.

Sin perjuicio de lo anterior, cabe aclarar que la coexistencia con el Creador no se da de manera exclusiva a nivel trascendental, ya que, como el amar personal no puede generar dones personales, para generar el don, "la persona humana desciende a su esencia"[64]. Esto quiere decir que la esencia del hombre juega un rol fundamental en la coexistencia amorosa con el Creador. Esto vuelve a hacer referencia a la sistematicidad y armonía que existe en el hombre.

---

63. *Ibid.*, p. 252.
64. *Ibid.*, p. 251.

## 6. La esencia del hombre: cuerpo y alma

En cuanto a los dones que tiene que generar la persona a través de su actuar, es importante recordar que la *persona* 'tiene' cuerpo y alma. Un cuerpo con funciones vegetativas –nutrición, reproducción celular y crecimiento diferencial–; con facultades sensibles: sentidos cognoscitivos externos –tacto, gusto, olfato, oído y vista– e internos –sensorio común, imaginación, memoria y cogitativa–; apetitos concupiscible e irascible –la tendencia corporal–; y la función locomotriz –el movimiento propiamente tal[65]–. Un cuerpo que se caracteriza por ser material y, por tanto, todo en él, todas sus facultades sensibles, tienen soporte orgánico. Por este motivo el crecimiento de estas facultades siempre será finito: "el crecimiento orgánico es siempre limitado"[66].

---

65. "Las facultades del viviente sensitivo son de tres tipos. Hay una facultad que se corresponde con el *conocimiento*. Sentir es conocer. En efecto, hay una facultad, o un tipo de facultades, que son sensitivas en el sentido cognoscitivo… Pero un viviente sensitivo no tiene solo este tipo de facultades. Tiene probablemente otro que se llaman facultades *apetitivas*, es decir, aquellas facultades que se caracterizan por establecer la conducta según la situación íntima… La *automoción local*, el hecho de que el animal se mueve en un sentido local… Sería absurdo que un animal, si siente, si apetece y tiende, luego no se mueva". Polo, L., *Lecciones de psicología clásica*, p. 97-98.

66. Polo, L., *La esencia del hombre*, p. 143. "El hombre crece orgánicamente hasta cierto punto; su crecimiento orgánico evidentemente no es un crecimiento irrestricto, es decir, llega un momento en que el hombre acaba de crecer, ya tiene su organismo constituido. Pues entonces aparece otra clase de crecimiento, porque en el hombre hay una parte de su organismo que puede crecer más allá de su constitución genética, que es el sistema nervioso. El sistema nervioso humano ofrece un vector de crecimiento que no termina con su constitución, es decir, que no termina con la embriogénesis… Pero todavía eso es un crecimiento finito; que tiene que ver con un cierto tipo de conocimiento, y por tanto no es un mero crecimiento orgánico, sino algo más; pero que también tiene su limitación". *Ibid.*, p. 308.

Por otro lado, el 'alma' espiritual, está dotada de dos potencias inmateriales: inteligencia y voluntad. La inteligencia tiene como objeto conocer la verdad, y la voluntad tiene como fin querer el bien. El alma y sus potencias inmateriales, a diferencia de las facultades sensibles, no tienen base orgánica. Por consiguiente, el crecimiento de las potencias del alma –por medio de la adquisición de hábitos intelectuales y virtudes morales– es de carácter irrestricto: "el crecimiento de los hábitos es ilimitado... mientras el hombre vive, puede crecer en sus facultades espirituales, siempre puede ir a más"[67].

El cuerpo y el alma –que no 'son' la *persona* sino 'de' la *persona*– pueden estar en estado de naturaleza o de esencia. Inicialmente se encuentran en estado natural, tanto el cuerpo como la inteligencia a modo de *tabula rasa* y la voluntad como potencia pasiva. Es a lo que Leonardo Polo denomina la 'naturaleza humana': "el hombre es un ser que posee lo que suele llamarse una naturaleza. En esa naturaleza están unidas una dimensión espiritual que se llama alma –un alma inmortal– y un cuerpo muy peculiar"[68]. Luego, la *persona* se va manifestando en su naturaleza y la eleva al nivel de *esencia*: la perfecciona, la hace crecer[69]. La perfección de la naturaleza es lo que se denomina esencia en la antropología trascendental. Consiguientemente, esencia denota perfección[70].

---

67. *Ibid.*, p. 143.

68. POLO, L., *Ética*, p. 212. "La unidad sustancial alma-cuerpo pertenece al orden de la naturaleza, y es susceptible de elevarse al nivel de la esencia". *Antropología trascendental*, p. 164.

69. "Aunque los hábitos se han caracterizado como modos de crecer superiores al crecimiento corpóreo –es el crecer del espíritu–, ahora hay que decir que el crecimiento corpóreo como esencialización de un cuerpo es análogo a un hábito". *Ibid.*, p. 565.

70. "La esencia es la perfección de la naturaleza humana, esa autoperfección de la que otros seres vivos corpóreos no son capaces". POLO, L., *La esencia del hombre*, p. 146. "Se trata de un emerger de la esencia a partir de la natu-

La tenue esencialización de la corporalidad humana[71] consiste en que el cuerpo es 'recibido' por el acto de ser personal; es a lo que se llama 'vivificar' el cuerpo[72]: "la recepción de la vida recibida por la manifestación esencial puede llamarse también *esencialización* de la naturaleza"[73]. El cuerpo es la vida recibida de los padres, pero tal cuerpo se encuentra espiritualizado, ya que cada *persona* recibe 'su' cuerpo: "la relación entre persona y cuerpo tiene que ser muy estrecha, y por tanto, en el orden de la esencia la persona tiene que añadir. Solamente de esa manera –añadiendo– la esencia de la persona se hace con la vida que viene de los padres"[74]. Hay un cuerpo para cada persona: un cuerpo personal. Si bien el cuerpo se esencializa, cabe advertir que esta esencialización es limitada, ya que la corporalidad humana es mortal; por tanto, por mucho que intentemos perfeccionar el cuerpo, tales perfecciones no son permanentes.

raleza; es un emerger de la naturaleza como superior a ella, y eso sólo puede explicarse por el acto de ser, es decir, porque su acto de ser es personal es por lo que la naturaleza se autoesencializa". *Ibid.*, p. 139.

71. "El cuerpo humano no es la esencia del hombre, es una dimensión de la esencia del hombre, pero no la única. Para aclararlo debemos considerar la noción de *naturaleza*, porque el cuerpo es señal evidente de la naturaleza humana, la cual es personalmente esencializable". *Ibid.*, p. 300.

72. "En la dualidad alma-cuerpo, el cuerpo lo es en tanto que recibido. Este difícil asunto se debe enfocar desde el tiempo. La recepción es algo así como un conato de vencer el retraso del tiempo físico. Recibido por el alma, el cuerpo ya no es retraso, sino que se orienta hacia la presencia. Por eso, la presencia es la guarda de la esencia en tanto que el cuerpo es recibido. La esencialización del cuerpo saca al cuerpo del retraso al conectarlo con la presencia. De manera que el cuerpo humano es físico sólo hasta cierto punto, es decir, en cuanto no llega a vencer del todo el retraso". POLO, L., *Antropología trascendental*, p. 585.

73. *Ibid.*, p. 342.

74. *Ibid.*, p. 581.

Por su parte, las potencias inmateriales, la inteligencia y la voluntad, se esencializan progresivamente ejerciendo sus actos propios –actos de conocer y querer respectivamente– y adquiriendo hábitos intelectuales y virtudes morales, suscitados en un caso, constituidos en otro, por la *persona*. Además, en contrapartida a lo que ocurre con el cuerpo, las potencias espirituales pueden crecer de manera irrestricta, ya que son inmateriales: "la esencia del hombre es una *esencia capaz de un crecimiento irrestricto*. El hombre es una esencia, pero una esencia abierta, y abierta en una línea que es el *crecimiento*: el hombre es un ser esencialmente creciente"[75].

Según lo señalado, se puede concluir que la '*esencialización*' es la manifestación de la persona en la naturaleza del hombre[76]. De esta manera dispone según ella[77] –la persona dispone *según* su esencia– para generar los dones de amor que ofrece a Dios en su coexistencia amorosa con Él. En otras palabras, es la *persona* la que perfecciona limitadamente su cuerpo e irrestrictamente su alma, dotándolos de perfecciones, para así disponer *según* ellos, no *de* ellos. Por medio de este actuar humano se generan los dones de amor para coexistir amorosamente con el Creador. Hay que recordar que el cuerpo y el alma son 'de' la *persona*, y que la *persona* está llamada a disponer 'según' ellos; pues en caso de disponer 'de' ellos a su antojo, desnaturaliza al cuerpo y deshumaniza al alma.

---

75. "La esencia del hombre es una *esencia capaz de un crecimiento irrestricto*. El hombre es una esencia, pero una esencia abierta, y abierta en una línea que es el *crecimiento*: el hombre es un ser esencialmente creciente". POLO, L., *La esencia del hombre*, p. 307.

76. "La persona equivale al *acto de ser* del hombre y el yo es un ingrediente de la manifestación de la persona. De esta manera se sienta que, aunque sean realmente distintos, el yo y la persona no están aislados, y el yo no es independiente de la persona". POLO, L., *Epistemología, creación y divinidad*, p. 240.

77. "El hombre dispone *según* su esencia, no dispone *de* su esencia". POLO, L., *La esencia del hombre*, p. 316.

La esencialización de su naturaleza humana corre a cargo de un hábito innato de la persona llamado sindéresis, (en la modernidad se habla de 'yo'): "la persona considerada hacia la esencia, es decir, en tanto que la esencia depende de ella, se designa como *yo*"[78]. Por esto se dice que la sindéresis o el *yo* es la persona mirando hacia su esencia. La sindéresis o el 'yo' –que es el ápice de la esencia humana[79]– es considerada por Polo como un hábito innato de la *persona* que tiene a su cargo 'recibir' el cuerpo, 'suscitar' actos y hábitos en la inteligencia, y 'constituir' actos y virtudes en la voluntad. En suma, la sindéresis es el hábito innato mediante el cual la persona perfecciona o esencializa su naturaleza, por consiguiente, es en la sindéresis donde "se asienta la conexión de la persona con la esencia del hombre. Es como la puerta abierta de la persona sobre la inteligencia y la voluntad en orden a su irrestricto desarrollo"[80].

Leonardo Polo advierte que la sindéresis es dual en la medida en que se refiere a la razón o a la voluntad: "en tanto que la potencia intelectual –así como sus operaciones y los hábitos adquiridos– dependen de la sindéresis, designaré al yo como *visión* o *ver*: yo significa *ver-yo*. A su vez, en tanto que la voluntad, sus actos y las virtudes morales también dependen de la sindéresis, designo al yo como *querer*: yo significa *querer-yo*"[81]. Sin embargo, conviene advertir que para Polo el cuerpo también depende de la sindéresis[82]: "el cuerpo humano tiene razón de parte desde la esencia, de

---

78. POLO, L., *Antropología trascendental*, p. 209.

79. "La sindéresis es un hábito innato que ha de considerarse en orden a la voluntad y a la inteligencia. Por tanto, la sindéresis es el ápice de la esencia del hombre. Designo ese ápice con la palabra *yo*". *Ibid.*, p. 184.

80. POLO, L., *Epistemología, creación y divinidad*, p. 132.

81. POLO, L., *Antropología trascendental*, p. 184.

82. "La cuarta dimensión del método propuesto sugiere que, por depender de la sindéresis, el cuerpo humano debe tener algún valor de luminosidad.

manera que no es suscitado ni constituido por la sindéresis, sino recibido"[83]. Esto último ha llevado a algunos estudiosos del pensamiento de Leonardo Polo a proponer una tercera dimensión de la sindéresis[84]: la encargada de recibir o vivificar el cuerpo humano.

## 7. Los tipos de coexistencia: el trabajo y la sociedad

Conviene ahora centrar la atención sobre dos aspectos muy relevantes respecto del acto de ser personal y su esencia. El primero de ellos es que el 'don' que constituye el hombre para coexistir amorosamente con su Creador lo genera desde su esencia. Esto quiere decir que, si bien el dar y el aceptar se encuentran a nivel personal, y tienen carácter trascendental, el don no tiene este carácter, sino que debe ser generado por la *persona* mediante su *esencia*, esto es, con su actuación esencial. Esta necesidad de generar el don por medio de su actuación esencial es muy importante, puesto que justifica el crecimiento y la perfección de la esencia. La *persona* necesita descender a su esencia para poder ofrecer algo a Dios, pues de lo contrario se presentaría con 'las manos vacías' a

Justamente se intenta entender el cuerpo como algún tipo de luz aunque sea muy débil". *Ibid.*, p. 565.

83. *Ibid.*, p. 587. "La realidad del alma es habitual. Dicho hábito es la sindéresis. Estas observaciones deben ponerse de acuerdo con la descripción del cuerpo como cuarto sentido del hecho". *Ibid.*, p. 581.

84. "Cómo se lleva a cabo la vinculación de la sindéresis con el cuerpo, porque la sindéresis en Polo equivale al alma y ésta vivifica al cuerpo, pero ese vivificarla no está ni en el ver-yo, ni en el querer-yo". RODRÍGUEZ SEDANO, A., *Libertad y actividad. Estudio sobre la antropología trascendental de Leonardo Polo*, Eunsa, Pamplona, 2018, p. 258. Para profundizar en este planteamiento se puede consultar: SOLOMIEWICZ, A., "El 'ser-yo': La propuesta de la tercera dimensión del 'yo' a partir de la antropología trascendental de Leonardo Polo", *Miscelánea Poliana*, Nº 61, 2018.

coexistir amorosamente con Él. Ese algo que ofrecer es el don, al que Polo llama 'amor'. Por este motivo la persona esencializa su naturaleza, manifestándose: "como nosotros no somos capaces de don personal, tenemos que vehicular el dar personal a través de nuestra esencia"[85].

Por otro lado, si bien Leonardo Polo afirma que la persona coexiste personalmente, en su intimidad, con su Creador, indica que existen dos 'tipos de coexistencia': la coexistencia que tiene cada hombre con el mundo –por medio del trabajo–; y la coexistencia de cada ser humano con los demás hombres –por medio de las relaciones intersubjetivas y aportantes–. De esta manera el hombre se perfecciona perfeccionando el mundo mediante el trabajo y aportando a los demás hombres –ayudándolos a crecer– en la sociedad mediante la ética. El hombre se perfecciona perfeccionando: "el hombre es el *perfeccionador perfectible,* pues en cuanto el hombre añade perfección, se perfecciona a sí mismo"[86].

La coexistencia propiamente personal se da con el Creador y los llamados 'tipos de coexistencia' se dan a nivel de esencia: "estos dos tipos de co-existencia se dan a través de la esencia del hombre, y por eso se llamaron modos de co-existir *hacia fuera*"[87]. Es claro que para poder coexistir con el universo mediante el trabajo se requiere de las manifestaciones humanas: de la actividad productiva del hombre. Y también es patente, en el caso de la relación entre los hombres en la sociedad, que ninguna *persona* puede conocer la intimidad de otra sin que esta se la manifieste –lingüísticamente o por medio de su actuar–: "la intimidad de una persona humana no es cognoscible por otra, sino que sólo se manifiesta de acuerdo con su esencia. Por ser imposible buscar la réplica en otra persona

85. POLO, L., *Antropología trascendental,* p. 253.
86. POLO, L., *Epistemología, creación y divinidad,* p. 138.
87. POLO, L., *Antropología trascendental,* p. 553.

humana, se ha hablado de tipos de co-existencia"[88]. Dicho de otro modo: la coexistencia con el mundo y con los demás hombres se dan por medio de la esencia humana: perfeccionándola.

Además, si se tiene en cuenta que la generación del 'don' para completar la estructura triádica del amar y los tipos de coexistencia se dan a nivel de esencia, se vislumbra claramente que cada *persona* deberá descender a su esencia con el objeto de generar los dones para ofrecer a Dios por medio del trabajo y en las relaciones con los demás hombres: "el hombre necesita de su esencia para completar la estructura donal. El hombre sólo puede dar dones a través de su esencia"[89].

Cabe destacar también que es justamente en el trabajo y en la relación con otros hombres donde se va perfeccionando la esencia humana: "el ser humano empeora o mejora al actuar"[90]. Es por medio de estos tipos de coexistencia por lo que el hombre adquiere hábitos intelectuales y virtudes en la voluntad, es decir, son el modo por el que se esencializa la naturaleza humana. El hombre crece trabajando y ofrece su trabajo como don de amor a Dios. Lo mismo ocurre en su relación con los demás hombres: el hombre no está cerrado a ellos, sino todo lo contrario, se relaciona con ellos formando parte de una comunidad; y mediante estas relaciones humanas el hombre aporta a los demás ayudándolos a crecer y

---

88. *Ibid.*, p. 239. "Una persona humana no puede ser la réplica de otra, porque su ser personal nos está oculto. Sólo Dios lo conoce. Una persona no se puede comunicar con otra de tal manera que el intelecto agente de aquella persona sea la iluminación de una persona, del propio intelecto agente. Somos personas, pero somos personas distintas. Estamos unidos en el plano de la *naturaleza* y de la *esencia* humana, pero somos distintos como *personas*, porque cada una es creada 'ex novo'". *Epistemología, creación y divinidad*, p. 259.

89. POLO, L., *Antropología trascendental*, p. 250.

90. POLO, L., *Artículos y conferencias*, p. 168. "Cuando el hombre actúa, siempre el primer beneficiario, o –esto puede ser negativo– la primera víctima de su actividad es él mismo, su propia naturaleza". *La esencia del hombre*, p. 310.

creciendo él a la vez: el hombre crece ayudando a crecer. Por esto un ser humano que inhibe voluntariamente su aportación, o sea, que no trabaja o que no quiere relacionarse con los demás deja de perfeccionarse esencialmente.

## 8. El fin de la educación al servicio del fin final del hombre

Aristóteles escribió que "toda acción y libre elección parecen tender a algún bien; por esto se ha manifestado, con razón, que el bien es aquello hacia lo que todas las cosas tienden"[91]. Esto quiere decir que toda actuación del hombre busca un fin. A esto, añadía el Estagirita que de todos los fines que busca el hombre, tiene que existir uno que se busque por su propio valor: tiene que existir un fin final que se busque por sí mismo y no para conseguir otro fin[92].

Tradicionalmente la filosofía ha señalado que el fin final del hombre consiste en la felicidad[93]: "es evidente que debemos considerar la felicidad como la mejor de las cosas realizables por un ser humano"[94]. Consecuentemente, se debe sostener que el hombre está hecho para ser feliz y a eso apunta su existencia. Por este motivo afirma Sellés que "la felicidad es el motor no sólo de toda nues-

---

91. ARISTÓTELES, *Ética a Nicómaco*, I, 1, 1094a.
92. Cfr. *Ibid.*, I, 7, 1095a–1097a.
93. Cfr. *Ibid.*, I, 7, 1097b. "La felicidad es el más grande de todos los bienes humanos. Porque todos los demás se ordenan a ella como al fin". TOMÁS DE AQUINO, *Comentario a la Ética a Nicómaco de Aristóteles*, lib. I, lect. 14, n. 106.
94. ARISTÓTELES, *Ética a Eudemo*, I, 7, 1217a. "Consideramos suficiente lo que por sí solo hace deseable la vida y no necesita nada, y creemos que tal es la felicidad. Es lo más deseable de todo, sin necesidad de añadirle nada; pero es evidente que resulta más deseable, si se le añade el más pequeño de los bienes, pues la adición origina una superabundancia de bienes, y, entre los bienes, el mayor es siempre más deseable. Es manifiesto, pues, que la felicidad es algo perfecto y suficiente, ya que es el fin de los actos". *Ética a Nicómaco*, I, 7, 1097b.

tra actividad (*ética*), sino la razón de ser de nuestra vida personal (*antropología*)"[95]. Además, como observa Aristóteles, la felicidad debe ser alcanzada en lo propio y distintivo del hombre, es decir, en su dimensión espiritual[96].

Leonardo Polo concuerda con el planteamiento clásico, pero añade a la felicidad 'natural' la 'personal', o sea, que la posibilidad de ser feliz –que debe alcanzarse activamente– conduce al hombre a la esperanza y al amar personales. Centrando la atención en este punto, advierte Polo que la esperanza tiene los siguientes elementos: "*el sujeto* que desempeña la tarea; *los recursos* para llevarla a cabo; *el riesgo* o factores de inseguridad: *lo adverso*; *la tarea*, *el beneficiario* o destinatario. A lo cual ha de añadirse el elemento decisivo: *el que encomienda la tarea*"[97]. De esta manera, todo hombre –llamado a la felicidad desde la esperanza– deberá ponerse frente a un futuro que alcanzará en el cumplimiento de un encargo personal: dicha esperanza demanda que el cumplimiento de la tarea encomendada lleve al hombre a crecer: a perfeccionarse[98]. Este cumplimiento del encargo íntimo deberá llevarse a cabo de manera activa: depende de su actuar; y mediante ese actuar cada hombre crece y se hace mejor[99]. Esto es, todo hombre debe actuar para ser feliz, ya que la felicidad no se alcanza de manera pasiva[100].

95. Sellés, J. F., *Antropología para inconformes*, p. 626.

96. Cfr. Aristóteles, *Ética a Eudemo*, I, 4, 1215b–1216a y *Ética a Nicómaco*, I, 7, 1098a.

97. Polo, L., *La esencia del hombre,* p. 78.

98. "La esperanza impone una obligación: ante todo, el que tiene que mejorar –creciendo– es el ser humano". Polo, L., *Epistemología, creación y divinidad*, p. 114. "La esperanza me propone un futuro, pero, a diferencia de la utopía, seré ese futuro si me hago mejor". *La esencia del hombre*, p. 70.

99. "El futuro es mejor con una condición: que el ser humano se haga mejor". Polo, L., *Epistemología, creación y divinidad*, p. 114.

100. "El fin es la felicidad, que sin la acción es inasequible: no tenerlo en cuenta conduce al inmovilismo estoico". Polo, L., *Ética*, p. 297.

Pero hay que considerar que la esperanza incluye una tarea *personal*, un encargo que no responde a un capricho, sino que es una tarea encomendada por el Creador. Por este motivo, advierte Sellés que "Dios siempre encomienda porque crear sin encomendar o encargar es absurdo"[101]. Esto quiere decir que el encargo consiste en una misión divina que da Dios a cada hombre en su *intimidad personal*. En palabras de Polo: "para que esa tarea sea esperanzada es menester que no obedezca al mero capricho del sujeto, sino que haya sido *encomendada,* es decir, que se comprenda como un *encargo...* Pero, en rigor, el autor de la encomienda es el Creador. Por eso, hay que entender el encargo como una misión otorgada"[102]. Cada hombre deberá dilucidar este encargo íntimo. Conviene tener presente este asunto de cara al fin de la educación, ya que la ayuda que recibe cada educando en su educación deberá procurar una guía encaminada a descubrir su encargo personal íntimo.

Como advierte Leonardo Polo en esta obra, *"cuando se pregunta acerca de cuál es el fin del hombre, es lógico responder que el fin del hombre es Dios".* Desde la antropología trascendental esto quiere decir que la felicidad de cada persona se logra en la coexistencia amorosa con su Creador, la que deberá llevarse a cabo –como se adelantó– a través del cumplimiento del encargo íntimo encomendado por Dios a cada persona.

En relación con lo anterior, cabe indicar que como necesariamente el fin de la educación debe servir –ayudar a alcanzar– el fin de cada hombre[103], el fin de la educación tiene que procurar que

101. Sellés, J. F., *El conocer personal. Estudio del entendimiento agente según Leonardo Polo*, Cuadernos de Anuario Filosófico, Nº 163, Servicio de Publicaciones de la Universidad de Navarra, Pamplona, 2003, p. 156.

102. Polo, L., *Epistemología, creación y divinidad,* p. 116.

103. Esta idea es sustentada por distintos filósofos de la educación. Por ejemplo: "el fin del hombre condiciona el de la educación, y éste determina el fin de la actividad educativa". González Álvarez, Á., *Filosofía de la educación,*

el cada educando logre dilucidar su encargo íntimo personal, para que de esta manera pueda coexistir amorosamente con su Creador.

En esta obra que estudiamos Leonardo Polo deja claro que se educa para *ayudar a crecer*. Pero el fin de la educación no puede ser el crecimiento humano, puesto que como el hombre puede crecer de manera irrestricta, nunca se alcanzaría dicho fin. De esta forma considera Polo que se educa para lograr hombres maduros y, por consiguiente, que el fin de la educación debe ser la '*madurez del educando*'. Así lo expresa González-Umeres, quien señala que "la educación hay que orientarla hacia el logro del hombre maduro: *la madurez es el fin de la educación*"[104]. De la misma opinión es Sellés, quien señala que "el fin del niño, adolescente o joven, no es ser niño, adolescente o joven, sino llegar a ser un hombre maduro"[105]. Es decir, se debe considerar que el fin de la educación es lograr que el educando se vuelva un hombre maduro.

Aclarado lo anterior, Leonardo Polo agrega, al final de este libro, que el hombre maduro es aquel que ha alcanzado una '*orientación global*': "*la orientación global es necesaria para vivir adecuadamente. Todo hombre debe lograrla porque ésta marca la madurez*". Esta orientación global vendría a ser aquella que adquiere el hombre maduro, de manera que no necesitará más de la orientación del educador, debido a que desde el momento en que se adquiere cada persona podrá crecer por sí misma. Será el momento en que el educando dejará de serlo, y podrá crecer de manera más autó-

Escuela Española, Madrid, 1956, p. 175. "Si la educación es algo que está en el hombre como en su sujeto de inhesión, el fin de la educación ha de estar ligado al fin del hombre". GARCÍA HOZ, V., *Cuestiones de filosofía individual y social de la educación*, 2ª edición, Rialp, Madrid, 1962, p. 47.

104. GONZÁLEZ-UMERES, L., "Ayudar a crecer. Notas sobre la educación en el pensamiento de Leonardo Polo", *Anuario Filosófico*, Nº 29, 1996, p. 706.

105. SELLÉS, J. F., "Las dualidades de la educación", *Educación y Educadores*, Nº 10, 2007, p. 137.

noma. El hombre logra la madurez cuando alcanza la '*iniciativa personal*' de su propio crecimiento. Por esta razón advierte Polo que "educar es dar al hombre una cierta suficiencia, que el hombre se valga por sí mismo"[106]. Esto no quiere decir que una vez que se alcance esa suficiencia el hombre deje de crecer o que no necesitará más ayuda para hacerlo, sino que plantea que desde ese momento cada *persona* podrá crecer de manera más autónoma e independiente, ya que siempre se necesitará de ayuda para crecer. Es a lo que se refiere Richard Stanley Peters cuando sostiene que "ser educado no es haber llegado a un destino; es viajar con otra mirada"[107]. Desde el pensamiento de Polo 'la otra mirada' consiste en el momento en que el educando adquiere la *iniciativa personal* de su propio crecimiento.

En relación con lo dicho, cabe considerar que *madurez* viene del latín *maturitas*, que significa sazón de los frutos, es decir, es el momento oportuno o adecuado, cuando el fruto consigue su mejor gusto y sirve no solo para alimentar, sino que también adquiere la capacidad de reproducirse[108]. Dicho de otra manera: un fruto maduro es aquel que está listo para 'dar frutos'. En coherencia con esto, y desde el pensamiento de Leonardo Polo, se debe afirmar que se alcanza la orientación global —se alcanza la madurez— cuando el hombre ya está listo para aportar a los demás hombres —ayudarlos a crecer— y, en suma, cuando deja de ser educando y pasa a ser educador. El hombre está listo para ayudar a los demás cuando, al descubrir su vocación, ve en los demás dones —novedades irre-

---

106. POLO, L., *Lecciones de ética*, p. 38.

107. PETERS, R. S., *Education as Initiation. An inaugural lecture delivered at the University of London Institute of Education 9 December 1963*, The University of London Institute of Education, London, 1964, p. 47.

108. Cfr. SEGURA, S., *Nuevo diccionario etimológico Latín-Español y de las voces derivadas*, 5ª edición, Universidad de Deusto, Bilbao, 2010, p. 450.

petibles queridas por Dios– y les aporta con su actuar en orden a que descubran su camino personal.

Paralelamente, cabe preguntarse cuándo el educando ha alcanzado la orientación global. En este sentido, corresponde afirmar que la madurez se alcanza cuando el hombre adquiere conciencia de '*quién es*' y de '*quién* está llamado a *ser*'. Por este motivo, afirma Polo en esta obra que *"la orientación global sólo es posible si tiene una comprensión de sí mismo suficientemente profunda, de lo contrario no se da"*. Esto quiere decir que la orientación global consiste –según indica Consuelo Martínez Priego– en "el descubrimiento del sentido personal"[109]. Por consiguiente, el hombre maduro es aquel que sabe *quién* es y *quién* está llamado *a ser* desde su *intimidad personal*. Esto quiere decir que el hombre maduro es aquel que ha descubierto su vocación personal de cara a su Creador. Por este motivo todo educador deberá procurar poner al educando frente a Dios, para que Este le muestre su vocación personal. Dicho de otra manera: *el educador deberá orientar al educando 'con miras a la trascendencia'.*

## 9. La educación personalizada

Para finalizar este estudio introductorio conviene detenerse brevemente en la manera en que el educador debe ayudar a crecer al educando. Para lograr dicho cometido es necesario dilucidar en qué consiste la 'ayuda' para crecer.

Leonardo Polo considera que 'educar' y 'orientar' apuntan a lo mismo: "para «personificar» hay que orientar, hay que influir, en

109. MARTÍNEZ PRIEGO, C., *La familia como ámbito educativo. Afectividad y amores personales*, en GARCÍA GONZÁLEZ, J. A., *Sobre la filosofía de Leonardo Polo: Familia, Educación y Economía*, Ideas y Libros ediciones, Madrid, 2019, p. 344.

una palabra: educar"[110]. Se puede afirmar que la 'ayuda' que los educadores prestan para crecer es la *orientación* al educando. De esta misma opinión es Jacques Maritain, quien indicaba que "la tarea principal de la educación es, sobre todo, moldear al hombre, o sea, guiar el creciente dinamismo a través del cual el hombre se forma a sí mismo como tal"[111]. También se puede encontrar esta idea en Tomás Alvira, quien consideró que educar consiste en "guiar el proceso de desarrollo de nuestros hijos desde el momento de su nacimiento; que podemos orientar ese proceso y, también, evitar desviaciones"[112].

Por lo dicho hay que sostener que el acto educativo por excelencia consiste en la orientación[113], que significa 'mostrar', 'guiar', 'asesorar', 'recomendar'. El educando crece por sí mismo –con su propio actuar–, pero para lograrlo requiere de la ayuda de otros: requiere de la orientación del educador. Por esto indica Leonardo Polo que "sin orientación la educación no es concebible, pues se educa *para*"[114]. Antes de continuar, conviene aclarar que la orientación como acto educativo se entiende en sentido amplio, es de-

110. POLO, L., *La persona humana y su crecimiento*, p. 79.

111. MARITAIN, J., *La educación en la encrucijada*, Ediciones Palabra, Madrid, 2008, p. 18.

112. ALVIRA, T., *¿Cómo ayudar a nuestros hijos?*, Ediciones Palabra, Madrid, 1983, p. 12.

113. La idea de que el educador es un orientador y que la ayuda para crecer consiste en orientar, se repite en varios autores que han estudiado el pensamiento de Leonardo Polo: "Respecto de ese nivel se puede decir que, más que padres, son inductores, educadores, orientadores, pero no determinadores". SELLÉS, J. F., *Antropología de la intimidad*, p. 375. "La educación –entendida como orientación– de la afectividad resulta una tarea de primerísima importancia en la etapa inicial de la vida humana". SOLOMIEWICZ, A., "El 'ser-yo'", p. 42. "Más adelante del educador experto, de un *Mentor* que le oriente y aconseje". PÉREZ GUERRERO, J., *Educar mirando a los ojos*, p. 101.

114. POLO, L., *La persona humana y su crecimiento*, p. 79.

cir, no se orienta exclusivamente por medio de la conversación, sino que el educador orienta al educando con su actuar y, en último término, con su *persona*. Por esta razón se puede afirmar que '*no se educa solo con lo que se dice, sino también con lo que se hace: pero, sobre todo, se educa con lo que uno es*'. Del mismo parecer era Romano Guardini, quien indicaba que "lo que más influye es la forma de ser del educador; lo segundo, lo que hace, y sólo en tercer lugar lo que dice"[115].

Tras lo anterior, es fundamental señalar que la orientación se debe dar de manera *personalizada*. Dicho con otras palabras: *la orientación debe centrarse en la persona de cada educando*. Esto quiere decir que al educar no se puede pretender ayudar a un 'grupo indeterminado de educandos', ya que cada uno de ellos requiere de su propia ayuda para poder crecer como la *persona* que *es* y que está llamada a *ser*[116]: "la uniformidad es un empobrecimiento contrario a la pluralidad de personas"[117]. Según sostiene Juan Fernando Sellés, la "*educación personal* se puede describir como *aceptar a cada quién como quién es y como está llamado a ser*, y correlativamente en *dar a cada quién lo pertinente para que siga su propio camino personal*"[118]. Por esta razón, el educador debe evitar tratar a los alumnos en colectivo; procurando tratarlos como lo que realmente son: personas únicas e irrepetibles. En palabras de Leonardo Polo: "cada cual es cada cual; 'cada uno es cada uno y tiene sus cadaunadas'. Por tanto, hay que hacer una educación personalizada, y para eso, hay que atender a cómo es cada uno"[119]. Esto es nece-

---

115. GUARDINI, R., *Las etapas de la vida*, 9ª edición, Ediciones Palabra, Madrid, 2022, p. 58.

116. "No se puede formar en serie. La formación tiene que ser muy personalizada". POLO, L., *Artículos y conferencias*, p. 375.

117. POLO, L., *Ética*, p. 308.

118. SELLÉS, J. F., *Antropología para inconformes*, p. 349.

119. POLO, L., *Artículos y conferencias*, p. 376.

sario, puesto que –como descubre la antropología trascendental– cada *persona* es única e irrepetible y no existen, ni existirán jamás, dos personas iguales: "cada persona, y sólo ella, es la persona que es; esto es lo que filosóficamente se llama *irreductibilidad*"[120].

En coherencia con lo indicado cabe advertir que la educación personalizada no consiste en un conjunto de prácticas concretas que sirven como medios para educar personalizadamente; sino que la educación personalizada consiste en respetar la novedad única e irrepetible de cada educando. Por este motivo, es necesario señalar que, para lograr una verdadera educación centrada en la persona, el educador deberá orientar al educando atendiendo a la libertad personal; y, para lograr este cometido, deberá poseer la virtud de la amistad.

Como se indicó más arriba, el hombre no es un ser que 'tenga libertad', sino que 'es libertad'. Persona y libertad son equivalentes: "desde cualquier punto de vista desde el que nos aproximemos al tema del hombre como hijo nos encontramos con la libertad"[121]. Por consiguiente, una verdadera educación personalizada debe llevarse a cabo 'desde' y 'para' la libertad personal del educando: "una persona crece si es libre, y aquí hay una especie de 'feedback', porque crece siendo más libre, y para ser más libre"[122]. Se crece desde la libertad para alcanzar todavía más libertad.

Para educar desde y para la libertad es necesario respetar la alteridad de cada educando. Por esta razón Leonardo Polo ofrece el siguiente consejo a los padres: "el amor a los hijos incluye también respeto a la alteridad del otro"[123]. Para educar personalizadamente

---

120. POLO, L., *Ética,* p. 201. A este respecto, Sellés comenta que "cada uno es cada uno, distinto, irrepetible, radicalmente novedoso, *sin precedente* ninguno como *persona*". *Antropología para inconformes*, p. 35.

121. POLO, L., *Escritos menores (1991-2000),* p. 164.

122. POLO, L., *Artículos y conferencias,* p. 372.

123. POLO, L., *Lecciones de ética,* p. 138.

los padres deben reconocer que cada hijo es único e irrepetible. Por este motivo indica Leonardo Polo que "para los padres humanos la educación comporta desprendimiento: no tiene nada que ver con un intento suyo de asimilar a sí mismos a los hijos... Por eso, educar es educar en la libertad, no sólo hablar de la libertad o encomiarla, sino entregar lo que se transmite a una libertad nueva, que se hará cargo de esa ayuda, en la que lo entregado renace: es asumido, apropiado, integrado"[124]. En coherencia con esto, afirma José Ignacio Murillo que "la noción de educación se transforma ahora en la medida en que se pone más de manifiesto la singularidad de cada persona y su radical libertad"[125].

Para poder orientar al educando respetando su libertad personal es necesario que la relación educando-educador sea cimentada desde la virtud de la amistad. Los educadores deben ser amigos de sus educandos. El educador debe 'querer el bien del educando', de manera que se oriente en un ambiente de confianza y cariño.

Además, hay que tener presente que las relaciones entre personas se dan a nivel de esencia –porque como la *persona* del educando es una *intimidad radical*, no puede ser conocida por los demás–; y como las virtudes perfeccionan la esencia humana, y por ende las relaciones interpersonales, la amistad –que es la virtud más alta– será la que más y mejor perfeccionará la relación entre el educando y el educador[126]: por medio de esta virtud el educador se acercará a la *intimidad* de cada educando[127], ya que el hombre coexiste

---

124. POLO, L., *Escritos menores (1991-2000)*, p. 164.
125. MURILLO, J. I., *Invitación a la antropología*, pro manuscripto, p. 178.
126. "De esta manera entra en juego la co-existencia con las personas. La virtud que se corresponde con este tipo de co-existencia es la amistad". POLO, L., *Antropología trascendental*, p. 486, nota 221.
127. "La co-existencia con otras personas es incrementable de acuerdo con *querer-yo*. Como observa Agustín de Hipona, cuando se trata del amor nunca digas basta". POLO, L., *Antropología trascendental*, p. 486.

esencialmente con las demás personas, y el amigo es 'otro yo'[128]. Si el educador es amigo del educando y, por tanto, conoce su intimidad –lo que el educando quiera mostrarle–, podrá orientar desde la intimidad personal –de lo que conozca de ella– del educando, y así la orientación será eficaz, ya que estará realmente centrada en la persona de cada educando.

Mediante la virtud de la amistad –que requiere de tiempo y trato para conocer al amigo[129]– los educadores podrán ganar la confianza de sus educandos. Así lo considera Polo en esta obra, al señalar que los padres, "*en la medida que se hagan amigos de sus hijos podrán establecer una relación de confianza en la que los hijos les cuenten todas sus cosas, y vean a ese padre o a esa madre como un verdadero amigo/a en el cual pueden confiar*". Por tanto, para orientar al educando, este debe confiar en sus educadores y contarle sus cosas, pues esta es la única manera que los padres puedan orientarlo correctamente.

Además, Leonardo Polo sostiene que "al amigo no se le deja sólo si incurre en errores de cierta gravedad, sino que se le corrige. En este sentido la amistad tiene un valor pedagógico"[130]. El amigo busca el bien del otro y por eso lo corrige, si es necesario, buscando su bien, con el fin de que recupere el buen actuar de su conducta. Por esto agrega Polo que "la corrección amistosa intenta

128. "La voluntad es un estatuto potencial de la esencia humana, de acuerdo con el cual, llega a ser co-esencial –connatural en terminología tomista– respecto de las esencias de otras personas. Por eso, el amigo es «otro yo»". *Ibid.*, p. 498.

129. "Tales amistades requieren tiempo y trato, pues, como dice el refrán, es imposible conocerse unos a otros «antes de haber consumido juntos mucha sal», ni, aceptarse mutuamente y ser amigos, hasta que cada uno se haya mostrado al otro amable y digno de confianza". ARISTÓTELES, *Ética a Nicómaco*, VIII, 3, 1156b.

130. POLO, L., *Antropología trascendental*, p. 475.

directamente restablecer la limpidez de la conducta del amigo"[131]. En relación a esto Leonardo Polo concluye tajantemente que "*la amistad es la base de una buena educación*".

## 10. A modo de conclusión

Tras lo expuesto conviene señalar, a modo de conclusión, algunas breves consideraciones.

*1ª. Es relevante fundamentar la educación desde la antropología trascendental* descubierta por Leonardo Polo. Como la educación es exclusiva del ser humano, se requiere un conocimiento profundo de este para poder fundamentar su práctica. Y, en este sentido, la antropología trascendental descubierta por Leonardo Polo aporta una novedad fundamental: la radicalidad de la persona, del acto de ser, del que depende la esencia inmaterial del hombre, la naturaleza corpórea humana y la operatividad de una y otra.

*2ª. El fin final del hombre es la coexistencia amorosa con su Creador y el fin de la educación debe servir a este fin final.* Es por este motivo por el que para Leonardo Polo el fin de la educación es la madurez –que se alcanza al lograr la orientación global–, que para lograrse el educador deberá poner al educando cara a cara con Dios, para que Este pueda mostrarle su encargo íntimo mediante el cual está llamado a coexistir amorosamente con Él. Esto quiere decir que la educación debe procurar ayudar al educando a encontrarse con Dios. Dicho con otras palabras: se debe orientar *con miras a la trascendencia*.

---

131. *Ibid.*, p. 475.

3ª. *La educación debe centrarse en la persona de cada educando: la educación debe ser personalizada.* Teniendo en cuenta que cada persona es una novedad única e irrepetible y que está llamada a coexistir amorosamente con su Creador respondiendo a su encargo personal íntimo y aportando en consecuencia a los demás, se concluye que la educación debe centrarse en la persona de cada quién, de cada intimidad personal. Para esto, la orientación al educando debe procurar ayudarlo a conocerse como quién es y quién está llamado a ser; y esto se logra al conocerse progresivamente tal como el Creador lo conoce: es Dios quien irá mostrando a cada persona su vocación personal.

4ª. *La educación personalizada debe respetar la libertad personal de cada educando.* El ser humano no *tiene* libertad, sino que *es* libertad. Como la educación centrada en la persona respeta lo que cada persona es y está llamada a ser, debe respetar siempre la libertad personal de cada educando. Este respeto por la libertad requiere un desprendimiento del educador, puesto que no puede ver en el educando su propia realización. El educador debe respetar la alteridad de cada educando.

5ª. *La educación personalizada debe fundamentarse en la virtud de la amistad.* Como la relación entre las personas se da a nivel de esencia –porque la intimidad solo la conoce Dios– y la virtud de la amistad es la virtud más alta que todo hombre puede lograr en su esencia, la relación educativa del educando y el educador debe fundamentarse en esta virtud. De esta manera el educando 'mostrará' su intimidad al educador y este podrá orientarlo como quién *es* y quién está llamado a *ser*. Sin amistad no puede lograrse una verdadera educación centrada en la persona.

Joaquín León-Parodi

# Estudio introductorio de la primera edición

## *Leonardo Polo: pensar la educación*
Francisco Altarejos

## 1. Pensar la educación

Hace años, en su discurso de ingreso en la Real Academia de Ciencias Morales y Políticas, el pedagogo Víctor García Hoz afirmaba resueltamente una perspicaz verdad que no requiere laboriosos y complejos estudios empíricos para descubrirla; basta con apelar a la experiencia inmediata y común: «nunca como hoy ha dispuesto la educación de tantos medios y recursos, y sin embargo, nunca como hoy el descontento ha sido mayor y tan generalizado». Y desde entonces la magnitud, en recursos y en descontento, no ha hecho sino aumentar. Acaso un estudio empírico podría mostrar qué ha crecido más: si el malestar o los medios y recursos. A efectos prácticos poco importa, pues los estudios empíricos describen situaciones, pero no iluminan decisiones, que son las decisivas para mejorar toda práctica.

Es una evidencia palmaria que ni padres, ni alumnos, ni profesores están razonablemente satisfechos con lo que se traen entre manos. Ese amplio malestar alcanza a todos, menos a los planificadores, supervisores y organizadores del llamado «sistema educativo»; y tampoco llega naturalmente a los políticos que los han entronizado en sus cargos técnicos. Así al menos lo parece por el insobornable optimismo con que encaran el futuro de la educación, mostrando con su talante que a veces, según decía G. Bernard Shaw, «la esperanza triunfa sobre la experiencia». (O acaso es que no haya fehaciente experiencia, quién sabe). La desilusión no sólo cunde en el ámbito de la educación nacional, sino que se extiende al ámbito global de la educación occidental. Hay conciencia de esta situación, y se han presentado numerosas, variadas y elaboradas propuestas de solución. Lo malo es que, en conjunto, resultan redundantes: son tan abundantes las propuestas como copiosos los recursos materiales y técnicos disponibles... pero tampoco consiguen aliviar el desaliento; al contrario: incluso se diría que lo acendran.

El presente libro también contiene una propuesta para mejorar la educación, pero no una más entre otras: es una propuesta singularmente única, porque no sugiere *hacer* esto o aquello en educación; sólo invita a pararse a *pensar* la educación; y si se sugieren algunas y precisas acciones pedagógicas, sólo tienen el objetivo de ayudar a pensar la educación. No se ofrecen nuevas metodologías, ni nuevos diseños curriculares, ni orientaciones legislativas o políticas, sino que se centra en aquello que las restantes propuestas marginan: *el sentido de la educación*. Por eso concierne directamente a los educadores, sean padres de familia o profesores. También interesa a toda persona culta −no meramente erudita, sino sobre todo cultivada−, pues la educación afecta a la entera sociedad en todas sus dimensiones. La educación, aunque actualmente se pretenda figurar lo contrario, no es asunto sólo ni prioritariamente de especialistas, sino de cualquier persona que se relaciona con otras a las que quiere *ayudar a crecer*. Y si esta intención se realiza sobre todo en épocas de la vida en las cuales es estrictamente necesaria −infancia, adolescencia, juventud, en suma en etapas de inmadurez−, eso no libera de la asistencia debida al crecimiento que debe prestarse a las personas con quienes coexistimos. ¿Qué mejor ayuda a recibir que la aplicada expresa y directamente al crecimiento personal? Mediante ella se afirma y robustece la felicidad. Supuesta esa voluntad activa de ayuda, la educación es pues asunto de todos. O cuando menos, lo es de muchos, y cada vez será de más; ya se empieza a hablar de un sector cuaternario en el trabajo humano: el de las profesiones asistenciales o profesiones de ayuda (*helping professions*).

Tal es la idea nuclear, el manantial de sentido del que fluyen todas las ideas pedagógicas que ofrece este libro al lector. No se refiere sólo a la educación tal como se entiende frecuentemente, sino que intenta comprenderla pensándola profundamente; por tanto, no es un repertorio de prescripciones prácticas, sino un racimo de reflexiones pedagógicas y antropológicas que brotan del mencionado sentido de la educación: ayudar a crecer. Con apabullante sencillez Leonardo Polo declara honestamente que esta idea y expresión no son suyas, sino de un gran educador que, por cierto, no oficiaba de pedagogo, sino de profesor de bachillerato y padre de familia numerosa: Tomás Alvira Alvira. Las restantes ideas centrales tampoco son un «invento» de L. Polo; son más bien la decantación de su pensamiento filosófico –antropológico y ético en especial– que además, y no es casualidad, viene a coincidir en sus raíces con la tradición del pensamiento pedagógico occidental, aunque no repitiéndola, sino innovándola y por ello, vigorizándola.

Sobre esto merece la pena pararse a pensar (por cierto, una de las fecundas sugerencias de este libro: *pararse a pensar, porque eso y no otra cosa es pensar*).

Una sensibilidad hiperestésica sobre el valor del sentido crítico nos ha llevado a la actual situación, donde parece obligado encontrar hondas e irreconciliables diferencias en el seno de la teoría y la práctica pedagógicas surgidas a lo largo de la historia. Y puede que así ocurra a veces; pero no necesariamente es así siempre. El saber educativo contiene una virtualidad que no es frecuente en otros saberes y ciencias humanas: la inexorable referencia a la realidad que imponen sus hipótesis y sus conclusiones. Además, la realidad referida es acaso la más ineludible de todas las posibles: la persona humana. El saber educativo, potencialmente, alberga una enorme y enérgica capacidad de implicación subjetiva y de sentido de la realidad que resulta inconmensurable con otros saberes. Pues pocos son los científicos que hayan vivido de alguna manera su ciencia antes de dedicarse plenamente a ella; en cambio, no hay educador ni pedagogo que no haya sido educado antes de educar o de indagar profesionalmente sobre la educación. Tan arraigada referencia a la realidad personal explica que, si bien puede haber importantes discrepancias entre el pensamiento pedagógico de distintas épocas –y las hay de hecho–, también habrá firmes y continuadas coincidencias, que serán hondas y transhistóricas si miran directamente a la naturaleza humana. Éste es el perenne engarce de continuidad entre las diferentes y transitorias determinaciones culturales e históricas –que son muchas, por cierto– del pensamiento pedagógico en su historia. «Los tiempos cambian y mudan costumbres», se ha dicho, y con verdad; pero el cambio siempre opera sobre un soporte de realidad humana perdurable. En el ser humano se percibe esto en un aspecto ingrato pero rotundamente veraz: sus pasiones y sus vicios. Pese a los ingentes –y en ocasiones abisales– cambios que ha experimentado la humanidad en su historia, sigue siendo tan verdadero como en tiempos del rey Salomón que «vanidad de vanidades, todo es vanidad»; y para la comprensión de la conducta humana son excelentes claves cosas como la ambición, la ira, la cobardía, etc.; precisamente esas cosas que la educación pretende corregir. O también esas otras cosas que la educación intenta potenciar: la justicia, la belleza, la valentía y tantas otras virtudes. No es cierto que no haya nada nuevo bajo el sol; pero toda genuina novedad remite internamente a la realidad precedente, como bien saben los historiadores; porque nada es nuevo absolutamente, como si hubiera emergido del vacío; eso no es lo nuevo, sino lo estrafalario.

El pensamiento de Leonardo Polo es de suyo solícitamente hospitalario, y a sus reflexiones pedagógicas pueden acogerse ideas de otros pensadores sin parar mientes en el acuerdo o desacuerdo con otras tesis que sustenten los huéspedes. Frente al llamado «pensamiento único», tan justamente denostado en la actualidad, se encuentra aquí su antípoda intelectual, que no es un «pensamiento plural», sino un *filosofar abierto*. Esta insólita calidad permite que en las tesis de Polo resuenen los ecos de otras fuentes filosóficas y pedagógicas de raigambre dispar, pero todas ellas asentadas en la firme referencia a la realidad humana.

Sin embargo, el pensamiento de Leonardo Polo sobre la educación es lo más opuesto al sincretismo. Pese a lo dicho, este libro no es un zurcido de viejos retales pedagógicos, ni una forzada síntesis de ideas divergentes, ni tampoco una criba histórica de principios eminentes. Ante todo, en el panorama de la bibliografía filosófico-educativa, se trata de una reflexión vivazmente original. Ciertamente, hay tesis novedosas e incluso insólitas; pero no por ello raras o inusitadas. La fibra de la innovación en el pensamiento poliano no es tampoco el modo de presentar las ideas, sino más bien la vía o el *modo de encontrarlas*. Ésta es una encomiable virtualidad que ayuda al lector a pensar con el autor, haciendo realidad operativa la advertencia de Kant a sus alumnos: que no fueran a sus clases a aprender filosofía, sino a filosofar. Dicho encuentro con la realidad educativa resulta así verdaderamente original en uno de los sentidos capitales del término frecuentemente olvidado hoy: el de referencia directa al origen. Esta disposición radical, junto con la atenta y serena mirada a la realidad, hacen posible una ennoblecedora comprensión de la educación que, desde la innovación filosófica tiende puentes entre las distintas y diacrónicas concepciones pedagógicas.

La apertura incondicionada de Leonardo Polo a la realidad, acompañada de la confianza inquebrantable en la misión y en el poder fecundo de la razón para hacerse con lo real, ahuyenta *ab initio* cualquier toma de partido o bandería intelectual. Sólo cabe aquí una opción verdaderamente humana: la búsqueda de la verdad; y sólo es posible una actitud radical: la perseverancia y el esfuerzo por encontrarla, aunque sólo llegue a vislumbrarse en la penumbra.

Más que inventar algo nuevo en la educación, lo imperioso es volver a las raíces. Tal orientación global no agosta ni simplifica el intrincado enramaje del presente, sino que por el contrario, lo refresca y vigoriza para el futuro. Es apremiante recuperar el sentido de la educación para aprender eficazmente a ayudar a crecer. Este libro pretende asistir a esta tarea que –conviene repetirlo– nos incumbe a todos, y no sólo a quienes nos dedicamos profesionalmente a ello. No obstante, es de simple cortesía para el lector un aviso inicial: para sacar provecho de las reflexiones de L. Polo son precisos dos mínimos requisitos: querer aprender y tener paciencia. No es mucho, pero sí resultan imprescindibles, pues son los elementos radicales de la vocación y el quehacer educativos.

## 2. Ayudar a crecer[1]

El primer capítulo del libro se *ocupa de exponer el significado humano de la educación, es decir, las razones por las que el hombre*

---

1. Las citas textuales del presente libro se destacan en cursiva, añadiendo la negrita para las cursivas originales. Para agilizar la lectura, se omite las referencias de página de las mismas, pues el lector las encontrará en su momento durante la lectura del libro.

*es susceptible de educación, esto es, por qué no hay sólo enseñanza sino formación, es decir, ayuda al ser humano.*

Esta distinción entre enseñanza y formación es elemental, pero es comúnmente pasada por alto en el saber pedagógico, tanto en los discursos teóricos como en la metodología práctica. El motivo es simple: la reducción de la acción inmanente (*práxis*) a actividad productiva (*poíesis*). En su formulación parece un asunto casi trivial; pero por su carácter radical afecta enteramente a la educación, tanto en su comprensión como en su ejecución. Aparte de otras características distintivas que podrían destacarse[2], la acción inmanente no ofrece un resultado extrínseco, esto es ajeno y distinto a la propia acción; mientras que la actividad productiva se define precisamente por dicho resultado.

En otros escritos Polo llama la atención sobre la desmesurada importancia que se concede hoy al *principio del resultado*[3], criterio superior de estimación en las obras del pensamiento y la cultura actuales. Enseñar sí que es primordialmente una actividad productiva; cuyo resultado, dicho sea genéricamente, es *la lección*: algo acabado con sentido y valor en sí mismo, aunque en relación con otras lecciones. Pero si se extiende este carácter al aprender, es decir, si éste se valora primordial y casi exclusivamente por el resultado, se diluye el carácter propio de acción inmanente que tiene. Hay cosas que deben realizarse por sí mismas, sin depender

---

2. Cfr., ALTAREJOS, F. *Dimensión ética de la educación*, Pamplona, Eunsa, 1999.

3. Cfr. POLO, L., *La persona humana y su crecimiento*, Pamplona, Eunsa, 1996, 211; *Sobre la existencia cristiana*, Pamplona, Eunsa, 1996, 157, 176, 184 y 192. El principio del resultado, tal como lo expone Leonardo Polo, opera en los diversos ámbitos de la cultura y también del pensamiento; el consecuencialismo ético, por ejemplo, es también un producto del principio del resultado en la filosofía moral. Estos títulos actualmente están publicados en *Obras Completas*, Serie A, vol. XIII, Eunsa, Pamplona, 2015.

del resultado que propicien como criterio último de ejecución. El lema de «aprender por ensayo y error», de raíz psicológica, es una confirmación de la existencia e importancia de acciones inmanentes: si con los errores puede aprenderse, es porque no toda actuación humana es productiva. Y si se arguye que aprender por error es también un resultado, entonces ¡ojo!, porque se puede abocar en un cierto «panresultismo» cosmológico, donde se intentará interpretar todo el universo desde los resultados; aunque, eso sí, con las ligeras excepciones de algunos hechos menores, ininteligibles desde los resultados, tales como las catástrofes naturales, el amor, la suerte o la muerte.

El principio del resultado es incisivamente dañino en la educación, porque afecta directamente a su sentido, enturbiando su comprensión. Se debe enseñar a obrar el bien y a evitar el mal, con independencia de que se comporten bien o mal quienes aprenden. Aun cuando sea éste el caso, esto es, que la lección no sea seguida, no por ello debe dejarse de enseñar. Por eso la educación es una ayuda, y no una producción; el crecimiento personal se potencia con buenas asistencias, pero pertenece al aprendiz, y no al educador. Dicho de otra manera: aun cuando la conducta del aprendiz se desvíe de lo enseñado, no por eso habrá dejado de aprender algo, aunque sólo sea que su conducta es desviada; esto es, no dejará de recibir *formación*. Pero sí la enseñanza sólo se valora por el resultado en la conducta de los aprendices, el aprender se reduce a «aprendizajes»; y es de experiencia común que los muchos y valiosos aprendizajes no conllevan siempre y de suyo una debida formación. Puede mostrarse esto con una analogía muy pedagógica, que enlaza educación con nutrición: el haber asimilado diversos y sustanciosos alimentos no implica que se haya aprendido a nutrirse.

Recuerda Polo que esto es así debido a *un implícito sumamente importante, a saber, que el ser humano es capaz de crecer. El hombre es un ser vivo a quien hay que ayudarle a crecer, porque en otro caso su crecimiento es mucho menor del que es susceptible si se le ofrece esa ayuda.* Ésta es una realidad obvia, pero no así la idea consciente de tal realidad; por eso es frecuente que se quede en un implícito y que acabe posteriormente en el olvido. Si el ser humano es capaz de crecer, se concluye que:

a) por ser ayuda al crecimiento, la educación no sólo afecta a la infancia y a la juventud, sino a todas las etapas de la vida humana; otra cosa es que incida más poderosamente en las primeras;

b) la educación no es adaptación, sino *desarrollo.* Ésta última es la idea central de la pedagogía de John Dewey; la finalidad pedagógica es asistir al crecimiento humano intrínseco e inmanente, no en pos de la adaptación al medio, sino de la aportación que el sujeto debe hacer al medio social. Es coherente con la antropología de L. Polo, por el carácter radical de donación propio de la persona humana[4].

El implícito del crecimiento remite a otro no menos importante: *el hombre, un ser que crece, es también un ser que nace débil, es decir, sin haber desarrollado plenamente su organismo, sus facultades, etc. Nacer débil. Es preciso poner énfasis en ambos elementos.* Ésta no es una idea pedagógica, sino antropológica; por eso su incidencia en la educación es aún mayor. Además, en el descubrimiento y comprensión de la congénita y consustancial debilidad humana radica la divergencia de fondo entre la antropología clásica y la moderna. El origen filosófico se encuentra en Platón, en el mito de Eros expuesto en su *Banquete.* Aunque expresamente se refiere al amor –de ahí el nombre del mito–, la posteridad lo ha aplicado también al propio ser humano. Así Eros/el hombre es hijo de Pe-

---

4. Cfr. POLO, L., *Antropología trascendental, I. La persona humana,* Pamplona, Eunsa, 2ª ed., 2003, 217-228. Este título actualmente está publicado en *Obras Completas,* Serie A, vol. XV, Eunsa, Pamplona, 2016.

nia, diosa de la escasez, y de Poros, dios de la abundancia. Como hijo de su madre, el hombre es radicalmente indigente, pero de su padre recibe su afán de fecundidad, que debe realizar partiendo de su escasez. También para Jacques Maritain el hombre es un «ser de carencias» en todas las dimensiones de su vida –ética, psíquica, orgánica y social– pero llamado a colmarlas en la plenitud. El hombre, en suma, es un ser nacido en y de la pobreza, pero llamado a fecundarla en la abundancia; un ser cruzado de indigencia y trascendencia, que no se aquieta en aquélla, pues a la vez se impulsa a ir «más allá del límite» (Karl Jaspers), esto es, a trascenderse.

En esta visión clásica –que no antigua: desde Platón hasta Maritain y Jaspers– se enraíza el significado humano de la educación para Leonardo Polo: la debilidad originaria debe ser asistida por la ayuda de las otras personas. Desde esta consideración, la educación aparece ante todo como un proceso enteramente natural; de modo que, si no hay educación, parece casi inasequible la culminación de la vida humana. En la filosofía de Polo se va más allá aún, al establecer la coexistencia como trascendental antropológico, como radical de la dinámica y la existencia humana, afirmando que, mejor que existir, debería decirse que el hombre *co-existe*; incluso que el ser del hombre es *co-ser*[5]. En la infancia, el coexistir del niño se actualiza en la educación de sus padres, para ir abriéndose progresivamente a otras ayudas a su crecimiento.

Frente a esta visión clásica está la reinterpretación moderna inaugurada por Rousseau, cuyo alcance perdura y resuena estrepitosamente aún en nuestros días. Cierto que la debilidad es un dato primario de la existencia humana. En ella, nos dice, está la fuente de la corrupción del hombre natural que, desde su debilidad, intenta servirse de los demás para subvenirla, poniéndolos al servicio de sus necesidades subjetivas, ya desde la más tierna infancia con

---

5. POLO, L., *Ibidem.*

un recurso afectivo supremo que tiene el niño: el llanto. Desde
esta inicial posición, que luego consolidará la relación con las instituciones sociales, el individuo concluye pervirtiendo su natural
«amor propio» en impostado «amor de sí». El amor de sí genera
dependencia de los otros miembros de la sociedad, y éste es el
mal radical que debe ser conjurado por la educación, postulando
y practicando la autonomía del individuo como bien superior[6].
Otra reinterpretación moderna se incoa –antes incluso que la de
Rousseau– en el contractualismo político de Thomas Hobbes. Por
su debilidad congénita, el hombre trata de sojuzgar a los otros, lo
que es una inevitable tendencia que puede degenerar en la tiranía
devoradora en la que el hombre es un lobo para el hombre (*homo
homini lupus*). Para ambos, aunque con diferentes matices, el con-
trato social es así el freno que el hombre se autoimpone al vivir en
sociedad para refrenar esa tendencia negativa. En cambio, en el
pensamiento de Polo, siendo la debilidad humana algo natural, no
es de suyo negativa, sino sólo defectiva. La relación con los otros se
prefigura como ayuda, como asistencia individual y colectiva que
da lugar a la educación y a la cultura.

Siguiendo la inspiración pedagógica de Rousseau, la psicología
genética de J. Piaget, aunque parece remitir indirectamente a la
idea de crecimiento, presenta este bajo un sesgo diferencial que
acaba confundiendo el sentido de la educación. Su tesis central
–coincidente con la rouseauniana– es que la infancia tiene unos
rasgos tan propios y peculiares que el niño debe ser educado como
tal niño, prescindiendo de las características de la personalidad
madura. Esto supone un olvido –o tal vez un rechazo– de la teleo-

---

6. En el preámbulo –declaración de principios y finalidades superiores– de
la actual Ley de Ordenación General del Sistema Educativo (LOGSE), vigente
en España, el nombre sustantivo que más veces aparece es «autonomía»; más
aún que «educación».

logía humana. En la modernidad filosófica germina un alejamiento de la idea de fin en la comprensión del hombre y del mundo. Como un efecto más del principio del resultado, la pregunta por el *cómo* se ha hecho preponderante en la teoría como en la praxis científica, cultural, social y educativa; mientras la pregunta por el *para qué*, más que secundaria, se juzga a veces irrelevante. Posiblemente, una concausa de esta situación, además del principio del resultado, es la sensibilidad hiperestésica hacia la libertad, que ve en un fin dado, un fin impuesto, y por tanto, una constricción para el despliegue de una libertad absoluta.

## 3. La filiación, dato antropológico primario

Ambas dimensiones del crecimiento humano, la educación y la cultura, distintas en sus manifestaciones pero análogas en su raíz, remiten a un aspecto radical de la condición humana: el de ser hijo, y serlo conscientemente. *En esto ya nos distinguimos de los animales y de los vegetales. También ellos proceden de un ser, o de una semilla, pero ninguno de ellos tiene conciencia de esa **relación de origen**, que le vincula con algo anterior, con aquello de lo cual procede su realidad. **La conciencia de filiación es exclusiva del ser humano.***

Y es evidente que *el hombre es radicalmente hijo, pero no es radicalmente padre*; esto puede serlo o no, mientras que hijo lo es enteramente, o sea, siempre: tanto en el origen, como en su crecimiento y en su final. La condición de padre no siempre se hereda, pero la de hijo, sí; pues los propios padres que generan son a su vez hijos de otros padres. Y no es un proceso abierto al infinito. Considerándolo serenamente, en lo concreto, no resulta admisible pues se perturba la propia noción de «origen». Originariamente el hombre sólo puede ser o padre o hijo. Ciertamente, se puede ser padre/hijo, pero en cuanto que se engendra a otros y se proviene de otros, no respecto de sí mismo. Así se abre la razón a una paternidad originaria que es al tiempo la paternidad por excelencia. *El Padre por excelencia es Dios, y esa condición de Padre que tiene Dios, porque no es nacido, Origen de todo, no la tiene el hombre. En cambio, el ser humano es creado, y como tal es hijo.*

Ésta no es una reflexión teológica, sino meramente antropológica. Mucho antes de que «se inventara» la teología, el ser humano ya se sabía proveniente de un Origen superior, y a él se dirigía como a su Dios (o dioses). En todas las excavaciones arqueológicas razonablemente suficientes en hallazgos, siempre se han encontrado, junto a las primitivas herramientas, gérmenes de cultura, como las pinturas rupestres, primicias del sentido artístico; y también se descubre un embrionario culto –es decir, cultivo o cuidado– a los muertos que sugiere una solícita devolución de los cuerpos a su origen. No es pues, teología, sino antropología elemental, de decisiva importancia para la pedagogía, pues con el uso inflaccionario actual de la noción de «educación integral», se debe andar con cautela: buscando la integración plena de la formación se olvida remediar la dispersión de la enseñanza. Además, en la mayoría de los casos, la llamada educación integral no se reflexiona sobre el origen ni de la radical condición filial del hombre. La integralidad o integridad del ser humano se concibe en sí, para sí y sobre todo, *desde sí* mismo. Es muy consecuente entonces que la noción central y primaria en la antropología como en la pedagogía sea la de autonomía. Así se comienza en Rousseau, como autonomía absoluta del individuo para culminar en la restricción de Kant con la autonomía absoluta de la voluntad. Entre uno y otro media el paso de la utopía a la quimera. Por definición, la utopía es algo que no puede existir en ningún lugar, pero la quimera sí, con tal de que dicho lugar sea inmaterial: por ejemplo, en la razón abstracta, o en la voluntad de poder. Las cosas son como son, podría decirse y no hay quimeras que valgan; pero sí valen mientras puedan albergarse en las inteligencias obcecadas, o en las voluntades empecinadas en su autosuficiencia.

El reconocimiento de la radical filiación del hombre es decisivo para ayudar debidamente a su crecimiento, pues éste puede ser natural o quimérico, según se reconozca o no la primigenia raíz de dependencia que caracteriza radicalmente al hombre en cuanto hijo. Rousseau no admite tal dependencia, y sin embargo afirma su propuesta como la vuelta al «hombre natural». Tristemente, el hombre natural es la gran aspiración truncada de Rousseau, huérfano de madre desde su nacimiento y prácticamente desasistido por su padre en su infancia. La mala herencia de Rousseau, que posteriormente es amplificada por el romanticismo, es precisamente la negación de toda dependencia desde la glorificación de la libertad individual. Y la negación de toda dependencia comienza y se funda en la negación de la paternidad originaria, o sea, de Dios. No puede hablarse de ateísmo en sentido estricto, pues Emilio –el protoeducando de Juan Jacobo Rousseau– recibe una aparente instrucción religiosa por parte del vicario de Saboya[7]; es lo que los comentadores llamarán la *religión natural*. La idea de Dios, esencialmente es la de un *deus ex machina* que va ajustando el mecanismo y moviendo fichas ocasionalmente. Es la negación de la dependencia filial del hombre, resolviendo a Dios en un demiurgo o artífice supremo, genial como tal, pero indigente como padre.

Lo malo es que al negar la dependencia de Dios, no sólo se le pierde a Él, como ya avisaría quien decretó su muerte, o sea Nieztsche. También se pierden muchas otras cosas, como por ejemplo la responsabilidad ética y el sentido de la educación, pues *si el hombre*

---

7.  Pese a haber afirmado rotundamente al principio de la obra que Emilio sólo iba a depender de Juan Jacobo, su preceptor, sustrayéndolo incluso a la vida en familia, curiosamente en este punto –la instrucción religiosa–, Rousseau delega en otra persona, el vicario saboyano, para que lo haga todo.

*se lo debiera todo a sí mismo, la educación carecería de sentido.* La educación en Rousseau es ante todo minimalista; educar consiste esencialmente en enseñar lo menos posible; así podrá recobrarse el «hombre natural», elemento esencial de la nueva ordenación social. Siguiendo la estela rousseauniana se ha llegado a hablar –y con relativo éxito gracias a la propaganda ideológica– de la «deseducación obligatoria», según palabras de I. Illich. La menor educación posible es la idea matriz de las *pedagogías de la liberación*[8].

Rousseau nunca explica ordenada ni sistemáticamente el significado de «natural», pese a la posición nuclear que tiene en su pensamiento antropológico y pedagógico. No obstante este vacío conceptual, en la lectura sosegada de su *Emilio*, se percibe que hay un fuerte sesgo que lleva a confundir lo natural con lo espontáneo. Lo natural es aquello que se da sin ninguna violencia interpuesta en su génesis y, sobre todo, sin ninguna intervención ajena al proceso de emergencia. La noción de ayuda, pues, también queda perdida.

## 4. El sentido humano de la técnica

Igualmente que se pierde modernamente el sentido de la educación, se pierde también el sentido de la técnica, dimensión radical de la cultura y del propio hombre, que para L. Polo es otro aspecto radical del significado humano de la educación. *Aquello en que es más necesaria la enseñanza es la técnica. El hombre necesita un largo proceso de aprendizaje ante todo porque es un faber. Aquello sobre lo cual versa principalmente la educación es la actividad práctica. Hasta tal punto el hombre es un animal técnico que la evolución humana sólo se puede explicar si se tiene en cuenta la técnica.*

8. R. SPAEMANN, *Crítica de las utopías políticas*, Pamplona, Eunsa, 1990.

No cabe el recelo ante la técnica porque es cegarse vitalmente a la realidad; pero tampoco es admisible su defensa irreflexiva, pues encanija lo real y a la vez desvirtúa a la técnica. No es cierto que lo pequeño sea hermoso, pues lo diminuto suele ser ridículo; pero sí es verdad que cualquier gigantismo es dañino. La tendencia dominante en la actualidad a renovar técnicamente los medios y recursos pedagógicos y a expandir el alcance del «sistema educativo» es una tendencia viciada. Así no se logra la solución de los problemas, sino al contrario, y como muestra la experiencia común, se propicia el crecimiento cancerígeno de los mismos problemas que se quieren solventar. La hipertrofía del desarrollo técnico suscita una mentalidad mecánica, de ruedas y tornillos conceptuales que propicia la errónea creencia de que la realidad también puede ajustarse y lubricarse desde una instancia planificadora y organizativa de carácter abstracto. Respecto de la educación, la sensibilidad generalizada actualmente lo espera todo, o casi todo, de las leyes en cuanto medio ejecutor de las políticas educativas, en las cuales radican las soluciones para los problemas pedagógicos, como para cualquier problema social. Un sólido y, a la vez, fino educador y pedagogo, José Luis González-Simancas, nos avisa de este error con un aforismo, simplón en apariencia, pero de hondo calado pedagógico: «la educación no la hacen las leyes».

Si se quiere prevenir la tiranía de esta mentalidad, el despotismo de la *razón instrumental*, la tentación es patente: recelar por principio de toda propuesta e implementación técnica de la acción humana. Es un craso error, y Leonardo Polo sabe mostrarlo persuasivamente: la técnica no es enemiga del hombre, sencillamente porque éste no se humaniza sin aquélla, como puede verse desde las primitivas culturas líticas hasta la actual sociedad del conocimiento y la información. En verdad, no son posibles la educación y la cultura sin la técnica, como no es concebible el hombre sin la cultura y la educación.

Para Polo la técnica, siendo algo muy complejo en su ejercicio y desarrollo, no lo es en su significado esencial: cuando se habla de técnica se designa simplemente un *saber hacer*. En los niños, la técnica consiste básicamente en saber hacer unos movimientos corporales organizados, a usar las manos y a hablar. Los movimientos corporales son el objeto de uno de los más vigorosos desarrollos pedagógicos en la actualidad, con el nombre de educación de la psicomotricidad en la primera infancia. En cuanto al uso de las manos, supone el dominio del primer instrumento disponible –la mano es el *instrumento de los instrumentos*, según dijo Aristóteles; y el instrumento es el elemento primordial de la técnica como recordó Heidegger–. En cuanto al aprender a hablar, se trata también del elemento primario de la comunicación humana y de la coexistencia personal. Como puede verse, el sentido de la educación, no por su sublime misión de ayudar a crecer deja de tener su vertiente pragmática, modesta, pero también enérgica.

De todo esto se desprende que *educar para la práctica no es sólo enseñar, o repartir información. El trato con las cosas es insustituible. A hacer se aprende haciendo* Este sencillo enunciado es una formulación del *principio de actividad*, que conjuntamente con el principio de experiencia, son la clave de bóveda del último gran movimiento pedagógico que ha llegado a ser postulado como la culminación de la pedagogía moderna, en clara referencia contradictoria a la antigua pedagogía, y que se ha dado en llamar *escuela nueva* o *escuela activa*. El lema que John Dewey forjó para su propuesta pedagógica era «aprendemos haciendo» (*learning by doing*); y ciertamente era una idea novedosa en su tiempo. Dewey es el padre teórico de esta concepción, aunque sean más citados en dicha paternidad los primeros «prácticos» de la misma; es decir, aquéllos que establecieron metodologías didácticas viables (la de Dewey lo era escasamente), tales como Freinet, De Crolly o Montesori. Sin embargo, la reciente posteridad de la pedagogía activa o nueva pedagogía ha marcado una sustancial diferencia con los fundadores citados: por influencia de las «pedagogías de la liberación» se ha postergado la dimensión normativa y en la actualidad reina una cierta confusión respecto de la escuela activa o nueva. Es importante entonces la observación que, acto seguido, hace Polo: *a la vez, el contenido de lo que se aprende siempre incluye aspectos normativos.*

## 5. La naturaleza sistémica del hombre

Todo este conjunto de elementos distintos pero conexionados, para Polo resulta de la complejidad que revela el carácter *sistémico* de la esencia humana. Y junto con la idea pedagógica de ayudar a crecer, tal vez sea ésta la otra idea nuclear, de carácter antropológico: el hombre, en su esencia, debe ser considerado sistémicamente. Sistémico aquí significa interrelación de elementos diversos, de modo que lo que incide en uno de ellos afecta de alguna manera a los otros. *Ser sistémico es ser reunitivo, epagógico o inductivo, como señala Aristóteles. Es mejor proceder de esta manera porque en los asuntos propios de la esencia humana todo dice relación a todo. No hay –por así decir– hilos sueltos. Conviene ver la trabazón y mutua remitencia de todos los asuntos entre sí.* A dicho carácter sistémico se enfrenta la educación integral; la dificultad se ha señalado ya: olvidarse o prescindir de alguno de los elementos del sistema, pues redunda en perjuicio de los demás. La concepción antropológica sistémica de L. Polo es muy sugerente; pero sobre todo resulta decisiva para la educación: es el fundamento necesario para consolidar la propuesta de la educación *integral.* Éste término designa la voluntad de recuperar el sentido unitario de la educación, y ha dado lugar a propuestas de diversa índole y procedencia, no sólo en distintos autores, sino también en las declaraciones de distintas instituciones, desde el Club de Roma hasta la UNESCO[9]. El sentido de la educación, en efecto, está amenazado no sólo por los reduccionismos antropológicos, como se oye decir frecuentemente. La amenaza corruptora del sentido de la educación proviene también de un saber pedagógico forjado en una investigación empírica en su mayor parte, y que se sostiene teóricamente en un saber de predominante carácter psicológico: y ambas, investigación y fundamento teórico se caracterizan precisamente por su exclusivo –y casi excluyente– método analítico. Desde esta perspectiva se llega a admitir que una cosa es la educación familiar, otra la educación escolar, otra la educación especial (para las minusvalías y deficiencias psíquicas) etc.; como también se llega a distinguir con una radical disyunción teórica y práctica entre formación intelectual, moral o estética: o sea, separando –e incluso a veces oponiendo entre sí– verdad, bien y belleza. A. N. Whitehead, en su sugerente libro *Los fines de la educación*, se refiere al proverbio de que «los árboles no dejan ver el bosque», y dice que expresa magistralmente el principal problema de la educación. Así se cumple hoy, pero no sólo en la práctica, sino también –y sobre todo– en la teoría educativa.

Difícilmente se logrará una integridad humana con la mera suma o agregación de unas partes dispares. La vía de la realidad propuesta por L. Polo, es decir, la consideración sistémica de la esencia humana previene eficazmente de la dispersión docente y la disgregación formativa que propiciará su ausencia. Ya estamos abocados a ellas, y acaso sean éstas las causas del malestar educativo, que es la tonalidad afectiva dominante actualmente respecto del llamado «sistema educativo», cuya denominación se aviene

---

9. Cfr. J. Dehors (coord.) *La educación encierra un tesoro*, Santillana-Ed., UNESCO, Madrid, 1996.

poco o nada con la propuesta de Leonardo Polo, pues justamente son las personas –educadores y aprendices– los que no son considerados sistémicamente dentro del llamado «sistema educativo».

## 6. Familia y educación afectiva

Desde la investigación psicológica que allega Daniel Goleman –también podría decirse desde el elemental sentido común– afirma: «por más que tratemos de convencernos de lo contrario, todos llevamos la impronta de los hábitos emocionales aprendidos en la relación que sostuvimos con nuestros padres»[10]. No es extraño que la creciente atención actual hacia la educación de la afectividad haya vuelto a mirar el valor de la educación familiar –«informal» si se quiere, pero no por ello «chapucera»– como seno originario de la misma.

Ésta, y no otra, es la firme tesis de L. Polo respecto al núcleo de la función educativa de la familia: *la educación en la familia es fundamentalmente una educación en la normalidad afectiva. A los padres les corresponde educativamente, ante todo, normalizar los afectos de sus hijos. La normalización de los afectos de un ser humano es básica, de tal manera que si falla, tenemos una falta de fundamento para edificar una educación superior, o sea, una educación del intelecto y de la voluntad.*

En la actual sensibilidad dominante en los estudios e investigaciones pedagógicas sólo raras veces, y como un cortés tributo de benevolencia, se habla de la familia como agente educativo. Des-

---

10. GOLEMAN, D., *Inteligencia emocional*, Barcelona, Kairós, 1995, 232. Cfr. F. ALTAREJOS, «Autorregulación e integración: dos propuestas en la educación de la afectividad (D. Goleman y Tomás de Aquino)», *Estudios sobre Educación*, 7(2004), 45-66.

de las nucleares ideas pedagógicas expuestas por L. Polo, el planteamiento es el inverso. La educación como ayuda al crecimiento personal, la debilidad constitutiva del hombre, y sobre todo,
el carácter radical de filiación que sitúa y define al ser humano,
conforman una lógica e inapelable apelación a la familia como
ámbito educativo. La educación familiar es el foco de irradiación
pedagógica a otras instancias sociales, como la escuela, los medios
de comunicación social, la política educativa y, en suma, la entera
sociedad. Cada instancia juega su papel según la índole de su actividad propia, pero la matriz pedagógica radica en la familia, por
dos razones básicas:

a) como lugar originario del nacimiento y crecimiento de la
persona, en su seno se establecen las primeras pautas de acción
pedagógicas; éstas podrán ser rudimentarias, pero no por ello des-
echables, sino ampliadas y enriquecidas en posteriores etapas de la
vida; es un rudimento de rotunda eficacia posterior;

b) el objetivo mencionado, la normalización afectiva, hace de
la educación familiar una a modo de cuna o semillero del posterior
crecimiento personal; como expondrá L. Polo reiteradamente, una
defectuosa formación afectiva perjudica al desarrollo de la sensibilidad interna (imaginación y memoria) y obstruye la formación
superior de la voluntad y la inteligencia.

Con referencia a lo primero, la clave radica en el carácter de filiación de la condición humana. La reflexión sobre la filiación que
se realiza aquí tiene un marcado carácter antropológico, e incluso
ontológico. La decisiva proyección pedagógica de esta tesis poliana
se encuentra en esta sencilla pero comprometida afirmación: *hay
que preocuparse de ellos* [de los hijos]. Frente a otras profesiones o
trabajos, igualmente dignos que los pedagógicos, el quehacer educativo tiene una diferencia intrínseca en la que radica su especial
nobleza: la solicitud del educador por el que aprende. Es un rasgo
que destaca en el pensamiento de Tomás de Aquino sobre la edu-

cación[11]. Esa acción de «preocuparse por ellos», según la expresión de Polo, se refiere a la *solicitud* que, si en otras tareas es gracia que concede magnánimamente el profesional, en la educación es componente esencial de la enseñanza y de la ayuda que ofrece, por lo que resulta una disposición irrenunciable para el educador.

Especialmente se ve esto en la educación de los padres, a los que Tomás de Aquino considera sus agentes primeros y naturales, hasta el punto de hablar de ella como una segunda generación o continuación debida de la procreación. La *solicitud* que conlleva necesariamente la educación es un elemento del todo olvidado en la pedagogía contemporánea, de tal modo que es generalmente admitida la distinción entre educación formal y educación informal. Su base o criterio central es precisamente la profesionalidad que rige en la educación formal –igualmente en la llamada educación *no-formal*, es decir, la enseñanza complementaria al currículo académico e impartida fuera del sistema educativo–. Y a su vez, la «profesionalidad» es entendida exclusivamente como actividad técnica fundada o derivada de un saber científico, preferentemente, la psicología. La síntesis de esta visión y sensibilidad actuales es que los padres no son buenos educadores porque no han estudiado psicología ni pedagogía. En este juicio precipitado incide también el opresivo cientificismo[12] de la cultura actual. Así, siendo

---

11. Cfr. MILLÁN-PUELLES, A., *La formación de la personalidad humana*, Madrid, Rialp, 7ª ed., 1989.

12. Este término es definido certeramente por el diccionario de la Real Academia de la Lengua Española en sus diversas acepciones, que guardan no obstante un común significado originario, y que son las siguientes:

«a) teoría según la cual las cosas se pueden conocer mediante la ciencia como son realmente, y la investigación científica basta para satisfacer las necesidades de la inteligencia humana;

b) teoría según la cual los métodos científicos deben extenderse a todos los dominios de la vida intelectual y la moral en general;

la educación formal y la no-formal las únicas rigurosas, queda la educación informal como la menos decisiva y valiosa; en este campo, además de la educación familiar, se inscribirían también las influencias educativas que se reciben de los amigos, especialmente en las etapas de la adolescencia y juventud cuyo valor educativo, nos vienen a decir los estudiosos, es escaso. Se trata realmente de cientificismo, y no de ciencia; pues ésta, si acaso, si bien se aleja de la experiencia común, trascendiéndola, no por ello la contradice. La primera fase del crecimiento humano tiene un *pondus* afectivo. La voluntad y la inteligencia también crecen en la infancia, pero con un ritmo más lento que los sentimientos y las emociones. *En el ser humano, repito, el equilibrio afectivo es un requisito indispensable para que se despliegue su espíritu, para que se desplieguen las grandes facultades espirituales: la inteligencia y la voluntad.* Para esta normalización afectiva, que se realiza cotidianamente mediante la ostensión de la conducta, es decisiva la armonía de acción entre el padre y la madre. El niño no debe percibir disonancias entre una y otro; por ejemplo, que el padre le castiga por un lado, y luego la madre le levanta el castigo, o viceversa. Con esta conducta dispar y enfrentada, al niño le es difícil hacerse cargo del amor mutuo del que ha nacido, y pretender entonces una normalización afectiva resulta ilusorio. *La educación es obra de los dos esposos y, en consecuencia, los dos se tienen que poner de acuerdo; es decir, no puede haber una discrepancia radical o desunión entre ambos, y querer educar cada uno por su lado. Esta tesis también está*

c) teoría según la cual los únicos conocimientos válidos son los que se adquieren mediante las ciencias positivas, y, por consiguiente, la razón no tiene otro papel que el que representa en la constitución de las ciencias;

d) confianza plena en los principios y resultados de la investigación científica, y práctica rigurosa de sus métodos;

e) tendencia a dar excesivo valor a las nociones científicas o pretendidamente científicas.»

*suficientemente ratificada por la experiencia.* Numerosos y diversos estudios empíricos corroboran esta tesis: es muy elevada la correlación estadística entre dificultades en el aprendizaje (*dishabilities learning*) en los niños y adolescentes, y los desequilibrios afectivos de los mismos. Y aún es más alta la correlación entre estos trastornos emotivos y las familias desintegradas

Para Leonardo Polo, la educación familiar, en cuanto colaboración del padre y de la madre, y ocupándose primordialmente en la educación de la afectividad tiene dos aspectos esenciales y complementarios entre sí cara al equilibrio emocional o normalización afectiva: enseñar a jugar y educar en la serenidad, siendo misión principal, respectivamente, del padre y de la madre. Por una parte, *el valor pedagógico del juego estriba en que vincula los afectos a la actividad,* y de este modo se empieza a percibir la necesidad de las *reglas* en la conducta, y también se aprende a ganar y a perder. El racionalismo subyacente a la pedagogía actual, postula el gran valor del juego para la educación en su carácter instructivo o educativo de donde provienen tantos juguetes llamados educativos o didácticos que, sin embargo, desnaturaliza el juego como el aprendizaje y sólo consiguen aburrir al niño. En muchos ambientes educativos se habla de una «pedagogía lúdica», pero la finalidad y sentido de la misma es muy distinto del expuesto. Básicamente, la pedagogía lúdica pretende introducir una corriente de satisfacción hedonista que paliaría el gravoso esfuerzo que conlleva el aprendizaje; por tanto, no cuentan las características definitorias del juego que subraya Polo, sobre todo, el aprendizaje de connaturalidad con las reglas.

*Por otra parte, la madre tiene una característica serenante para el niño (…): la madre es un lugar de acogida, un lugar seguro y, además, próximo. El padre también es protector; es alguien a quien se puede acudir, pero la madre protege directamente **acogiendo en su regazo.*** Mediante estas dos funciones complementarias, paternal y maternal, se desarrolla la educación afectiva que va incoando los hábitos morales, principalmente, la templanza y la fortaleza.

## 7. Educación de la imaginación

La educación de la afectividad se abre a otra gran dimensión pedagógica: la educación de la imaginación. Actualmente, por efecto de la psicología del aprendizaje, esta facultad se ha diluido entre la afectividad y la memoria. Por supuesto, los actos imaginativos son innegables, pero su origen y su génesis se estudian desenfocadamente, atribuyéndolos en parte a la memoria, y en otra a las emociones. Para L. Polo, continuando la concepción de la antropología clásica, la imaginación tiene sustantividad propia, como instancia de la sensibilidad interna. Su función principal es doble: evocar el pasado y anticipar el futuro. Es una facultad eminentemente íntima y subjetiva, y de ahí tal vez su exilio psicológico, pues no admite los parámetros «objetivos» de la observación de conductas que exige la metodología de investigación psicológica. Ha sido una gran pérdida para la psicología del aprendizaje, pues sin la imaginación entendida como instancia operativa sustante, el tránsito de la sensación y la percepción a la inteligencia resulta largo y brusco; además se pierde también la dimensión productiva de la imaginación, que le permite construir entes artificiales. *Si no fuera por su imaginación el hombre no podría crear; no podría producir, ya que todo lo artificial requiere el uso de la imaginación. De modo, que la educación de la afectividad desemboca inmediatamente en la fantasía.* Más aún: la imaginación proporciona las primeras experiencias del tiempo «humano»; esto es, el tiempo, no como mera sucesión de momentos –lo que es casi una «espacialización del tiempo»–, sino como aconteceres en fluída continuidad.

Otro aspecto de la imaginación, decisivo para la educación, es que es susceptible de crecimiento; que puede y debe ser educada, pues dicho crecimiento depende estrictamente de la imaginación. Tiene distintos niveles, denominados por Polo como imaginación eidética, proporcional y reproductora. El desarrollo de la imaginación comienza en la infancia y se prolonga en la en la adolescencia y juventud. Parejo a este desarrollo de la imaginación tiene lugar el crecimiento de la inteligencia, y depende estrechamente de él. Ésta es una tesis antropológica de inmensa e incisiva proyección pedagógica. *La inteligencia depende de lo que se le dé para abstraer, porque la inteligencia empieza abstrayendo a partir de las imágenes. La inteligencia depende de lo que se le dé, por eso es un error tremendo estropear la imaginación.* Error impenitente que se consuma cotidianamente en muchos hogares y escuelas actuales.

Entre las aportaciones pedagógicas de Leonardo Polo, esta tesis es de gran trascendencia, pues permite entender el perjuicio formativo que entraña la televisión. Sintéticamente, consiste en que ofrece imágenes ya elaboradas y retrotrae la imaginación al nivel eidético; también carece de un sentido homogéneo de la continuidad temporal: un programa televisivo sucede a otro, precisamente buscando la discontinuidad. De esta manera se logra la intencionalidad básica de la programación televisiva actual: *fascinar.* Más que la hipotética imitación de las conductas visionadas –violentas y anómalas muchas veces–, el verdadero daño formativo de la televisión radica en los obstáculos poderosos que opone al crecimiento de la imaginación, de lo que se resiente agudamente la formación intelectual.

## 8. Sentido y valor pedagógico del interés

Actualmente parece haber mermado el protagonismo del *interés* en las propuestas pedagógicas, orientándose éstas por otros

derroteros. La causa pudiera ser que dicho protagonismo era excesivo; pero también es posible que el agotamiento del tema se debiera a su desenfoque. El filósofo y profesor de bachillerato francés
Emile Chartier (Alain) en sus *Propos sur l'éducation* afirma que lo
malo del interés en pedagogía es que impide aprender a interesarse
por voluntad. De modo sintético dice Leonardo Polo *el interés por
el interés carece de interés.*

La apelación al interés como recurso supremo para la motivación en pedagogía no suele tener en cuenta que *siempre tiene
un componente dual. El interés no es una unidad sino que es dual.
El interés se describe desde el punto de vista subjetivo, digámoslo así,
como «interesarse por», y desde el punto de vista objetivo como «lo muy
interesante». Ésos son los dos ingredientes imprescindibles del interés.*

Los ecos del caducado protagonismo del interés aún reverbe-
ran en la pedagogía actual, y en ellos se percibe que ese componente dual, imprescindible para hacerse cargo debidamente del interés, no se tiene en cuenta, aunque no lo parezca a primera vista.
Sin duda, se buscan objetos interesantes para suscitar el interés
del niño. Pero ¿cuáles son los «objetos interesantes»? Aquéllos que
despiertan «espontáneamente» el interés del niño, lo que es un
círculo cerrado de un solo componente: los afectos primarios del
que aprende. En esa espontaneidad (hasta aquí llega la influencia
rousseauniana) se diluye la consistencia interesante en sí misma
de ciertos objetos, que sólo puede ser descubierta por la energía
motriz de la voluntad, certeramente asistida por el educador. El
«no ser interesante» para el aprendiz aún sigue siendo un poderoso
criterio de eliminación en el currículo académico. Y se reconoce
fácilmente el que algo no sea interesante en este sentido subjetivo:
aparece el aburrimiento. No se reflexiona sobre otras posibles causas del aburrimiento, como pueden ser la atención −en este caso, la
des-atención habitual−, la desidia, la ignorancia, o la pereza, causas subjetivas todas ellas. Precipitadamente, el tedio se achaca al

objeto. Se percibe este proceso agudamente en los actuales gustos musicales de adolescentes y jóvenes: no me interesa esta música, luego no la oigo; tal es el criterio estético de selección musical para la mayoría de ellos.

Pero alentando el mero interés emotivo y subjetivo, se inhibe una valiosa capacidad: la de interesarse por lo interesante en sí mismo. Y así, cuando se agotan los recursos del interés, aparece lógicamente el desinterés, que si empieza a ser habitual se convierte en aburrimiento, y si se acendra, en tedio. *El tedioso convierte en aburridas todas las cosas. Por eso es que se debe tratar de evitar el tedio,* ***y la mejor manera de eludir el tedio es educando en la verdad y tratando de hacer amigos.***

## 9. Conclusión: en pos de la verdad acompañado por amigos

Posiblemente, tal es la causa difusa pero pregnante del malestar educativo actual: el tedio. Al menos, sin duda es la tonalidad afectiva dominante en la educación actual. Y de ese tedio habitual se sale, según Polo, *educando la verdad y tratando de hacer amigos.*

Decía Ortega que los vientos que soplan en la sociedad son los que mueven a la escuela. El relativismo cultural y moral y el individualismo político y social generan el tedio educativo, aunque no se perciba de inmediato. El relativismo ahuyenta la referencia a la verdad como si ésta fuera un ogro intelectual, opresor y tiránico. Y al no educarse en la verdad, se es ciego para el *splendor veritatis* que resplandecía para los clásicos y daban a gozar a todos. No se puede percibir que *la verdad no coacciona. Se trata de una necesidad que entusiasma.*

Pero no acaba aquí el daño. No sólo se pierde la verdad como referencia suprema en la teoría intelectual; también se extravía en la vida práctica el sentido de la ley. *La ley se debe cumplir porque es*

*ley y no por el hecho de que si no se cumple haya un castigo. Eso sería
una subjetivización de la ley.* La actual y extendida anomia social,
que tanto preocupara a E. Durkheim hace un siglo, nace de la
falta de fundamento racional y ético respecto de la verdad: ni se
busca, ni se ama. Se prefiere la autoclausura en el yo; se entroniza
el sí mismo frente a la realidad y, en ese descuido, se pierde a los
otros; sólo se les considera en función de la propia utilidad. Es el
individualismo agobiante de la sociedad actual, que corroe íntima-
ma e implacablemente la natural sociabilidad del hombre, y sobre
todo, del niño. Paseando por los parques urbanos se percibe claramente a poco que se atienda: hoy los niños raramente comparten
sus juguetes con otros niños. Son los padres quienes les enseñan a
ello. Y así se generan hábitos de soledad que sólo encuentran ali-
vio ante la televisión, o más tarde –aunque cada vez más tempra-
namente– en internet, donde la aparente comunicabilidad que se
desarrolla en los *chats* no es más que una sutil manera de encubrir
la soledad habitual.

Y no es posible acostumbrarse a la soledad, porque una soledad
completa es antihumana. Se puede resistir por un tiempo, pero si
no se quiere abocar en la absoluta inanidad, más pronto o más tarde tiene que aparecer un ser humano en el horizonte vital, como se
ve incluso con Robinson Crusoe[13], aunque sea alguien con quien
al principio no se pueda hablar. De no ser así, según Polo, el tedio culmina en la angustia, que simplemente *es la incapacidad de
amar.* Y *el que tiene angustia no ama y tampoco se ama a sí mismo,
porque uno mismo no es más que la angustia.*

No obstante, de este oscuro panorama emerge radiante la educación en una de sus dimensiones esenciales, aunque casi ausente
en la actual pedagogía: la educación religiosa; *la angustia se puede*

---

13. Por cierto el único libro que deberá leer Emilio antes de los quince
años según su preceptor, Juan Jacobo Rousseau.

*evitar con una adecuada educación religiosa*. Acaso sea efecto del racionalismo y del cientificismo dominantes en la pedagogía moderna, pero como la religión suele considerarse asunto de la vida privada, se la exilia de la vida pública, y no puede comparecer en el «sistema educativo» más que a regañadientes. Es una pena. La soledad se conjura con la compañía de un amigo. Y ninguna compañía mejor que la íntima, constante y asequible del mejor Amigo que además es «el Camino, la Verdad y la Vida»[14]. Claro que, si no se enseña a buscarle… *Aunque tenemos que contar con la libertad de cada educando, quizás muchos fracasos se deban a que no se le enseñó a rezar bien, a tener fe en Dios*.

De la lectura de este libro se desprende que, realmente, conviene *pararse a pensar en la educación*.

Francisco Altarejos

14. Jn., XIV, 6.

# I

# El significado humano de la educación

## 1. El carácter filial de la persona humana

Tenemos que empezar por lo radical. Es propio del filósofo considerar a fondo las cuestiones. En Filosofía de la educación, lo primero que hay que exponer es el significado humano de la educación, es decir, las razones por las que el hombre es susceptible de educación, esto es, porqué no hay sólo enseñanza sino *formación*, es decir, ayuda al *ser* humano.

Quizá la mejor definición de la educación sea la que dio uno de los grandes pedagogos españoles, Tomás Alvira[1]: *Educar es ayu-*

1. N.E.: Tomás Alvira relata la siguiente anécdota sobre cómo se le ocurrió esta descripción de educación: "Fue una mañana del mes de abril, en la que la niebla se abría ante la insistencia de un sol cálido, cuando entré en un colegio femenino de Vigo... cuando mi vista tropezó con un pequeño cartel colocado entre las flores de uno de los macizos en el cual se leía esta corta frase: AYUDAME A CRECER... Más tarde reflexioné, en el silencio de mi casa, sobre la frase leída y me di cuenta de que aquellas profesoras habían aplicado a las plantas lo que algunos de los más grandes filósofos habían dicho, hace ya muchos años, acerca de la educación, concibiéndola esencialmente como *ayuda* al educando y, de modo imaginario, trasladé la frase al ambiente de los hogares, vi el cartel del jardín colocado entre los hijos de cada familia, pidiendo a sus padres, pi-

*dar a crecer*[2]. Como buena definición, fruto de los muchos años que este profesor dedicó a esta tarea, alude directamente a un implícito sumamente importante: que *el ser humano es capaz de crecer*. El hombre es un ser vivo a quien hay que ayudarle a crecer, porque en otro caso su crecimiento será mucho menor del que sería susceptible si se le ofrece esa ayuda.

Pero el hombre, un ser que crece, es también un ser que nace débil, es decir, sin haber desarrollado plenamente su organismo, sus facultades, etc. *Nacer débil*. Es preciso poner énfasis en ambos elementos. Entre los vivientes de esta tierra, el hombre es quizá el que nace más débil, menos preparado, más lejos de su madurez. Por eso se dice, y de una manera muy significativa, que el nacimiento del hombre es prematuro. Esto significa que después de la embriogénesis, hace falta un largo proceso para que el hombre alcance su madurez. En el caso de la especie humana, la diferencia entre el recién nacido y el adulto es mucho mayor que la que existe en cualquier otra especie. El ser humano nace y es débil al nacer, no se basta a sí mismo, no es capaz de valerse, y está muy lejos de ser capaz de desempeñar las tareas que le corresponden en el seno de la especie humana, más precisamente de la sociedad.

Vamos a desarrollar estas dos nociones. El hombre es un ser que nace, y su condición al nacer es la de un ser muy frágil. Lo

---

diendo también a sus profesores, lo mismo que las plantas del jardín: *ayuda para crecer*". ALVIRA, T., *¿Cómo ayudar a nuestros hijos?*, Ediciones Palabra, Madrid, 1983, pp. 7-10.

2. N.E.: Educación tiene su raíz en los términos latinos *educare* –que en su pasivo significa crecer– y *educere* –hacer salir, poner fuera–. Y, a su vez, *educere* proviene del verbo *ducere*, que expresa conducir, guiar, llevar. Por consiguiente, si se tiene en cuenta la raíz etimológica de la palabra 'educación', la descripción 'ayudar a crecer' es adecuada para expresar lo que es la educación. Cfr. SEGURA, S., *Nuevo diccionario etimológico Latín-Español y de las voces derivadas*, 5ª ed., Universidad de Deusto, Bilbao, 2010, pp. 237 y 243.

primero se refiere a la noción de *hijo*, lo cual de ninguna manera es una trivialidad, o algo que puede darse por sabido. Desde luego, lo normal es que tengamos conciencia de que nacemos, no de la nada, sino que nacemos *de*: tenemos *progenitores*. En esto ya nos distinguimos de los animales y de los vegetales. También ellos proceden de un ser, o de una semilla, pero ninguno de ellos tiene conciencia de esa *relación de origen*, que le vincula con algo anterior, con aquello de lo cual procede su realidad. *La conciencia de filiación es exclusiva del ser humano.*

Una pregunta pertinente versaría ahora sobre qué es lo primario, lo fundamental, o lo que mejor nos define: ser hijo o ser padre. La respuesta es la siguiente: *el hombre se define estrictamente como hijo*. Lo más propio de él es que nace, es decir, que se caracteriza por empezar a existir. Luego hay un transcurso vital y después muere. Hay una curva vital según la cual hay que ayudarle a crecer porque en ese nacimiento predomina la debilidad.

El hombre es *radicalmente* hijo, pero no es radicalmente padre. Es obvio que sin padres humanos no hay nueva generación, pero los padres humanos ponen algo de la realidad del hijo, aunque no todo. El *alma humana espiritual* no procede de los padres humanos. Por tanto, se puede decir que estos participan de una paternidad más alta, que es la *paternidad divina*[3].

---

3. N.E.: esta idea aparece reiteradas veces en el *corpus* poliano, donde Polo sostiene que tanto el acto de ser personal como el alma humana son creados directamente por Dios: "las células reproductoras proceden de los padres; en cambio, la persona del hijo es creada por Dios". Polo, L., *Antropología trascendental*, p. 284; "el alma humana es directamente creada". *La esencia del hombre*, p. 134. La misma idea es explicitada en la filosofía tomista: "El alma es creada directamente por Dios". Tomás de Aquino, *Summa contra gentiles*, II, c. 87. "El alma humana no puede ser producida más que por creación". *Summa Theologiae*, I, q. 90, a. 2.

Así tenemos que *desde el inicio de su existencia el ser humano ya está vinculado a Dios*. Es hijo de manera plena, y por serlo no basta con los padres humanos, hace falta también la intervención divina, que de entrada es creadora. Por eso el hombre es hijo de un modo completo, en cambio no es padre más que por participación; es decir, es padre porque Dios le ha dotado de la capacidad de serlo.

El Padre por excelencia es Dios, y esa condición de padre que tiene Dios, porque no es nacido, origen de todo, no la tiene el hombre[4]. En cambio, el ser humano es creado, y como tal es hijo. Por lo tanto, a lo que realmente se asimila el hombre en el seno de la Trinidad es al Hijo[5]. Si se dice que el hombre está hecho a *imagen y semejanza* de Dios es precisamente porque en Dios existe la imagen eterna, el Hijo eterno, el Verbo.

Se suele decir que Adán es el primer padre en la humanidad; pero también ese primer padre, Adán y Eva, son hijos. La genealogía de Cristo que propone san Lucas termina en Adán. Pero de Adán se dice que es de Dios[6], que viene de Dios, que tiene como precedente a Dios, esto es, que fue creado por Dios[7]. Por tanto, la

---

4. Dios Padre, la Primera Persona de la Santísima Trinidad, no es engendrado. La segunda Persona de la Santísima Trinidad, el Hijo, sí es engendrado, precisamente porque es nacido. Nace eternamente: es un nacimiento eterno en el seno del Padre, como dice san Juan: «a Dios nadie lo ha visto jamás; Dios Unigénito, que está en el seno del Padre, él mismo es quien lo ha dado a conocer» (*Jn.*, 1, 18).

5. Esta es una consideración muy difícil por dos motivos. Uno temático, porque es muy profundo vincular al ser humano con la Teología sobrenatural. Otro expositivo, porque hay que decir las cosas con finura para no cometer equivocaciones que serían especialmente perjudiciales en este campo.

6. «Jesús, al comenzar, tenía unos treinta años, y era hijo, según se pensaba, de José, que lo fue de Helí... de Adán, de Dios», (*Lc.*, 3, 23-38).

7. Como es sabido, en la iconografía cristiana se presenta a Adán sin ombligo, precisamente para demostrar que es el primer hombre, es decir que no es nacido de nadie, y por lo cual no tiene cordón umbilical. Sin embargo, aún

Sagrada Escritura muestra de modo suficiente que el hombre es primariamente *hijo,* y también que es padre secundariamente, por participación y no constitutivamente[8].

En la línea de las generaciones humanas es patente que los padres son anteriores al hijo. Siempre que el hombre nace viene de los padres. Por lo tanto, el hijo es posterior al padre. Sin embargo, esta es una cuestión meramente temporal, es decir, no desde el punto de vista de la consideración filosófica, ontológica. Lo más propio del hombre, lo que más le define, según esta ulterior consideración, es su *carácter filial.*

Tal como señalamos antes, *darse cuenta* de su filiación es una característica del ser humano. Los animales no tienen conciencia de su filiación, entre otras cosas porque no tienen conciencia, ya que ser consciente es característica de la inteligencia humana, que sin espíritu es imposible.

El ser humano es hijo y lo es de tal manera que, como observa Aquilino Polaino, no tiene sentido decir que llega un momento en que el hombre deja de ser hijo: la condición de ex-hijo no existe[9]. El hombre es siempre hijo precisamente porque lo es de suyo. Así como no siempre es padre (sólo en algún momento, no siempre); en cambio, siempre es hijo, y además todo hombre lo es. De ahí que, como decíamos, los primeros padres humanos, Adán y Eva, sean directamente creados por Dios, ya que esta cuestión no puede resolverse acudiendo a un proceso al infinito.

---

así, hay que decir que Dios hizo a Adán; por tanto, Adán es hijo, y es hijo antes que padre.

8. Desarrollo más estas glosas acerca de la semejanza humana con el Hijo de Dios en «El hombre como hijo», en JUAN CRUZ CRUZ (ed.), *Metafísica de la familia,* Eunsa, Pamplona, 1995, pp. 317-325 (reeditado en *Escritos menores 1991-2000, Obras completas,* vol. XVIII, Eunsa, Pamplona, 2018, pp. 157-165).

9. Cfr. AQUILINO POLAINO, «El hombre como padre», en JUAN CRUZ CRUZ (ed.), *Metafísica de la familia,* Eunsa, Pamplona, 1995, pp. 295-316.

## 2. La renuncia a la filiación

Darse cuenta o no de que se es hijo no es indiferente. Ni se puede prescindir de esto ni olvidarlo; porque –insisto– si el hijo no es un ex-hijo nunca, sino que es hijo permanentemente, no tiene sentido olvidarse de ello. Sin embargo, se puede decir que *en nuestros días el hombre no quiere ser hijo*. La conciencia de filiación se ha debilitado, e incluso el hombre se ha rebelado contra su condición de hijo, porque quiere debérselo todo a sí mismo.

La idea de que el hombre se lo debe todo a sí mismo es contraria a la noción de filiación, pues el que procede *de*, no se lo debe todo a sí mismo, sino que se lo debe todo a aquél del cual procede. En el caso del hombre, una parte de su realidad se la debe a los *padres* humanos, y la dimensión más radical de su ser se la debe a *Dios*. Renunciar al carácter filial tiene consecuencias muy notorias. Ello no es indiferente ni tiene poca importancia, pues lo que se registra en la historia humana no es un *olvido* de la filiación, sino una *rebeldía*, un *no querer aceptar ser hijo*.

Quizá sea éste el pecado más característico de nuestros días, aunque haya sido antecedido de otra falta grave: *el no querer ser padre*. La renuncia a la paternidad por parte de un hombre casado es mala. No se tiene que abandonar a los hijos, sino que hay que preocuparse de ellos. Esa renuncia a la paternidad es una conducta completamente contraria a la condición del ser humano, como ser que nace en la debilidad.

Entre los pensadores modernos en los que se ve más claro la rebeldía contra la filiación está Nietzsche[10], quien continúa ejer-

---

10. Salvo el pasaje del «Gran Anhelo» que expone en *Así habló Zaratustra*, la voluntad de poder que describe Nietzsche no es intención de otro, sino precisamente el truncamiento de la intencionalidad propia y nativa de la voluntad en orden al último fin, a la felicidad, en rigor, a Dios. Esto, en el fondo, es *ateísmo*.

ciendo una cierta influencia. La idea de *voluntad para el poder* es algo así como una intervención proyectiva en la propia existencia: ponerlo todo en la superación corre a cargo de la voluntad de poder. Según esto, *el hombre no nace sino que se hace*. Otro filósofo que gozó en el siglo XX de cierta popularidad, Sartre, describía la libertad como *hacer, y haciendo hacerse, y no ser otra cosa que lo hecho*[11]. Sin embargo, el hombre como puro producto de sí mismo es lo más contrario al carácter de hijo, que es *radical* en el hombre. ¿Qué consecuencia práctica tiene esa rebeldía? La aceptación o no de la filiación no es algo indiferente, es una alternativa: o uno es hijo, y por tanto no se lo debe todo a sí mismo, y tiene que ser ayudado a crecer; o uno se lo debe todo a sí mismo, en cuyo caso no es hijo, sino que tiene una autonomía radical. Eso sería la *ratio essendi* de la voluntad, como diría Kant. Según él, la voluntad es una realidad *espontánea*[12], una causa de sí sin tener causa precedente alguna, es decir sin ser hijo. A este inconveniente de fondo que ofrece Kant hay que añadir otro de terminología: cuando se trata de la generación la noción de *causa* se queda corta.

Desarrollo más estas tesis en mi curso sobre Nietzsche de Piura de 1988, en el comentario al *Ecce Homo* de México en 1994, y en el curso sobre este mismo autor impartido en 1995. Cfr. Mi reciente publicación: *Nietzsche como pensador de dualidades*, Eunsa, Pamplona, 2005 (en *Obras completas*, vol. XVII, Eunsa, Pamplona, 2018).
    11. JEAN-PAUL SARTRE admite que «la persona no es más que su libertad», en [«Présentation (à Dolorès)»], *Les temps modernes*, 1945 (vol. 1, nº 1), [pp. 1-21], p. 17; pero alude que ésta es absurda porque consiste en la elección del propio ser [N.E. de la edición de Obras Completas de Leonardo Polo: la información complementaria para localizar la publicación, en este caso la presentación al primer volumen de la revista *Les temps modernes,* ha sido añadida entre corchetes].
    12. Cfr. INMANUEL KANT, *Crítica de la razón pura*, A 445 / B 473–A 446 / B 474; A 533 / B 561.

Nótese que no se trata de una alternativa equipolente. No da igual no querer ser hijo que tener conciencia de serlo, reconocerlo y aceptarlo. Es patente que si se diera esa rebeldía en la infancia, la educación no sería posible. Si hubiera un niño tan rebelde que se enfrentara con sus padres y no quisiera depender de ellos, ni tampoco de sus maestros (no quiere decir que vaya o no a la escuela, eso es secundario), entonces, la organización montada por el carácter de hijo, la familia y la escuela, toda la estructura educativa de la humanidad, se vendría abajo. *Si el hombre se lo debiera todo a sí mismo, la educación carecería de sentido.*

Esa rebeldía da lugar a consecuencias bastante notables, no sólo teóricas sino prácticas. Para exponerlas acudo a uno de los mitos, a una de las narraciones populares más influyentes en Occidente: Caperucita Roja[13]. Si se hace un análisis lingüístico, estructural, se ve que este cuento consta de una serie de elementos formales. Primero hay una protagonista, Caperucita, que es el sujeto del cuento. El segundo elemento estructural es la tarea que Caperucita tiene que cumplir: llevarle miel y harina a su abuela, quien está en cama bastante impedida. Es lógico que su nieta acuda a visitarla. La abuela es el tercer elemento, el destinatario que se beneficia con la tarea. A su vez, la tarea es un encargo que Caperucita acepta de su madre, quien constituye también uno de los elementos estructurales.

Es la madre de Caperucita quien le encarga la tarea, le dice que vaya a visitar a la abuelita, y le advierte que tenga cuidado con otro de los elementos estructurales: el enemigo, el lobo. Por tanto, el sujeto, la tarea, el destinatario, el que impide y quien encarga, constituyen los elementos estructurales del cuento, cuya estructu-

---

13. Cfr. Un desarrollo de este punto en mi libro *Quién es el hombre: un espíritu en el tiempo*, Rialp, Madrid, 5ª ed., 2003, pp. 244-247 (reeditado en *Obras completas*, vol. X, Eunsa, Pamplona, 2016, pp. 204-207).

ra narrativa es muy completa, quizás es el cuento más completo que se ha escrito. Posee todos los elementos de una narración, de una gesta, de una epopeya, aunque en nivel infantil, porque así se entiende mejor. La madre que encarga la tarea es una representación del carácter filial de Caperucita, que es hija y depende de su madre. Esa dependencia lleva consigo la obediencia; la iniciativa primera corresponde a su madre y la hija acepta esa iniciativa. Algunos críticos manifiestan dudas sobre si esa aceptación es suficiente, es decir, si en el fondo Caperucita pretendía jugar, o tenía cierta inclinación a la aventura en tanto que peligrosa, es decir, si tenía cierta afición a tratar con el lobo, pero eso es una cuestión de tipo psiquiátrico que nos podemos ahorrar ahora para el caso que nos interesa. *En la rebeldía no se acepta ninguna encomienda.* En este caso la narración se mutila. Si uno no es hijo, si uno no le debe nada a su madre, el encargo que ésta hace no tiene sentido. *La vida humana es un encargo.* Es algo que el Padre, el Origen de quien uno depende ha puesto en manos de cada uno. Si uno se rebela contra la filiación, la idea de encargo no se sostiene, pero también se pierde de vista el destinatario, porque si lo hace sólo para autorrealizarse, porque se lo debe todo a sí mismo, entonces el destinatario es uno mismo.

En este asunto las diferencias son importantes. Cuando se acepta el encargo, uno *sabe* que está refrendado en su existencia originada, y entonces no se alberga inseguridad alguna. En cambio, la vida de quien cree que se lo debe todo a sí mismo está dominada por la *duda* de si puede alcanzar éxito, de si puede autorrealizarse. Esta duda es muy frecuente en la gente que no quiere deberle nada a nadie, o que considera que la gratitud es una vergüenza. Al no querer deber nada a nadie se rechaza la gratitud, no se considera que la vida es una encomienda y que tiene mucho de regalo, de *gracia*. La encomienda de la propia vida es ante todo la gracia de la *creación*. Incluso, desde el punto de vista humano, uno es hijo del amor de sus padres. Si no fuera por eso, la vida humana no comenzaría.

Si se quita la filiación lo que queda claro es que a Caperucita no le importaría nada su abuela, porque el beneficiario de su acción se anularía o sería ella misma. En definitiva, de la renuncia a la filiación se deriva el *egoísmo malo*. Aristóteles examina el asunto del egoísmo en el capítulo IX de la Ética a Nicómaco, dedicado a la amistad. Ahí distingue entre la *autofilia* (el amor a sí mismo), es decir, el egoísmo bueno, que es compatible con la amistad, y el egoísmo malo, que no lo es[14].

Si el crecimiento se debe enteramente a uno mismo, a las propias fuerzas, el hijo se encierra en sí mismo, se curva y se aísla. Por eso se puede decir que *el individualismo no puede justificar la filiación*. El egoísta malo, el individualista, es el que considera que no tiene ninguna relación originaria con nada. En este sentido cabe decir que no es lo mismo *individuo* que *persona*[15]. Cada ser humano es persona[16], pues coexiste con los demás, de modo que

---

14. Cfr. Mi trabajo «La amistad en Aristóteles», *Anuario Filosófico*, 1999 (32, 2), pp. 477-485 (reeditado en *Obras completas,* vol. XVI, Eunsa, Pamplona, 2018, pp. 231-238).

15. Describo más este punto en «La radicalidad de la persona», en *Themata,* 1994 (12), pp. 209-224 (reeditado en *La persona humana y su crecimiento,* Eunsa, Pamplona, 1996, 2ª ed., 1999; y junto con *La originalidad de la concepción cristiana de la existencia,* en *Obras completas*, vol. XIII, Eunsa, Pamplona, 2015, pp. 85-99).

16. N.E.: Leonardo Polo comienza su estudio del hombre desde el descubrimiento de la distinción real ser-esencia de Tomás de Aquino: "Hay actos de seres distintos. El acto de ser del hombre no es el acto de ser del universo, porque su acto de ser es personal y el del universo no. A su vez, la esencia del hombre no es la esencia del universo... porque las esencias y los actos de ser son distintos". POLO, L., *La esencia del hombre,* p. 103. Cabe aclarar que para la filosofía poliana la persona es el acto de ser personal: "El ser personal es el 'quién' o 'cada quién'... La persona como 'cada quién' se distingue de las demás

ser persona es mucho más que ser individuo. Considerarse sólo como individuo es sentirse aislado del resto.

Hemos visto qué significa para el hombre ser hijo: *estar asistido desde la propia radicalidad personal por la paternidad.* Ser hijo es nacer y, en último término, seguir naciendo, no dejar de ser hijo nunca. De manera que ese crecimiento, que es característico del que nace prematuramente, es asistido. La forma de asistencia, de paternidad aplicada al crecimiento, es precisamente la *educación,* la ayuda a crecer. Ser hijo significa que uno necesita ser ayudado, educado. Desde este punto de vista, la educación tiene una justificación obvia, entendida como ayudar a crecer, según la definición de Tomás Alvira.

## 3. La debilidad inherente al ser humano

A continuación nos referiremos al segundo aspecto, la debilidad inherente al que nace prematuramente. Designar el nacimiento humano como *prematuro* es significativo, una alusión acertada del modo en que viene el hombre a este mundo. Esto nos introduce en terrenos que tienen que ver con la biología, y correlativamente, con la familia, con los padres humanos.

Por parte de los biólogos hay una clara comprensión de lo que distingue la generación del hombre respecto de la de los animales. Lo designan diciendo que la estrategia genética humana es la ni-

por irreductible. Hablar de persona de modo común, o en sentido general, es una reducción. Nadie es la persona de 'otro', porque de ser así las personas no co-existirían: las personas co-existen en íntima coherencia con su distinción. El ser personal humano se convierte con una pluralidad de trascendentales, pero ante todo significa *irreductibilidad,* es decir, *quién. Quién* equivale a co-existir irreductible. Se puede hablar de 'quién' en universal; pero esa consideración es sumamente incorrecta". *Antropología trascendental,* p. 105.

dificación, tomando como metáfora o analogado principal lo que hacen los pájaros. Los pájaros también nacen débiles para volar, y por eso han de ser alimentados por sus padres, pues no pueden valerse por sí mismos.

Esto también se puede aplicar al hombre, aunque en él el proceso de nidificación es mucho más intenso, pues las funciones vitales en las que el hombre nace débil son mucho más importantes que aquellas funciones que el pájaro necesita para volar[17]. En la medida en que es alimentado por los padres, el hijo-pájaro se hace más fuerte y comienza a aletear y al cabo de poco tiempo aprende a volar, aunque al principio sea torpemente. La ayuda aquí es bastante externa, se reduce sólo a alimentar a la cría.

En el caso del hombre, el nacimiento es tan prematuro que no bastaría con alimentarle para que crezca. Hace falta algo más. Evidentemente, la alimentación es imprescindible en el proceso de nidificación. Y por eso, en la historia (las cosas cambian poco en estos aspectos fundamentales) la familia humana está constituida por dos funciones básicas: la de proveedor, que corresponde al varón, y la función de la atención de la casa y cuidado directo de la prole, que corresponde a la mujer[18]. Actualmente, las tareas

---

17. N.E.: Esta idea también se encuentra en la filosofía tomista: "Hay animales cuyos hijos al poco de nacer se bastan a sí mismos para buscarse el alimento, o es suficiente la madre para procurárselo, y respecto de éstos no hay ninguna determinación del macho a la hembra; pero en los animales cuyos hijos necesitan ser alimentados por ambos padres, aunque por poco tiempo, existe cierta determinación mientras dura ese plazo, como se observa en algunos pájaros. Pero entre los hombres, debido a que los hijos precisan el cuidado de los padres por un plazo muy largo, es máxima la determinación del varón a la mujer, y a ella les impele hasta el mismo elemento genérico". TOMÁS DE AQUINO, *Summa Theologiae*, Supplemento III, q. 41, a. 1.

18. N.E.: Esta idea es tratada por Leonardo Polo en el estudio de las manos del ser humano: "La familia surge con el hombre y el hombre con la familia. ¿Qué funciones son sociológicamente posibles con las manos? Por lo pronto,

se intercambian y, habiendo accedido la mujer al mundo laboral, también provee, puede hacerse cargo de los gastos de la casa. Sin embargo, históricamente, el proveedor ha sido el padre, incluso cuando la familia estaba organizada de otra forma que la actual, lo que sé suele llamar la gran familia, la organización del clan[19].

la división del trabajo, es decir, que el macho se transforme en proveedor de la hembra y de las crías. Esto comporta que está vinculado establemente a ellas. En otro caso, la hembra tiene que hacerse cargo de la alimentación propia y de la cría; como no la puede dejar sola, tiene que cargar con ella. El mono joven tiene que ser transportado por la madre en sus correrías nutricias, pues el mono macho forma pandillaje y no es proveedor. Si el hombre no tuviera brazos, no podría proveer, porque con la boca podría transportar muy poco alimento. El ser con manos puede lograr cargar y llevar gran cantidad de alimento. Ningún cuadrúpedo es proveedor sino en condiciones precarias y siempre contando con la hembra. Pero es incompatible con el cuidado de la infancia humana comprometer a la mujer en la tarea de provisión de alimentos. Las extremidades del mono joven pueden agarrar pelo. Y tiene que hacerlo porque ha de ir colgado de la mona madre. La madre humana no tiene un cuerpo peludo, ni la mano del niño pliegue prensil de pelo.

La familia es posible por la mano. Otros muchos caracteres de la hembra humana están correlacionados con la familia, y hacen que el hombre no se desentienda de proveer. La familia es un tema sistémico. Así está escrito en el Génesis. Las feministas se enfadan con eso de la costilla originaria, pero el asunto es serio. Sin la estabilidad del vínculo matrimonial, los factores que estamos considerando no sirven para nada; sueltos, no tienen explicación. Y esta organización es necesaria, porque el ser humano tarda muchos años en ser viable. En las culturas primitivas el rito de iniciación señala la viabilidad biológica. En las sociedades más desarrolladas, la viabilidad social se alcanza a los 20 años, y cada vez hace falta más tiempo. Es evidente que el largo período de preparación es condición para el aprendizaje de la tradición anterior. El hombre nace biológicamente prematuro. ¿Por qué? Porque el hombre tiene que alcanzar altas cotas antes de ser viable. Todo esto es sistémico. Si la madre no estuviese dispuesta a un largo período de cuidado de la cría, y el padre a un largo período de aprovisionamiento, la humanidad no existiría". POLO, L., *Quién es el hombre*, p. 66.

19. Estas ideas quedan recogidas en mi colaboración «Ricos y pobres. Igualdad y desigualdad» al libro colectivo *La vertiente humana del trabajo en la empresa*, Rialp, Madrid, 1990, pp. 75-143 (reeditado en *Filosofía y econo-*

Una característica destacable que sirve para ilustrar este punto reside en que los monos, que son los más parecidos a nosotros (la dotación cromosómica del chimpancé, por ejemplo, parece muy similar a la humana), tienen una nidificación muy escasa, porque el carácter providente del macho es prácticamente nulo. Por eso, la madre simia tiene que vagar y, como a los monos pequeños no se les puede dejar solos porque se caerían del árbol o se los comería un depredador, entonces, el mono joven no tiene más remedio que asistir a las correrías de su madre, y para ello se agarra, mediante un pliegue de su mano (con el cual consigue una aprehensión suficientemente firme), al pelaje de ella. En la mano humana ese pliegue no se presenta, precisamente porque la condición de proveedor del padre humano es intensa, por lo cual esta condición también tiene que ver con la *monogamia*.

La monogamia es una manifestación de que el padre ama a su esposa, a su pareja, y también ama a su cría. Dicha relación de mayor amor es característica de la relación entre esposo y esposa, y es superior a la relación que pueda darse en cualquier animal, aunque es posible que llegue a estropearse. Pero de suyo es muy fuerte, e inclusive permanente. Esto se puede ver desde el punto de vista biológico, ya que es pertinente advertir que el coito humano no es como el animal, pues se efectúa abrazándose, y además la mujer es receptiva durante todo el año.

Estas peculiaridades favorecen al ser humano, y sin ellas seguramente no sería posible la dedicación del padre a la provisión de alimentos. Es patente que la familia humana no se puede mantener sin la provisión de alimentos. La necesidad de éstos que tiene una familia humana es considerable, ya que los hijos tardan mucho tiempo en producirlos –por lo menos doce o catorce años–,

.

mía, Eunsa, Pamplona, 2012; y posteriormente en *Obras completas*, vol. XXV, Eunsa, Pamplona, 2015, pp. 303-344).

dependiendo de las culturas. Al respecto, podemos observar que si en los chimpancés el cuidado de la crianza fuese superior a dos años y medio, entonces la especie desaparecería, porque a lo largo de la vida un chimpancé, de acuerdo con sus períodos de crianza, sólo puede tener dos o tres hijos. Podemos advertir al respecto que la permanencia de la especie humana también está en peligro debido a la baja natalidad, que cada vez se extiende más en el mundo.

Así pues, el hecho de que el hombre nazca débil da lugar a una estrategia generativa de aspectos muy ricos y que se puede describir de la siguiente manera: la estrategia generativa del hombre es una nidificación a ultranza, una nidificación que también es aprovechada por la naturaleza humana para la educación. Al hombre no le basta una maduración biológica; necesita educación. Por tanto, en el caso del hombre *la educación es el elemento fundamental de la estrategia de nidificación*. Se requiere, por tanto, un procrear cuidando, alimentando y educando. En el hombre la educación es el tercer elemento, y decisivo, en virtud del cual uno crece. Por esto está bien descrita la educación como *ayudar a crecer*.

Los aspectos a los que he aludido los he reunido para hacer notar mejor que están de acuerdo. Ahora intentaré precisar qué es lo primero que el hombre necesita aprender. Partiendo de que aprender y enseñar son distintos, hay que precisar, en lo posible, qué es aquello que no se puede aprender sin enseñanza, ya que en muchos casos no se necesita mucha enseñanza para aprender.

## 4. La primera enseñanza: la técnica

Aquello en que es más necesaria la enseñanza es la *técnica*. El hombre necesita un largo proceso de aprendizaje ante todo porque es un *faber*. Aquello sobre lo cual versa principalmente la educación es la actividad práctica. Hasta tal punto el hombre es un animal técnico que la evolución humana sólo se puede explicar si se tiene en cuenta la técnica. Repárese en que para empezar a andar el hombre tarda aproximadamente un año, y en que la coordinación de los movimientos que requieren aquellas acciones distintas de andar precisan de mucho más tiempo.

En los primeros años de vida es importante el crecimiento de la coordinación muscular. El hombre aprende a erguirse. Aunque no está hecho para gatear, el niño tiene que hacerlo al comienzo porque le resulta más fácil, ya que la coordinación de movimientos que hace falta para estar erguido es bastante mayor que la que hace falta para gatear. Y aquí aparece una característica humana sumamente importante: el hombre es un ser bípedo. Se distingue de los demás mamíferos porque los otros son cuadrúpedos. Esto comporta muchas cosas. Sin el bipedismo hay muchos aspectos del ser humano que no se acabarían de entender, por ejemplo, las manos[20].

Las manos son las extremidades de un cuadrúpedo que quedan libres de la función de andar en virtud del bipedismo. Aprender a usar las manos es mucho más largo y fecundo que aprender a andar. La mano, como decía Aristóteles, es el *instrumento de los instrumentos*. Los movimientos de las manos son sumamente modulables y su control exige una enorme cantidad de centros nerviosos que se han de coordinar a través de un crecimiento que tendrá lugar después del nacimiento, y que se prolonga muchos más años. Así, por ejemplo, aprender a mover las manos para poder tocar el piano es un aprendizaje mucho más largo que el de aprender a andar.

Si se compara la mano con la pezuña o la garra, tenemos que la mano se puede usar para más funciones. Por eso, Tomás de Aquino dice que la mano es mucho más *potencial* que otras extre-

---

20. Cfr. *Quién es el hombre*, pp. 61-64.

midades, las cuales están mucho más *determinadas*. De ahí que el uso de las manos requiera aprendizaje. Así, el pianista, que sabe usar las manos de una determinada manera, tarda bastantes años en llegar a tocar el piano correctamente.

Sin manos el hombre no podría hacer prácticamente nada. La importancia de las manos se resalta en el uso lingüístico con la noción de manufactura. Escribir, empuñar la espada, arar, pasar las páginas de un libro, tomar un vaso de agua, son ejemplos de los usos de que son susceptibles las manos.

Una de las características relevantes del cuerpo humano es que está muy coordinado. Por eso, el aprendizaje manual se continúa dentro del grupo, relacionándolo con el *lenguaje*, el cual sirve ante todo para dar instrucciones. El primer uso del lenguaje es *pragmático*. Decir: «coloca ese instrumento ahí», «úsalo de tal manera», etc., son instrucciones que forman parte del aprendizaje manual[21].

Cicerón escribió un libro titulado *De officiis*. El oficio al que uno se dedica comporta deberes (oficio tiene un significado parecido a lo que en griego se expresa con *déon)*. Los oficios suponen una serie de reglas, que constituyen un estilo de vida, según las cuales se ejerce o se tiene una profesión. Tradicionalmente, los

---

21. N.E.: Para complementar estas ideas se pueden consultar los siguientes pasajes de la obra poliana: "Si no me enseñan a utilizar las manos, éstas no me sirven. Hay una conexión sistémica, teleológica, hay un orden entre la emisión de voz y la mano. Es evidente que todo eso está correlacionado: por lo mismo que soy un ser bípedo tengo manos, y por lo mismo tengo la cabeza como la tengo, y puedo emitir voces". POLO, L., *La esencia del hombre*, p. 232. "Un animal con pezuñas puede hacer muy pocas cosas y, por tanto, se le puede enseñar muy poco; su dialecto es elemental. Pero a las manos les vienen muy bien los labios, porque con ellos se articula mucho más, y se dispone de un instrumental lingüístico mucho más amplio, necesario para enseñar a mover las manos, y aprovechar los distintos usos de que la mano es capaz". *Quién es el hombre*, p. 138.

oficios se clasifican de acuerdo con un determinado uso de las manos, que da lugar a un determinado tipo de conducta.

Con esto hemos hecho una exploración de aspectos muy importantes del crecimiento humano. Decíamos que hay que ayudar a crecer, y que eso es educar; pues bien, una dimensión importante del crecimiento humano es *aprender una serie de movimientos coordinados*. La coordinación de la musculatura ofrece una serie de facetas, como aprender a *andar*, pero sobre todo a mover las *manos* y, correlativamente, a *hablar*.

También el aprendizaje del lenguaje es una larga tarea. Los niños tardan más de un año a aprender a chapurrear, pero aprender a usar bien el lenguaje requiere muchos años, tantos como hacen falta para aprender a usar las manos, y en torno a ese aprendizaje se constituyen los oficios. El lenguaje se aplica primariamente al trabajo, y por eso versa ante todo sobre lo útil o lo inútil, lo que conviene o no hacer, y desde ahí sobre lo bueno o lo malo.

La conexión del lenguaje con la teoría pura es posterior, aunque también tiene suma importancia porque es un uso del lenguaje más elevado. Insisto en que el lenguaje sirve por lo pronto para comunicarse en el orden práctico, es decir, para dar instrucciones. Desde este punto de vista el lenguaje es una de las técnicas humanas. También las técnicas tienen que ver con las manos. El hombre es un animal técnico, *faber*, precisamente porque tiene manos.

Decíamos que el padre es proveedor. Su función tradicional en la familia es proveer a las necesidades de varias personas. Ello significa que es capaz de producir mucho más de lo que él necesita. Es patente que esto sólo es posible por las manos; de otro modo, alimentar a una familia numerosa sería imposible, de manera que la función de proveedor familiar equivale a saber usar las manos para alimentar a los que no las saben usar. Saber usar las manos o no marca la diferencia entre poder subsistir y ser capaz de alimentar a otros, o necesitar ser alimentado.

Se puede percibir ahora que todos estos rasgos son *sistémicos*. El hombre nace débil, sin saber mover su musculatura, sin saber comportarse prácticamente, porque está llamado a un comportamiento que es mucho más complicado que el de un animal: un comportamiento práctico, manufacturero. El contraste con los animales es notorio, y al mismo tiempo lo es también la coordinación, pues si no fuera por sus manos el hombre no podría alimentar a su familia por largo tiempo, es decir a hijos que no se valen por sí mismos. Sin embargo, el hombre nace sin valerse por sí mismo porque tiene que aprender a mover las manos de manera que sea capaz de alcanzar lo que necesita para vivir.

## 5. El estudio sistémico de la esencia humana

Empleo la noción de *sistema* no en el sentido que le da Hegel, sistema dialéctico, es decir, como construcción del saber absoluto; sino para resaltar que los elementos de la esencia humana están *interrelacionados*[22], y constituyen una realidad compleja. Por su parte, el absoluto no es sistémico, es decir, complejo, puesto que es un acto simple. También los animales son sistémicos, pero la esencia del hombre lo es mucho más. Una de las dificultades mayores para entender al hombre, y en general al ser viviente, es que en su estudio se emplea habitualmente como método el *análisis*, que ha tenido gran desarrollo en la Edad Moderna.

El método analítico es un procedimiento mental, un modo de pensar sumamente interesante, y que sirve para conocer una

---

22. N.E.: En un texto poliano se lee: "Hay una continuidad entre las partes que pertenecen a una unidad, y eso hace imposible que las partes sean consideradas como piezas. Sus distintas dimensiones no son de ninguna manera las piezas de una máquina". POLO, L., *La esencia del hombre*, p. 166.

serie de realidades. Sin embargo, la realidad no se acaba de conocer analíticamente, en especial aquellas realidades en las cuales
sus elementos están intensamente relacionados, de tal manera que
funcionan conjuntamente: cada elemento sólo cumple su función
si la cumplen los demás, y además en orden a los demás[23].

La diferencia que hay entre un sistema vivo y una realidad mecánica está en que en el viviente todas sus partes funcionan juntas,
mientras que una máquina funciona por partes, hasta el punto
de que se puede montar y desmontar. Por ejemplo, un automóvil
consta de muchas piezas (un coche normal aproximadamente de
4.500). Esas partes están en conexión, pero esa coordinación no
es interna sino que ha sido impuesta. Según ha sido planeado, el
sistema mecánico funciona por partes. El motor puede moverse
desconectado de las ruedas, para ello basta poner la palanca de
cambios en punto muerto.

En cambio, un sistema vivo no puede funcionar por partes,
puesto que en él todo influye en todo. Por eso, cuando se interviene en un sistema vivo de un modo no suficientemente sabio se
provocan siempre efectos secundarios. Esto es inevitable porque
conocer un sistema vivo por dentro es sumamente difícil: no tenemos todavía un conocimiento completo del mundo vivo. Por
eso, en biología se usa el método analítico, y al intervenir en un
ser vivo a partir del conocimiento que el análisis proporciona, se
interfiere inevitablemente en su complejidad sin tenerla en cuenta
suficientemente. De ahí que si el análisis de un sistema mecánico no permite hablar de efectos secundarios, no ocurre lo mismo

---

23. N.E.: En un pasaje del *corpus* poliano se declara: "Lo que hace el método analítico es –digámoslo así– entender partes, no totalidades significativas,
orgánicas, organizadas, en funcionamiento coherente. A lo más que se puede
llegar con el método analítico es a conocer una serie de piezas, una serie de
elementos, distinguirlos, y luego tratar de componerlos". POLO, L., *La esencia
del hombre*, p. 165.

cuando se trata de un ser vivo, precisamente porque es un sistema holístico, completo, en que no hay unas partes que funcionan y otras que no.

Quizá empezamos a entender lo que es un sistema gracias al pensamiento ecológico, es decir, al plantear como primordial la correlación entre seres vivos en un determinado ambiente. El planteamiento ecológico fija su atención principalmente en los efectos secundarios, es decir, en las perturbaciones que el sistema ecológico experimenta cuando se interviene en algunas de sus partes, sin tener en cuenta la correlación que existe entre todas ellas. Cuando esos inconvenientes tienen lugar en un sistema ecológico, las perturbaciones son menos intensas que lo que se produce en un organismo y en la *esencia humana*[24].

De manera que, como es obvio, interesa sobremanera conocer las interrelaciones de los factores humanos[25]. Es patente que *el crecimiento es un proceso sistémico*, no analítico. Pero además, el crecimiento en el hombre no es sólo orgánico, y no sólo tiene lugar hasta el momento de nacer. La embriogénesis se puede interpretar como un crecimiento, pues a partir de las multiplicaciones diferenciales de una célula se constituye una totalidad orgánica.

Para entender el código genético es menester tener en cuenta la interrelación sistémica. Hasta nuestros días el código genético se ha estudiado analíticamente, es decir, intentando determinar cuáles son los elementos químicos que lo componen. Pero es pa-

---

24. N.E.: Polo lo expresa así: "El cuerpo humano de entrada es sistémico; no solamente lo son las dimensiones espirituales. El tratamiento de las dimensiones espirituales sin el método sistémico tampoco sale". POLO, L., *La esencia del hombre,* p. 167.

25. N.E.: Nuestro autor lo expone del siguiente modo: "Considerar al hombre como una máquina es no entenderlo de ninguna manera. El hombre es una realidad compleja de variables interdependientes, de tal manera que todas están en funcionamiento". POLO, L., *Artículos y conferencias,* p. 389.

tente que el código genético es un sistema, y que, por tanto, analíticamente no se acaba de entender. Considerar como sistema al código genético es verlo como coordinador de ese crecimiento que se denomina embriogénesis. A la genética le interesa el estudio de la embriogénesis, aunque también es importante el estudio del código genético en orden a la nutrición y a la reproducción.

Sin embargo, no basta con la embriogénesis. El hombre sigue creciendo después de nacer. Ese crecimiento ya no es una embriogénesis, sino una coordinación sistémica prolongada, que se continúa en condiciones tales que ha de intervenir el propio sujeto aprendiendo. Por consiguiente, ese ayudar a crecer que es la educación no versa sobre el crecimiento orgánico, sino que se refiere al crecimiento posterior, a aquél en que interviene ya el espíritu.

También el crecimiento psicosomático es sistémico. Para enfocarlo propondré un ejemplo sencillo, tomando como punto de referencia el carácter bípedo del ser humano. La diferencia entre un bípedo y un cuadrúpedo es la posición erguida. Esta posición lleva consigo una colocación de la cabeza. No es lo mismo una cabeza colgante al final de un cuello horizontal que una cabeza erguida. En una cabeza pendular el cerebro ocupa poco sitio. Por ejemplo, en un caballo o en una vaca la mayor parte de la cabeza es hueso, belfos, etc. En el caso del hombre, más de las tres cuartas partes de la cabeza lo ocupa el sistema nervioso, el resto es el rostro.

La cabeza humana es rostrada; el hombre tiene faz. La descarga muscular es característica en el rostro. Los músculos de la cara son pequeños y con ellos se consiguen movimientos que no son posibles con músculos mayores. Así sucede, por ejemplo, con la sonrisa, que es un gesto fisiológicamente pequeño. Un rostro siempre es gestual, expresivo: sin expresión, no cabe hablar de rostro. Como es claro, la cabeza de un caballo es muy poco expresiva. Expresa miedo moviendo la cabeza hacia atrás o con una mirada un poco extraviada. La agitación de los belfos expresa una emoción del animal, pero de suyo la cabeza del caballo no expresa nada si se compara con el rostro humano, que es siempre expresivo. Así, la sonrisa expresa alegría o cariño. Para mover los labios y sonreír hace falta muy poca masa muscular, y precisamente por ser un gesto tan pequeño la sonrisa es sumamente expresiva, como también lo es el brillo de los ojos. Hay ojos humanos apagados y otros más brillantes. Ese brillo tiene que ver con la dilatación de la pupila, pero también con el sistema simpático. Por eso el brillo de los ojos expresa alegría, cariño. La posibilidad de fruncir las cejas también es gestual y expresa el carácter, que queda como esculpido en las arrugas de la cara.

En definitiva, no hay rostro sin bipedismo. Hay conexión sistémica entre ambos[26]. Cuando se yergue el cuerpo y la cabeza ya no es pendular, sino que se aplasta hasta que queda colocada en el eje del cuello, entonces el cerebro ocupa el mayor espacio de la cabeza y el resto es la cara, el gesto.

Conviene recoger también algunas observaciones de Aristóteles sobre el lenguaje. Al estudiar los órganos de la fonación, resalta la importancia de la lengua. Una lengua demasiado pesada no es apta para la fonación. Y si es demasiado fina tampoco sirve. Por eso la vaca no emite voces y la serpiente emite silbidos[27]. En la

26. N.E.: Se puede exponer con palabras del autor: "Si hay hocico, no hay mano (con hocico, el animal se inclina, es cuadrúpedo). Sin cara no hay mano, y sin mano no hay cara. El rostro y la mano constituyen un sistema; el rostro es imposible sin las manos y las manos sin el rostro. Si las manos son simbólicas, el rostro es expresivo. La expresividad y lo simbólico son dos elementos sistémicos en estrecha relación". POLO, L., *Quién es el hombre*, p. 62.

27. N.E.: En un texto poliano se lee: "Los animales no tienen más que voz, o signos de este tipo. La voz animal, dice Aristóteles, trata exclusivamente de situaciones psicológicas del animal: son gritos de alerta, de alarma, de atención, de reclamación, de ira. La voz animal no trata de lo bueno, de lo malo, de lo útil, de lo inútil, de lo conveniente, de lo inconveniente, de lo justo, de lo injusto". POLO, L., *La esencia del hombre*, p. 41.

fonación, los dientes y los labios se relacionan con la lengua, y de acuerdo con ello salen los sonidos dentales y los oclusivos. Si los dientes son gruesos tampoco se pronuncian las dentales. En definitiva, sin una forma determinada de la boca y de la garganta la fonación es imposible. Pero la fonación que es la base física del lenguaje guarda también una relación sistémica con el uso de las manos.

Biológicamente, si una especie viva no posee manos, el hablar carece de sentido. Es el uso de las manos lo que necesita el lenguaje, hasta el punto que tener manos no serviría de nada sin el lenguaje, pues aunque los gestos son importantes –hay gestos del rostro y también de las manos, como los que se hacen en un discurso– son menos comunicativos que el lenguaje. Por eso, sin comunicación lingüística el uso de las manos no es posible. En definitiva, el lenguaje humano no tiene sentido sin las manos y las manos son inservibles sin el lenguaje.

Por eso también las manos caídas son las que no se saben usar, de ahí que a los primeros homínidos se les represente con las manos caídas. La habilidad manual tampoco es posible sin crecimiento cerebral. Hace falta un cerebro muy desarrollado para que las manos sean utilizables. Pero ese desarrollo también se corresponde con el bipedismo, pues el cerebro aumenta en la medida en que cabe en el cráneo. Así pues, *el cuerpo humano es sistémico*. La cabeza, el cerebro, el bipedismo, las manos, el lenguaje, están interrelacionados. Y *ese sistema está llamado a crecer más allá del nacimiento*. Cuando el hombre nace, su sistema corpóreo no está completamente constituido sino más bien esbozado.

Un hombre aislado de los otros seres humanos no se desarrolla, no crece[28]. Tenemos ejemplos no hipotéticos: niños que se han

---

28. N.E.: En un pasaje poliano se describe de este modo: "Como es claro, el hombre co-existe también con los demás seres humanos, precisamente por-

criado sólo con animales, que han crecido sin contacto con otros seres humanos (el caso del «niño de Aveiron» es particularmente significativo). Esos niños no saben usar las manos, ni saben hablar, y su inteligencia tampoco funciona. Son niños salvajes en sentido estricto. Por tanto, también hemos de pensar —y esto tiene que ver con el hecho de que el hombre es conscientemente hijo— que *el hombre fuera de la sociedad no se puede desarrollar*[29]. Para el hombre, la sociedad es condición de viabilidad. Es viable en sociedad, no fuera de ella. De lo contrario se muere, que es lo más frecuente, o, salvadas las excepciones, permanece salvaje, es decir, sin desarrollarse como hombre. En consecuencia, *la relación entre seres humanos también es sistémica*[30].

El uso de las manos no es sólo cuestión de coordinación muscular. Tiene que ver con el lenguaje y con las funciones cognitivas del ser humano[31]. Por ejemplo, para trazar una circunferencia con

que todos los seres humanos son personas. El fruto de este modo de co-existir es, precisamente, el perfeccionamiento de la naturaleza del hombre según la interacción y el diálogo, de los que se siguen hábitos adquiridos. El hombre es esencialmente social. Y eso quiere decir, por lo pronto, que la sociedad permite y ha de favorecer el crecimiento moral, es decir, el perfeccionamiento de la voluntad que el hombre aislado apenas podría conseguir. Sin interaccionar sería muy difícil adquirir virtudes. En suma, aunque la esencia del hombre es tan plural como las personas, su naturaleza es común, y es moralmente perfeccionada por la interacción". POLO, L., *Antropología trascendental*, p. 234.

29. N.E.: Se corrobora en este texto: "La persona humana no se encuentra a sí misma al manifestarse. El hombre no puede repetir su intimidad en la manifestación. La manifestación humana se mueve en el binomio persona-sociedad, no persona-persona. El hombre no puede repetirse como persona en su manifestación, por eso necesita de la sociedad para perfeccionarse". POLO, L., *Lecciones de ética*, p. 103.

30. Cfr. Ética. Hacia una versión moderna de los temas clásicos, *Obras completas,* vol. XI, Eunsa, Pamplona, 2018, cap. III, pp. 191-210.

31. N.E.: Polo lo expone de este modo: "En rigor, sin imaginación el hombre no sería técnico. Si el hombre no tuviese imaginación las manos no

una cuerda en la pizarra, es menester imaginar la circunferencia. El uso de las manos está estrechamente vinculado con la razón humana en su uso discursivo, con la imaginación, así como con la percepción. En resumen, una de las funciones vitales del ser vivo es el *crecimiento*. Pero el ser humano crece *irrestrictamente*. A su crecimiento orgánico sigue otro que no se detiene porque nunca es suficiente. Este segundo tipo de crecimiento también es temporal, pero por proseguir más allá del nacimiento y ser supraorgánico, su temporalidad es biográfica e histórica. La organización de ese crecimiento es constituida por otra característica humana, a la que a veces se le concede poca importancia, siendo la más relevante: que el hombre puede adquirir *hábitos*. La adquisición de hábitos constituye la última fase, la más alta e intrínseca del crecimiento humano, porque los hábitos son perfeccionamientos de las facultades superiores, es decir, de la *inteligencia* y de la *voluntad*[32].

*Los hábitos intelectuales y voluntarios, las virtudes, son el último nivel del crecimiento humano.* Siempre se puede crecer en las vir-

---

servirían para nada. Una imaginación que es seguida por la técnica es una imaginación constructiva. Ninguna otra dotación cognoscitiva de suyo es constructiva; solamente la imaginación puede serlo". POLO, L., *Persona y libertad*, p. 82. "Las manos son importantes: tan importantes que son una condición de la inteligencia práctica". *Quién es el hombre*, p. 61. "La inteligencia práctica se encuentra en la mano y descubre según la mano". *Ibid.*, p. 64.

32. Cfr. para los hábitos adquiridos de la inteligencia mi *Curso de teoría del conocimiento*, I-IV, Eunsa, Pamplona, 1984-2004; en *Obras completas*, vols. IV-VII, Eunsa, Pamplona, 2015-2018. Para las virtudes de la voluntad, cfr. mi trabajo *La voluntad y sus actos*, I-II, Cuadernos de Anuario Filosófico, Serie Universitaria, nn. 50 y 60, Servicio de Publicaciones de la Universidad de Navarra, Pamplona, 1998; ambos reelaborados se reeditan en el tomo II: «La esencia de la persona humana», Segunda parte: «El segundo miembro del hábito innato de la sindéresis: querer-yo», de la *Antropología trascendental, Obras completas*, vol. XV, Eunsa, Pamplona, 2016, pp. 367-493.

tudes porque nunca se han adquirido con la suficiente intensidad. De manera que siendo que el hombre puede crecer siempre, no es extraño que nazca prematuramente. Después del crecimiento orgánico debe actuar en relación con todo lo demás, es decir, con los otros seres humanos y con el mundo. Se trata de un crecimiento en orden a otras personas y en orden al mundo, no en el claustro materno.

## 6. La evolución como proceso temporal

Al introducir la consideración de carácter temporal del crecimiento humano estamos en condiciones de estudiar el tiempo de la especie humana, es decir, el tema de la *evolución*[33]. Para plantear la evolución respecto al hombre, es imprescindible advertir que la evolución es un proceso temporal. Al margen del tiempo no cabe hablar de evolución, de modo que conviene distinguir varios sentidos del tiempo.

La evolución tiene que ver con el tiempo de la vida en general. Pero ese tiempo no se puede confundir con el tiempo biográfico que está enteramente vinculado al crecimiento humano posterior al nacimiento, es decir, al despliegue creciente de su propia vida, según los accidentes que implica. Ese tiempo no es el de la evolución, sino que tiene otro significado y distinto alcance. A su vez, el tiempo biográfico recoge el tiempo de la historia. La historia ya no es la evolución sino otro sentido del tiempo.

Sin embargo, el tiempo biográfico debe tener relación sistémica con el tiempo de la evolución; si no la tiene, la noción de evolución no es aplicable al ser humano, porque el tiempo biográfico es absolutamente indudable, es el más peculiarmente suyo. Biografía

---

33. Cfr. *Ética*, cap. I, pp. 141-167.

significa que el hombre traza, construye su vida. La vida posterior al nacimiento o la escribe el mismo que vive o no la escribe nadie.

Un animal no tiene biografía, no escribe su propia vida. En cambio, el hombre sí, puesto que su crecimiento es irrestricto. No se crece sin ayuda. La prueba está en la existencia de los niños salvajes. Pero una cosa es que no se crezca sin ayuda y otra distinta es que el crecimiento corra a cargo del que ayuda, lo cual no es posible, aunque el educador crezca posiblemente en virtudes.

La evolución es un tema planteado a mediados del siglo XIX. Como es sabido, el primero que pensó en ello y lo formuló de manera que tuvo influencia en un público amplio fue Darwin en su libro *El origen de las especies*[34]. Sin embargo, el pensamiento de Darwin, como suele ocurrir con los planteamientos iniciales, no es suficientemente matizado. Por otra parte, aunque los problemas que plantea la evolución, es decir, que aparezcan características nuevas en la vida animal o vegetal, no están resueltos, se puede decir que algunas adquisiciones conceptuales son convincentes y tienen que ver con hechos que son seguros.

Con todo, cabe observar que entre los biólogos es corriente aceptar la teoría de la evolución con una cierta exageración. El evolucionismo, como todos los *ismos*, es incorrecto, pues no tiene en cuenta todos los sentidos posibles de la vida. En sentido estricto, no cabe decir que un ser humano evolucione, pero tampoco se puede decir que no crezca o que no haya inflexiones temporales según las cuales acontece el crecimiento. Esas modificaciones no son evolutivas. La historia tampoco es una evolución, sino el tiempo en que se relacionan el pasado, el presente y los proyectos de la humanidad.

---

34. *On the origin of species by means of natural selection*, 1859. Cfr. asimismo los ensayos *The foundation of the origin of species*, entre 1842 y 1844; *The variation of animal and plants under domestication*, de 1868; y *The descent of man and sellection in relation to sex*, de 1871.

Los historiadores no están seguros si el tiempo histórico es estrictamente unitario –historia universal–, o si la historia es una colección de tiempos de grupos humanos parciales. En cualquier caso, la evolución es un cierto movimiento que está acotado: es el movimiento según el cual se constituye una *especie*, claramente distinto del movimiento con el que se constituye una *biografía* humana o la *historia*.

Según esto, lo primero que se ha de determinar es qué significa *especie*[35], de qué manera una especie tiene que ver con el tiempo, es decir, con modificaciones temporales; esto es, con lo que se denomina evolución. Biológicamente la noción de especie equivale a la *interfecundidad*. La única señal de que una especie existe es la interfecundidad entre individuos. El caballo no se puede cruzar con el burro pues del cruce sale un animal estéril. Hay otros muros más marcados, pero en definitiva la especie es una frontera genética. Biológicamente la noción de especie no tiene otro significado.

Existen características biológicas de los seres vivos que no son equivalentes con la noción de especie. Según esto, la evolución significa que un grupo de animales interfecundos da lugar a lo largo del tiempo a otros grupos de animales que ya no son interfecundos con sus progenitores. En resumen, evolucionar significa que de una especie salen dos. Que salgan dos significa que se ha creado una barrera genética entre los grupos de los descendientes.

Entendida así la evolución pierde dramatismo. Ni hay que levantar una bandera para defenderla ni para atacarla, pues es una noción muy sencilla y asequible. Existen barreras genéticas que en la descendencia pueden multiplicarse. De esa multiplicación surgen nuevas especies; es decir, a partir de un grupo de individuos

---

35. Trato de estos temas también en mi libro Ética: hacia una versión moderna de los temas clásicos, ya citado.

interfecundos antecedentes aparecen grupos de descendientes que ya no son interfecundos con otros grupos.

Desde la noción de especie se puede tratar de fijar los mecanismos por los cuales aparecen nuevas especies. Así considerado, es bastante obvio que ese mecanismo no es exactamente aquél del que habló Darwin: la supervivencia del más fuerte. Este concepto es muy relativo y no explica bien el asunto. La causa por la que se produce un cambio de especie a lo largo de miles de años debe ser un cambio climático. Ese cambio puede acontecer dentro de un mismo escenario, como consecuencia de desplazamientos, lo cual debe ser lo más corriente. De esta manera, el primer factor de evolución es la *irradiación:* los individuos de una especie emigran a lugares de distintos climas. Cuando esos climas son suficientemente distintos se produce, a lo largo de períodos de tiempo muy dilatados, un proceso de adaptación. De la irradiación se pasa a la *adaptación*. Adaptarse implica una modificación de caracteres morfológicos que, si son suficientemente amplios, dan lugar a la incomunicación genética entre los que se adaptan a un ambiente y los que se adaptan a otro.

Irradiación y adaptación. Si nos fijamos un poco más tenemos que decir que ese cambio de caracteres obedece a mutaciones genéticas. Aquí aparecen algunos problemas de explicación que pueden englobarse en lo que se suele llamar evolución potencial. Escuetamente el problema es el siguiente. La adaptación exige una mutación genética bastante amplia; por ejemplo, el paso de aves granívoras a insectívoras comporta un cambio de jugo gástrico porque no es lo mismo ingerir granos que insectos. Pero, además, exige un cambio en la forma del pico, porque los picos que sirven para coger granos son más cortos o gruesos que los que sirven para capturar insectos, los cuales son más alargados y finos.

A continuación veremos cómo aparecen los problemas insolubles derivados del planteamiento analítico del código genético. Se trata de explicar cómo se han producido esas mutaciones si han de ser achacadas a partes distintas de la mutación genética. El pico está controlado por unos genes y el ácido gástrico por otros. ¿Cómo se produce la coordinación de ambos cambios? Es patente que si cambia sólo la forma del pico y no la composición del jugo gástrico del ave, la mutación sería perjudicial, pues tener un pico que sirve para cazar insectos e inadecuado para los granos no conduciría a nada favorable si no cambia el jugo gástrico.

Sin embargo, para explicar la coordinación de ambas mutaciones sería necesario admitir, por así decirlo, una *información intragénetica*, es decir, que un *gen* le dijera al otro «cambia en ese sentido porque yo he cambiado en este otro». Esta información significa que un *gen* no sólo cumple una función sino que también se encarga de relacionarse con otro *gen*. Todavía no se sabe cómo puede ser esto, pero de no ser así, la adquisición de caracteres nuevos no es explicable. El azar no es explicación alguna.

Es patente, por otro lado, que los cambios de caracteres morfológicos requieren períodos de tiempo muy largos. Por tanto, hacen falta muchas generaciones de seres vivientes para que la adaptación tenga lugar y para que las mutaciones sean tan fuertes que la fecundidad con los que se han adaptado a otros ambientes ya no sea posible. Desde luego no basta con ciertos cambios de caracteres para dar lugar a especies nuevas. Hace falta que esos cambios den lugar a barreras genéticas, de lo contrario se daría lugar sólo a razas distintas. Si las razas se mezclan, la diferenciación de caracteres se anula o se compensa.

Otra cuestión es si este planteamiento general es aplicable al ser humano, es decir, si nuestra especie se ha diferenciado genéticamente de otras por un proceso de adaptación. Una primera dificultad para aceptar que este mecanismo evolutivo sea aplicable a la especie humana es que el *sapiens sapiens*, el ser humano, se ha expandido en climas muy diversos; pero esa expansión no produce barreras genéticas sino, en todo caso, razas distintas.

Esto quiere decir que el proceso de adaptación no es tan intenso como el requerido para el surgimiento de especies nuevas. Dicho de otro modo, que el hombre se adapta poco a los cambios ambientales. Aparte de eso, la especie humana existe, como mucho, desde hace ochenta mil años. Este período no es un tiempo suficiente para la aparición de especies diversas. Además, no se debe suponer que el hombre sea muy adaptable a los cambios climáticos. Las diferencias somáticas de los individuos humanos atañen sobre todo al color de la piel, o a un aumento del rubor rojo cuando se vive en alta montaña. Pero estas diferencias no son suficientes para constituir especies nuevas.

Además, estudiando los fósiles que existen, bastantes de ellos anteriores a nuestra especie, se observa que se caracterizan porque son bípedos. Siendo el bipedismo tan importante, si tenemos que relacionarnos con especies antecedentes hay que buscarlas en la línea bípeda hasta lo más lejos posible. En suma, si hay especies prehumanas, hay que buscarlas entre los bípedos, no entre los cuadrúpedos. A los individuos de esas especies se les puede llamar *homínidos*. El planteamiento científico de la evolución humana se ha de hacer de esta manera.

El estudio de estos restos fósiles da lugar a los siguientes resultados. La especie más antigua se conoce con el nombre de *australopiteco*. Aunque hay algunas diferencias, el *australopiteco* se caracteriza por ser un bípedo de escaso tamaño y con cráneo no muy grande. Aunque a veces se le representa muy inclinado para marcar su parecido con los monos, de acuerdo con los restos fósiles parece que el *australopiteco* tenía un cráneo pequeño.

Sin bien no podemos saber con exactitud cómo es el cerebro del *australopiteco*, el cual no se corresponde exactamente con la forma del cráneo, sí cabe conjeturar que la capacidad técnica de estos animales, y por tanto el uso de las manos, era muy escaso. Esto es posible debido al hecho de que en los yacimientos no se han encontrado instrumentos, y como el uso de las manos depende de la capacidad cerebral, podemos pensar que el cerebro de este animal era mucho *menos formalizado* que el del hombre.

No existen restos líticos que se puedan atribuir a su fabricación, sólo cantos rodados que *seguramente* sabían utilizar. Por otra parte, los yacimientos de los *australopitecos* están bien localizados; situados en una región africana con un clima bastante constante desde que esta especie apareció, aproximadamente hace cuatro millones de años. De manera que hasta su extinción, hace alrededor de dos millones de años, el *australopiteco* no cambió de irradiación.

Después del *australopiteco* aparece el *homo habilis*, a continuación el *homo erectus*, y posteriormente el *neandertalis*, cuyos ejemplares mejor conservados se han encontrado en España hace pocos años. Como se sabe, en Atapuerca se encontró el *homo ataporcensis*, que seguramente era un *neandertal* bastante moderno, y del que además se conservan más huesos que los que se habían observado antes.

Si se estudian estas especies posteriores al *australopiteco*, lo que se observa en todas ellas es un *crecimiento del cerebro*, de la capacidad craneana, y más *restos de herramientas*. Si se les puede atribuir mayor capacidad craneana, habrá que concederles un mayor control de las manos, y por eso una mayor imaginación, una «inteligencia» desarrollada, que explica la existencia de restos líticos.

También se nota que esos restos líticos son cada vez más perfectos, y que a ellos se añaden otra serie de instrumentos, por ejemplo de hueso, cerámica, y que en ellos aparecen figuras, es decir, algo cuyo significado útil es prácticamente nulo, aunque podría tenerlo en el supuesto de que tuviesen una mentalidad mágica. Estas especies se escalonan por antigüedad. La primera es el *homo habilis*, que surge hace dos millones y medio de años, a fines de la época del *australopiteco*, hasta hace aproximadamente un millón de años, y en él se da una más amplia distribución geográfica. El *neandertal* existe en Europa, pero no debe ser originario de Europa. También está el hombre de Java, que es un *pitecántropo*, asimilable al *neandertal*. De manera que existe versatilidad espacial, pero estos animales se extinguen rápidamente, lo cual también habría que explicarlo.

Por otra parte está la cuestión de si alguna de esas especies era distinta de la otra, es decir, el problema de la interfecundidad. Los paleontólogos se inclinan a considerar que no había mezcla, que no eran especies que permitieran mestizaje. Hace unos cuarenta años se encontró un yacimiento en el que parece que había un macho *cromañón* y una mujer *neandertal* (el *cromañón* es una especie más moderna que el *neandertal*), que sería mucho más cercana a la nuestra. También parece que habían restos de crías con rasgos mestizos.

Lo que sí parece seguro es que el *cromañón* y el *neandertal* no se podían cruzar. Por ejemplo, el hombre de Atapuerca tenía las caderas extraordinariamente amplias, por lo cual la mujer *neandertal* debía tener un parto sin dolor. La posibilidad de que se cruzara con un *cromañón* no parece fácil. Por los hallazgos de Atapuerca, mucho más recientes, con restos mejor conservados, parece que era muy difícil el apareamiento entre *cromañón* y *neandertal*. En principio se puede considerar que son especies distintas.

¿Cómo procede una de la otra?, ¿cómo se muda una en la otra, si es que hay evolución entre ellas? Y en su caso, ¿en qué se manifiesta la evolución? Ésta es la cuestión: cuáles son sus rasgos distintos? Admitamos que son especies distintas; sin embargo, entendiendo que la noción de especie depende de la barrera genética, no hay interfecundidad. Que no sean interfecundos se puede explicar como se ha hecho con el *neandertal* y el *cromañón*, es decir, no genéticamente, sino por la forma de las caderas. Esto es sólo una barrera funcional. También se observa que la modificación más profunda es la del *cerebro* y, correlativamente, de su *instrumentalidad*, es decir, de la capacidad de construir instrumentos.

Si se tienen en cuenta los cambios aludidos y se observa que por el poco tiempo que ha transcurrido es difícil hablar de evolución por adaptación, se ha de concluir que el cambio más importante está precisamente en su capacidad de integrar los instrumentos que producen con el ambiente. Esto es importante para comprender qué significa la técnica para el ser humano.

En la línea de los homínidos se observa un crecimiento del cerebro, lo cual se corresponde sistémicamente con una mejora en el uso de las manos y correlativamente con un perfeccionamiento de los instrumentos. Pero es patente que en la medida en que un ser construye instrumentos disminuye su necesidad de adaptación al ambiente: construye un mundo propio. En el caso del hombre es claro[36]. El hombre no necesita adaptarse porque vive en ciudades, casas, se viste con vestidos, cultiva la tierra y tiene los granos que necesita. La técnica comporta la eliminación de la necesidad de adaptarse y, por tanto, la imposibilidad de explicar la evolución de los homínidos por irradiación adaptativa.

Hay animales en los cuales la explicación de la nueva especie puede hacerse como se ha dicho, por irradiación y adaptación, aún con la dificultad de la adaptación potencial. Pero en el caso de los homínidos parece que, en primer lugar, ellos no se adaptaron. No se adaptaron (como el caso del *australopitecus*), y los que se adaptaron parece que iban a climas parecidos entre sí, y además se extinguieron. Esta extinción se explica mucho mejor si se entiende que su estrategia de adaptación al ambiente (que no es biológica,

---

36. N.E.: Como indica Polo: "Las leyes de la evolución –variación, adaptación, fijación de caracteres, selección– en el hombre no juegan, porque el hombre es capaz de hacer, y ésta es una característica intrínseca sin la cual no hay hominización". POLO, L., *Ética*, p. 160.

sino de construcción de medios) fracasa. Sólo el ser humano, que construye una enorme cantidad de medios, se aísla del ambiente y, por tanto, de la necesidad de adaptarse, puede existir con bastante éxito en distintos climas; aunque es patente que hay climas que le vienen mejor a la especie humana: un clima templado parece mejor que uno helado.

Hace años se publicó un libro de etología (antropología biológica) con el título *El mono desnudo*[37]. Ese mono sin pelo es el hombre, que no puede subsistir sin ropa, a no ser en ciertos lugares del trópico. El hombre curte pieles o teje, vive en cuevas o casas porque si no se guarece sucumbe. Eso quiere decir que es un inadaptado puro. El mono desnudo necesita no estar desnudo, vestirse y guarecerse, y en vez de estar a lo que resulta del medio natural, puede cazar, domesticar, cultivar y recolectar, de manera que la vida del hombre sin técnica no es comprensible.

Es muy importante que las manos sean controladas por el sistema nervioso, de manera que incluso puedan tocar un violín o un piano, con movimientos extraordinariamente delicados, que exigen un control muy intenso. Es patente que las especies homínidas que podrían ser antecedentes de las nuestras no tenían control suficiente, por lo cual su producción con sentido útil o artístico era muy escasa. Por eso tiene sentido decir que la estrategia adaptativa de los prehomínidos no pudo competir con la estrategia de inadaptación al ambiente que es la técnica, de modo que éstas se mantienen y aquéllas otras se han extinguido.

De todo esto lo importante es que el hombre es *un ser técnico*, lo cual es una condición de viabilidad. Por eso, entender que la técnica tiene que ver con lo artificial y no con lo natural, no está justificado. Es preciso darse cuenta de que nuestra vida y la técnica

---

37. Cfr. Desmond Morris, *El mono desnudo. Un estudio del animal humano*, Plaza & Janés, Barcelona, 5ª ed., 1988.

están estrechamente vinculadas. Somos animales técnicos, y en la medida en que somos inteligentes, mejores técnicos: construimos aviones con planos y matemáticas y computadoras, que son una extrapolación de la lógica. El primero que construyó una lógica suficiente para el diseño de computadoras fue Leibniz, filósofo matemático de finales del siglo XVII, que inventó el cálculo binario. Por eso hay planos de ordenadores en el siglo XVIII, aunque todavía no se sabía con qué materiales plasmarlos.

Nuestra inteligencia se aplica a la práctica. Para el filósofo Henri Bergson nuestra inteligencia tiene que ver tan intrínsecamente con la práctica que en rigor sólo es *razón práctica*. Partiendo de la distinción entre élan vital y material, Bergson sostiene que la inteligencia es una facultad cognoscitiva que sólo tiene que ver con la actividad práctica, de manera que mientras que un ser vivo se construye a sí mismo de forma instintiva, la aplicación de la vida al ámbito exterior, y por tanto, la construcción de instrumentos y máquinas corre a cargo de la inteligencia. Aunque sostener que sólo existe la inteligencia práctica es una equivocación, es patente que el planteamiento racional permite la construcción de instrumentos sofisticados y el progreso técnico.

En cualquier caso, *la técnica es inherente a la esencia humana*. Sin ella la humanidad en general no es viable. Por una parte, la técnica se precisa para el aprovisionamiento de aquella parte de la humanidad que todavía no es capaz de trabajar. Por otra parte, las grandes agrupaciones humanas tampoco son posibles sin un cierto desarrollo técnico, por ejemplo, el Imperio inca tendría unos quince millones de personas, lo cual no es posible sin agricultura. Al respecto, es patente la diferencia entre vivir sólo de la caza y conocer el cultivo de la tierra. Con la caza sólo se puede alimentar a un número reducido de individuos, como muestran las tribus de indios de las llanuras norteamericanas, que seguramente no pasarían de 2 millones de individuos.

A través de la evolución se entiende todavía mejor el notable crecimiento humano postuterino, especialmente en el aprendizaje de la técnica. En la evolución, la especie humana se determina precisamente por el *dominio del medio natural* lo que le libera de la necesidad de adaptarse. Esta relativa independencia es posible por las relaciones sistémicas de la inteligencia con el cerebro, con las manos y con el lenguaje. Nosotros somos una especie en tanto que somos técnicos: *homo sapiens faber*, o animal racional con manos.

Se puede advertir que la manera aristotélica de entender al hombre es peculiar. Aristóteles hace notar la importancia de las manos, que son el instrumento de los instrumentos[38], nuestros miembros más potenciales, susceptibles de ser usadas de muchas maneras. A esto le vincula otra relación: el ser humano es muy especial pues se caracteriza por su capacidad de adscribir cosas. Tan importante es esto que hay una categoría (las categorías son los géneros supremos de la realidad) que es exclusiva del cuerpo humano: el *habitus*.

El cuerpo humano es capaz de tener vestidos, es *métron* (idea que aprovecha Protágoras[39]) de los *chrémata*, es decir, es medida de las cosas que hace con sus manos (*chrémata* viene de *crau* —tener en la mano— y es equivalente a *ta prágmata*). Lo que se tiene con manos es especialmente lo que se hace con las manos. En las manos se concentra la capacidad de tenencia superior del cuerpo. Pero también el cuerpo humano tiene, por ejemplo, vestido. El hombre se viste porque mide la tela, es decir, la materia externa que se adscribe. Hay una relación de tenencia del vestido por parte del cuerpo.

---

38. N.E.: El Estagirita lo expone de la siguiente manera: "La mano es instrumento de instrumentos". ARISTÓTELES, *Acerca del alma*, III, 8, 432a.

39. «El hombre es la medida de todas las cosas, de las que son, en aquello que son, y de las que no son en aquello que no son», Diels-Kranz, 80, B 1.

Aristóteles utiliza también el ejemplo del anillo. En el animal el vestido no tiene sentido. En él la piel, que forma parte de su cuerpo, lo sustituye. Pero la piel del animal tiene que ver con la adaptación, mientras que el vestido muestra que se ha eliminado la necesidad de adaptarse. En vez de adaptarse, el hombre construye telas. En rigor, el hombre no es un mono desnudo sino el mono que se viste, y por tanto, en rigor no es un mono. A veces, a los perros se les pone algún vestido, pero es patente que el perro no lo tiene sino que sólo lo lleva puesto.

Estas observaciones han sido desarrolladas por otros pensadores. Entre los que han pensado en la *exis* categorial que describe Aristóteles –la tenencia corpórea–, están Tomás de Aquino y Sánchez Sedeño, un español del siglo XVII que escribió en sus tratados de lógica sobre la *exis* categorial[40]. Un paso en la comprensión de la tenencia corpórea es notar su relación con la producción. En rigor, el hombre tiene en la mano en la medida en que produce. Cuando se interpreta al piano algo *se produce*, una música; algo semejante ocurre cuando se empuña el arado.

En suma, la tenencia corpórea tiene que ver con el hacer, es decir, con la técnica, con los *prágmata*. Las tenencias corpóreas no serían posibles si el hombre no tuviera suficientemente desarrollado su conocimiento, o si no tuviera tendencias, pero tampoco si su cuerpo fuese exactamente igual que el de un animal. *No hay técnica sin cuerpo, pero tampoco hay cuerpo humano sin técnica*, aunque sean realidades distintas, que incluso a veces se contraponen.

El hombre une sistémicamente la vida orgánica con sus producciones hasta tal punto de que sin ellas su vitalidad orgánica no

40. Cfr. JUAN SÁNCHEZ SEDEÑO, *Aristotelis Logica Magna variis et multiplicibus quaestionibus septem libris comprehensis elucidata: in quibus praecepta logicalia ad D. Thomae Aquinatis et Doctoris Ecclesiae sententiam revocantur*, Ed. Ioannes Ferdinandus & Andreas Renaut, Salmanticae, 1600.

es viable. También es patente que el hombre es débil cuando nace porque nace desnudo. El verdadero desnudo es el recién nacido, así como el hombre que deja este mundo. Por eso, en esta vida el hombre tiene que aprender desde su desnudez primaria. El animal no nace desnudo, sino más bien a punto de andar, y aunque al nacer tiene cierta debilidad, la resuelve en pocos días; el niño por el contrario tiene que madurar en todo su organismo. La *educación está al servicio del crecimiento humano* cuyos matices, como vamos viendo, son sumamente ricos.

## 7. La configuración del mundo humano

El *lenguaje* es muy importante en la constitución del mundo humano. Aristóteles estudia con acierto el lenguaje. Según él, el lenguaje animal, al que llama *dialecto*, consta de unos cuantos sonidos que sirven para comunicar sentimientos de hambre, de alarma, de dolor, de celo. En cambio, en el lenguaje humano, las voces son el soporte de palabras[41], con las que se comunican ideas.

A esto conviene añadir que el lenguaje humano es un lenguaje de segundo nivel que permite el diálogo, es decir la emisión recíproca de mensajes contrastables. Por tanto, el lenguaje no es sólo una consecuencia de la convivencia humana sino la base de la vida social[42]. Con él se expresan opiniones diferentes y es posible llegar a un acuerdo, edificando de esta manera la comunidad.

---

41. N.E.: En un texto poliano se lee: "Hablar es depositar un sentido en un sonido y disponer de él de manera que pueda ser escuchado y entendido, es decir, apropiado por otro". POLO, L., *La originalidad de la concepción cristiana de la existencia*, p. 233.
42. N.E.: Polo describe la relevancia social del lenguaje reiteradamente: "El lenguaje se corresponde con la sociabilidad humana… Hoy se insiste en que sociedad y comunicabilidad son nociones correlativas". POLO, L., *Quién es*

*El lenguaje es la técnica más importante del ser humano* –incluso he decir que es más que una técnica– por estar íntimamente vinculado con las manos. Sin lenguaje las manos serían inútiles. A su vez, es difícil admitir que un animal sin manos sea capaz de hablar, pues los significados lingüísticos primarios versan sobre lo útil, como ya se indicó.

En etología se ha planteado la cuestión de si algunos animales son capaces de técnicas de segundo nivel. En los experimentos con gorilas, sobresalen los que se han llevado a cabo con una gorila a la que se llama Koko. Los que estudian la posibilidad de inteligencia animal han tratado de averiguar con este gorila hembra si tiene sentido del signo, esto es, si puede sustituir las asociaciones imaginativas directas por las referencias entre signos.

El *signo* es un caso sobresaliente de referencia: siempre remite a algo distinto de él, hasta el punto de que no es nada al margen de la remisión. El signo sustituye por completo la realidad en virtud de su carácter remitente. Por eso, el *sentido del signo es convencional*, como se ve en los semáforos, en los cuales la emisión de una luz de cierto color significa que hay que detener la marcha. Asimismo, la bandera es un signo porque representa sin parecerse. La ciencia sobre los signos es llamada semiótica. Pues bien, la gorila Koko parece entender la referencia sígnica que, según se le

---

*el hombre,* p. 82. "El gran conectivo del mundo es el *lenguaje,* y que sin lenguaje no hay sociedad, como ya decía Aristóteles. La gran *continuatio naturae* es el lenguaje. La relación entre un martillo y un clavo es una relación lingüística, una sintaxis, un analogado inferior del analogado principal que es el lenguaje. Es decir, una sociedad es un sistema de información. Aquí nos encontramos con la libertad del lenguaje, porque en el lenguaje se puede mentir, puede reservarse información. Es claro que en los problemas más elementales la libertad está presente, y que el sentido pragmático de la libertad enlaza con la ética, con la libertad ética, con el uso ético de la libertad, con otro de los niveles de la libertad, porque sin ética no es posible la realización de posibilidades". *Persona y libertad,* p. 93.

ha enseñado, guardan algunos objetos. Aunque no emplea signos lingüísticos puesto que no parece posible que aprenda a hablar, sustituye la relación directa entre cosas por relaciones sentadas convencionalmente.

Para sentar el alcance de estos experimentos conviene tener en cuenta algunas observaciones. En primer lugar, si la sustitución sígnica es realmente incorporada a la vida del animal. Y, en este caso, parece que debería ser capaz de comunicarla a otros individuos de su especie. Pero una cosa es que un gorila aprenda signos, porque se los han enseñado, y otra que él a su vez se los enseñe a otros individuos de su especie. Cabe afirmar que el aprendizaje sígnico no es específico, es decir, propio de la especie.

En segundo lugar, la estructura relacional de los signos no es la misma que la de lo significado por ellos: se trata de sintaxis diferentes. Por ello la estructura sígnica puede desarrollarse más allá del paralelismo con lo significado. Aunque haya un filósofo como Spinoza, que sostiene que «el orden y la conexión de las ideas es el orden y la conexión de las cosas»[43], esto no es cierto, pues no hay un paralelismo entre la lógica y la estructura de lo real. Sin embargo, esta diferencia sólo se puede apreciar cuando el sistema de los símbolos se desarrolla.

En el caso de la gorila Koko al parecer no posee la capacidad de desarrollar un sistema simbólico, pues sólo parece entender media decena de signos. Si no pasa de asociar los signos que usa, propiamente no hay una sustitución inteligente, sino sólo el ejercicio de la imaginación: sólo se trataría de un paralelismo entre series de asociaciones paralelas.

La cuestión se hace más interesante cuando se estudian los antecedentes fósiles de la especie humana de que hablábamos. Es claro que el *australopiteco* carecía de técnicas de segundo nivel, se-

---

43. *Ethica,* II, pr. 7.

guramente usaba los cantos rodados, pero no hay ninguna muestra de que con instrumentos líticos construyera otros. Simplemente usaba los cantos rodados para arrojarlos o para cazar, lo cual también pueden hacerlo los pájaros que tienen técnicas de primer nivel bastantes notables.

Sin embargo, otras especies no sólo usaban cantos rodados sino hachas de piedra talladas, las cuales están hechas arrancando esquirlas de una piedra. Resulta difícil entender cómo las han podido hacer, porque se trata de una técnica complicada, ya que para conseguir que al eliminar las esquirlas se forme un filo hace falta calcular el golpe, así como saber apoyar la piedra sobre un lecho de arena o hierba para poder trabajar con ella. No conocemos de qué manera lo harían. Esto parece ser una técnica de segundo nivel que es obvio que el *neandertal* ya poseía.

En suma, la pregunta versa sobre si las técnicas de segundo nivel requieren inteligencia o si para ellas basta una imaginación desarrollada. La imaginación es una facultad que tiene su sede en el cerebro. En cambio, la inteligencia, si no es una vana palabra, no es una facultad imaginativa; de manera que por mucho que se desarrolle la imaginación, con ello no se alcanza estrictamente la inteligencia. En cualquier caso se puede admitir que con una imaginación muy desarrollada se construyen *instrumentos con instrumentos* mejor de lo que puede hacer la gorila Koko, porque seguramente el *neandertalensis* contaba con un cerebro más desarrollado y más fino que el de los gorilas. Por otra parte, aunque es certero entender la técnica humana como técnica de segundo nivel, su significado no se agota entendiéndolo así, como más adelante veremos.

La técnica humana se enseña y se aprende, y por ello tiene sentido el crecimiento postuterino propio de los individuos de la especie humana. Desde cierta edad el niño se da cuenta de la significación, es decir que el signo está por la cosa. El hombre es un inventor de signos. Hasta los cinco años, aproximadamente, el niño entiende una narración inventada como si fuera real. Pero después, el niño se da cuenta de que el cuento está por la realidad. Lo mismo ocurre con la novela o con cualquier obra literaria.

Hemos de considerar a continuación otras características que contribuyen a la comprensión de la técnica humana, cuya complicación es mucho mayor de la que hasta el momento ha comparecido. Dicha complicación consiste no solamente en que se hagan instrumentos con instrumentos, sino también en que *todo instrumento remite a otro hasta el punto que no cabe un instrumento aislado*. Los instrumentos humanos sólo existen en el seno de una totalidad, la cual por otra parte no está dada, sino que siempre es susceptible de aumento.

Según esto, los instrumentos humanos poseen un *carácter sígnico* sumamente acusado, mucho más del que tienen los instrumentos de las técnicas de segundo nivel de otras especies en las cuales la capacidad inventiva no es creciente. El hombre construye instrumentos para instrumentos, es decir, que estos sólo tienen sentido en orden a otros instrumentos. Por ejemplo, el martillo –un instrumento que no es moderno ni demasiado complicado– remite al clavo. Si no se entiende esa remitencia no se entiende el martillo. El martillo sólo es realmente martillo en la acción de «martillear», es decir, en tanto que está en la mano. Dicho de otra manera, no es una cosa sino un útil (*Zeug*). Estas observaciones proceden de Heidegger[44], un pensador del siglo XX que ha insistido en este asunto siguiendo el planteamiento que parte de Protágoras y de Aristóteles, según ya se ha indicado; a saber: que los productos humanos son inseparables de la *exis*, es decir del hábito propio del cuerpo humano.

---

44. Cfr. Martin Heidegger, *Sein und Zeit*, Max Niemeyer, Halle, 1927.

Al formular el sentido de lo útil en esta línea, se percibe que la técnica humana no consiste sólo en hacer instrumentos con instrumentos, lo cual quizá sea asequible a una imaginación desarrollada. Se podía aprender a hacer hachas de piedra en cuanto que se poseía tal tipo de imaginación; sin embargo, ese aprendizaje no progresaba. Por otra parte, al resaltar que el instrumento sólo se entiende cuando remite a otro, se entiende que el mundo instrumental se aproxima mucho al lenguaje.

Sin embargo, exceptuando algunos casos, el lenguaje no tiene una implicación práctica inmediata, a pesar de las pretensiones de la magia. La magia es un modo sapiencial humano de origen muy antiguo, y que ofrece formas posteriores degeneradas, como son la magia negra y la magia social. La magia admite la fuerza del conjuro, esto es, que la palabra humana preside la eficacia de los instrumentos normales, o que con la palabra se pueden conseguir directamente efectos[45].

Las primeras investigaciones sobre los pigmeos, que como grupo cultural ya han desaparecido, mostraron que no pensaban que el animal moría por la flecha, sino por la fórmula lingüística que empleaban al cazar. Para conseguir que la presa se pusiera a su alcance, y que muriera al asediarla, el pigmeo manejaba un conjuro.

Acentuar la fuerza de la palabra, signo característico de la magia, forma parte de una fase del desarrollo de la cultura humana. Aunque por lo común las palabras no producen un efecto directo, no es desacertado poner de relieve su importancia. Incluso en algunos casos, la palabra humana tiene una fuerza, por así decirlo, constitutiva. Por ejemplo, cuando quien preside una sesión dice: «Se levanta la sesión», al pronunciar esa fórmula *eo ipso* la sesión queda levantada.

---

45. Cfr. mi *Curso de teoría del conocimiento*, II, lección 12, pp. 221-241.

En otros casos, en la vida social, las palabras ejercen una influencia muy amplia. Eso ocurre en la propaganda, y en general, en la retórica. La mala fama de los sofistas no viene de que fueran buenos retóricos, sino de que usaban la palabra humana con fines poco nobles. Lo propio de la retórica es la fuerza persuasiva, con la que, en algunas ocasiones, se resuelven algunos asuntos o problemas prácticos mejor que con argumentos racionales. Se suele decir que la retórica es el arte de lo verosímil, es decir, de mostrar con algún indicio algo que puede ser conveniente.

La retórica tiene que ver con la política, aunque no debe de acudirse a ella en todas las ocasiones. El empleo de la retórica se justifica por la desconfianza en la capacidad racional de los que escuchan el discurso, o bien por la falta de tiempo, o por buscar persuadir a un público heterogéneo. Con todo, es preferible el discurso racional, que busca convencer más que persuadir. El recurso a la retórica es válido para añadir algunos efectos bellos. Sin embargo, no debe olvidarse que la retórica apela especialmente a los sentimientos.

Una de las obras importantes de la lógica aristotélica es la *Retórica*, en la que aparece un argumento retórico típico: la mujer encinta palidece, esta mujer está pálida, luego está encinta. Sin embargo la palidez es un indicio probable, pero no seguro, de embarazo. Además, una mujer puede estar pálida por razones diferentes. En general, los argumentos retóricos pueden llamarse verosímiles porque al basarse en las apariencias se mueven en el orden de los accidentes sin tener en cuenta la sustancia.

Los accidentes se relacionan con los sentimientos. Por eso Platón, que era contrario a los sofistas por recibir directamente la influencia de Sócrates, dice en *La República* que hay políticos que hablan como si el público fuera un gran animal, de modo que el éxito de sus discursos consistía para ellos en lograr que reaccionara con alaridos. Esta apreciación de Platón puede comprobarse con demasiada frecuencia en nuestros días, pues muchos políticos pretenden solamente exasperar los sentimientos del público.

El político que pretende despertar tempestades de sentimientos es un retórico exagerado que no apela a la razón humana, sino a una dimensión del ser humano más débil, que se presta a la manipulación, y que son los sentimientos. Sin duda, es casi siempre oportuno llamar a los sentimientos en la medida conveniente que marca el respeto, y sin buscar la pérdida del control racional. Con todo, ha de tenerse siempre en cuenta que gobernar hombres no es lo mismo que domesticar animales.

Por otra parte, para conseguir grandes resultados en la dirección de hombres no basta apelar a sus sentimientos[46], porque los efectos que con ello se consiguen son inferiores que los que se alcanzan con la obediencia voluntaria e inteligente. Para colaborar bien hace falta quererlo.

Insisto, lo característico de los instrumentos humanos es la mutua remitencia, de manera que la técnica humana no consiste sólo en hacer instrumentos con instrumentos, sino en la remitencia aludida. El modo de ser del martillo lo finaliza, como remitente, a otro instrumento. El martillo es para clavar, como la espada es para blandirla o el arado para arar la tierra. Esta adscripción exclusiva a un uso es la esencia de la utilidad.

---

46. N.E.: Polo lo explica así: "Guiarse por los sentimientos conlleva dejarse llevar por aquella dimensión de la esencia humana que no somos capaces de controlar. Pero después de la frialdad de la moral sentimental victoriana, la moral sentimental contemporánea desemboca en el hedonismo: atenerse a lo que agrada y eludir lo que molesta. Este tipo de moral lleva consigo una disminución de objetivos, porque los bienes meramente placenteros no son los más altos. Si la filantropía terminó en la frialdad sentimental y en el cálculo de intereses, la moral del placer es la fórmula de conducta de menor intensidad. Pero los dos inhabilitan al ser humano para su forma de vida más alta que es la donación de sí". POLO, L., *Epistemología, creación y divinidad*, p. 130.

Por eso, remitir es el equivalente, en un nivel más bajo, del significado del lenguaje. De acuerdo con esta analogía, el lenguaje y las manos están sistémicamente relacionados. El lenguaje es el nivel superior de la remitencia práctica. El signo remite inmaterialmente, a diferencia del instrumento que siempre es material. El remitir lingüístico es intencional, el de un útil es real. Al señalar este extremo Heidegger tiene razón, pero conviene añadir otra nota a la remitencia pragmática. El mundo pragmático es una complicada red de remitencias, una conexión muy amplia que forma, como dice Heidegger, una totalidad *(Gandzheit)*. Los útiles humanos forman un *plexo*.

Para entender esta característica conviene ilustrarla con algunos ejemplos, porque aunque vivimos en el mundo construido por el hombre, no siempre captamos el verdadero sentido del conjunto de útiles. Un ejemplo sencillo es el huerto, como son los de la ribera del Ebro en Navarra. Un huerto, una pequeña extensión de tierra cultivada, ofrece una pluralidad de útiles; por lo pronto, una hilera de chopos, un árbol que ofrece una pantalla contra el viento del norte. Sin necesidad de acudir a instrumentos más complicados, es patente que el chopo es una valla natural.

Sin embargo, hay que tener en cuenta que el inconveniente de ese árbol es que crece muy de prisa y absorbe mucha agua. Para que no sea un contrincante de las verduras que se cultivan hace falta que con sus raíces no invadan el huerto, para lo cual hace falta podarlo. De esta manera, los chopos son instrumentalizados: sirven para proteger del viento, que estropearía el cultivo, evitando los inconvenientes que por ser árbol le acompañan.

A continuación, es preciso colocar las verduras en un cierto orden para lograr que no se perjudiquen unas a otras, de manera que se obtenga la mejor cosecha posible. Sin embargo, en la comarca a la que estoy aludiendo también se aprecian los higos, por lo cual en cada huerto se planta una higuera. Pero, a su vez, la higuera es un árbol muy exigente. Por esta razón, las lindes del huerto no forman un perímetro regular, sino que en un ángulo aislado se planta la higuera para que no compita con las verduras.

Otro ejemplo de plexo de útiles es esta habitación. En ella hay una mesa, que ha sido construida coordinando martillos, clavos, tornillos, madera lijada, etc. La mesa se usa para colocar papeles, una bandeja con recipientes, que también hay que ordenar, etc. Además, de acuerdo con la costumbre occidental, el que la usa tiene que sentarse, para lo cual están las sillas, las cuales a su vez están en relación con la mesa. Hay que tener en cuenta una cierta distancia si se va a escribir, entonces aparece la pluma de escribir, el papel blanco, que son otros útiles conectados. Pero a su vez la mesa y la silla están en un local más amplio. Ese local es un habitáculo.

La habitación consta de paredes que pueden estar cubiertas de madera o de yeso, etc. Hay también luces en relación sistémica con la mesa, de modo que no se pueden colocar las luces y la mesa de cualquier manera. También las luces deben situarse en relación con las sillas de los alumnos, de manera que la luz eléctrica, que es un instrumento fabricado con otro instrumento, está en relación con otros útiles. Es imposible que exista un único útil: los instrumentos técnicos son plurales precisamente porque están en relación, y sólo en relación son instrumentos; y con esto apuntamos a la índole profunda de la técnica de segundo nivel.

La habitación tiene ventanas, las cuales se han de orientar de acuerdo con la posición del sol. En los climas calurosos no conviene tener ventanas por donde entre mucho sol; en cambio, si el clima es frío hay que orientar las ventanas a favor del sol. No es indiferente que la casa esté orientada al norte o al sur, de manera que la casa está incorporada a los útiles humanos. Como es claro, la casa requiere la organización de las distintas habitaciones. El comedor suele estar cerca de la cocina, de manera que los olores no perjudiquen a otras habitaciones. A su vez, las casas están colocadas en calles, las cuales son útiles para trasladarse; por eso tienen veredas para los peatones y calzadas para los vehículos. También hay semáforos, que son útiles para regular el tráfico, pues hay que organizar el paso de los automóviles.

Así pues, si se tienen en cuenta las casas y las calles, aparece otro útil que se llama ciudad, la cual es obviamente un plexo. En una ciudad casi todo es artificial, y el hombre ha desplazado la naturaleza y ha constituido lo que se suele llamar mundo humano. Como se dijo al tratar sobre la evolución, la aparición de la especie humana no puede explicarse por adaptación, pues justamente el hombre es *faber*. Ser *faber* significa ser capaz de construir ciudades, en las cuales la naturaleza ha sido desplazada por el asfalto, el hormigón, los cristales, etc. Los jardines en la ciudad no son estrictamente naturaleza, sino unos útiles –para descansar o para pasear con cierta tranquilidad– que no hay en las zonas de tráfico.

A su vez, las ciudades también constituyen un plexo. Existe una pluralidad de ciudades interrelacionadas a través de trenes, carreteras, y aviones. El plexo de las ciudades podría llamarse plexo nacional, atendiendo al carácter práxico que también es propio de una nación.

Es patente que siempre que hay defectos en la comprensión de los útiles estos se deterioran, lo cual influye negativamente en la vida humana –que está muy comprometida con los útiles– como condición de viabilidad. Por eso, la producción es una actividad a la que se dedican los seres humanos adultos, y quien la estudia es principalmente la ciencia de la *economía*. El término economía tiene una significación precisa: es *nomos* de *oikos*, la norma de la casa, la ley del habitar. Existen leyes porque hace falta regular el plexo, el cual puede descompensarse. Por ejemplo, si el plexo sólo fuese atribuido en su totalidad a una parte de la población, otra parte de ella quedaría fuera del plexo, es decir, estaría marginada. La pobreza material se debe a un defecto en la atribución de útiles del plexo humano a los individuos. Esto tiene que ver con el derecho de propiedad, que es una cierta delimitación en la adscripción de útiles.

Aunque la propiedad es un asunto bastante complicado, la adscripción de útiles tiene que ser regulada. La adscripción de útiles a los seres humanos es uno de los principios de la legalidad; por aquí aparece un aspecto muy importante de las relaciones humanas, que es la *justicia*. Como se ve, el mundo humano se va ampliando, podemos describirlo, pero nunca de manera completa. Precisamente porque es un mundo que consta de relaciones es también explosivo: un mundo que nunca se cierra sino que se amplía, de modo que siempre se pueden descubrir nuevas características suyas. Sin embargo, para comprender el mundo humano es preciso atender siempre a las interrelaciones.

Sólo entenderemos los útiles si llegamos a darnos cuenta de su interrelación. Pero esa remitencia lleva consigo *relaciones personales*. Educar en estos asuntos pertenece también a la educación escolar, son las *enseñanzas técnicas de las profesiones*. Pero si el plexo de interrelaciones es explosivo, la educación profesional debe ser permanente, esto es, deberá durar toda la vida.

Enseñar a ser un miembro activo en el mundo humano corre a cargo de la familia, de la escuela y también de los agentes sociales. Muchas cosas se aprenden sólo con la práctica, pues se llega a saber qué es una calle caminando, y se aprende a conducir un automóvil conduciendo. Con estas enseñanzas el hombre se integra y adquiere un puesto activo en las relaciones pragmáticas. Sólo mediante la actuación humana es posible mantener el mundo de los útiles. Es claro que los instrumentos se desgastan con el uso, de manera que es preciso renovarlos, haciendo otros nuevos. Esto se puede llamar *amortización*. La amortización de ciertos útiles ha de ser muy rápida pues algunos de ellos duran poco tiempo, sobre todo como consecuencia de la inventiva humana; otros en cambio se amortizan en períodos más largos. Una sociedad tecnológica se ha de amortizar rápidamente —se trata del capital inmovilizado, como se dice en términos de la economía—.

Con estas observaciones aparece una característica del mundo humano que fue expresada de modo neto por un pensador español del siglo XX, Ortega y Gasset. Según Ortega, si en algún momento desaparecieran los químicos del mundo sería imposible seguir alimentando a la población actual. Desde luego, los químicos podrían faltar si no fueran renovados, si no hubiera Facultades de Química.

También podríamos aplicar esta observación a cualquier oficio: ninguno de ellos se mantiene sino en la medida en que se enseña y se aprende. Evidentemente esta enseñanza no se puede hacer totalmente en la práctica. Teniendo en cuenta el carácter complejo de la totalidad del mundo humano, no hay más remedio que *especializarse*. La tecnología sin especialización está más allá de la capacidad humana. Sin embargo, *las especializaciones son insuficientes para asegurar la comprensión de la totalidad del mundo*, pues son más bien un *análisis* que puede hacer olvidar el carácter *sistémico* del mundo humano.

*La descripción teórica del plexo de útiles sólo se comprende en la medida del uso*. Sin uso, el plexo desaparecería y no se podría poner de manifiesto. Es importante exponer la técnica de segundo nivel e ir profundizando en ella, pero es más importante *saber usarla*. Sin embargo, este saber no se puede dar por supuesto. Por ejemplo, hay bastante gente que no sabe usar la calle. Para comprobarlo, basta ver los conflictos de tráfico, o el modo como se usan las bocinas de los vehículos. Se registran atascos, accidentes, muertes como consecuencia de la utilización del automóvil, etc.

La organización del mundo humano no es tenida en cuenta por todos los usuarios. La correcta utilización de los útiles se debe aprender hasta llegar a ser experto. Para evitar los defectos de organización hay que corregirse. Por eso la filosofía tradicional sostiene que la razón práctica es recta si es correcta, si es *corregida*. Esta enseñanza, insisto, corre a cargo de muchas instituciones. No sólo de la escuela, sino como consecuencia del ejercicio de los oficios, lo cual se puede llamar *formación permanente*.

De lo que se ha dicho se desprende que educar para la práctica no es sólo enseñar, o repartir información. El trato con las cosas es insustituible. A hacer se aprende haciendo. A la vez, el contenido de lo que se aprende siempre incluye aspectos normativos, porque el mundo humano no es de cualquier manera, según el capricho de cada quién, sino un conjunto ordenado, no apto para el hombre anómico. Sin *reglas* ese conjunto sería caótico y se hundiría por implosión. Nuestro quehacer siempre conlleva reglas. Por ejemplo, el huerto del que hablábamos hay que cuidarlo de acuerdo con ciertas normas cuyo incumplimiento equivale a descuido. Si al chopo no se le poda cuando corresponde se elimina su utilidad. Igualmente, las luces de la habitación no se pueden colocar de cualquier manera, sino en el lugar pertinente, de otro modo se utilizan mal.

La infrautilización es perjudicial desde cualquier perspectiva que se considere. Por tanto, para preparar a la gente para su desempeño en la vida práctica hay que cuidar de una serie de dimensiones del ser humano, que de no desarrollarse de manera adecuada daría lugar a una insuficiente inclusión en el mundo tecnológico. Se ha de tener en cuenta la responsabilidad que nos incumbe en orden a que la gente viva lo mejor posible, de que ser capaz de trabajar bien, lo cual no se puede lograr sin competencia técnica.

El mundo humano es complejo, pero lo complicado ofrece siempre *problemas*, tanto de comprensión como de ejercicio práctico. Pero el hombre es capaz de controlar la complejidad por ser inteligente. La primera organización de la complejidad por el intelecto es el *concepto*. Según el concepto se conoce la unidad en los muchos –*unum in multis*–, es decir, no se conoce sólo o uno o los muchos, sino la unidad en los muchos. Separar lo uno en los muchos es una generalidad indeterminada, pero no un concepto[47]. Es fácil mostrar que los animales no conocen según conceptos, no conocen *universalmente*. Basta para ello el siguiente experimento[48]. Se coloca a un chimpancé en una balsa con un cubo con agua y un cucharón para sacar el agua del cubo. Se le acostumbra a que sólo alcanza a comer si logra pasar un fuego que rodea un islote y que el fuego se apaga tirando sobre él agua que saca del cubo. De acuerdo con estas asociaciones imaginativas, cuando el mono está hambriento, se le coloca en la balsa con el cubo y se le aproxima al islote. El mono sabe que si saca agua del cubo con el cucharón desaparece la llama y puede llegar a la comida que está colocada en el centro del islote. Pero un día el cubo se pone vacío, de manera que cuando el animal llega ante la llama intenta echar agua, sin conseguido porque no la hay en el cubo. En consecuencia el mono se queda sin comer.

Es claro que el mono carece del *concepto universal* de agua. Puesto en una situación parecida, un niño pequeño al comprobar

---

47. Cfr. mi *Curso de teoría del conocimiento*, IV, lección 1, pp. 97-206.
48. N.E.: Así lo ejemplifica Polo: "Se ha tratado de averiguar si los monos son capaces de ideas abstractas cuando se ven acuciados por un problema vital. Un experimento es el siguiente: se embarcó a un chimpancé en una balsa, y se colocó en ella un cubo lleno de agua y un cucharón para sacarla de él. Se puso la balsa en un estanque, la comida en un islote rodeado de fuego, y se enseñó al animal que, si echaba agua con el cazo, podía apagar el fuego y alcanzar la comida (algo así como un razonamiento condicional). Un día se realizó el experimento, pero con el cubo vacío. Como el chimpancé no pudo echar agua con el cazo, se quedó sin comida. Es claro que esto al hombre no le hubiera pasado, porque el recurso para resolver el problema no era el recurso «este aquí». El hombre entiende que si el agua tiene la propiedad de apagar el fuego, lo mismo vale el agua que está en el cubo que la del estanque". POLO, L., *Quién es el hombre*, p. 27.

que no hay agua en el cubo la saca del lago, pero eso sólo lo sabe porque ha superado el conocimiento particular, es decir, porque tiene el concepto universal de agua. Pues bien, *el conocimiento de los medios técnicos es siempre universal.* Un martillo particular es un útil no por ser ese martillo y no otro, sino que puede haber tantos martillos como él, de acuerdo con el concepto. La filosofía tradicional denomina a esto conocimiento de la *razón formal de medio.* El mundo humano se puede llamar también el *mundo de los asuntos,* aquello de lo que nos ocupamos, los *negocios.* Negocio viene de *nec-ocio*; es la negación del ocio. Negociar es ocuparse de asuntos, que se caracterizan por no ser solitarios, sino asuntos *en común.* La ocupación puede llamarse también cultivo. Heidegger emplea la palabra *sorge,* que es difícil de traducir. Viene a significar preocuparse, poner cuidado. El descuido, como ya he señalado, estropea los útiles. Los asuntos de los que nos ocupamos son los que están a nuestro cuidado, aquello de lo que nos hacemos cargo, de lo que nos sabemos responsables.

Es de señalar la importancia del sentido de responsabilidad. El irresponsable es un inculto, no pone cuidado o atención. Una persona descuidada no se da cuenta de que los útiles se desgastan y por tanto de que requieren arreglo. Por ejemplo, es necesario pintar las fachadas de las casas para que no se estropeen. El cuidado implica el mantenimiento a lo largo del tiempo. Todo uso implica desgaste. El descuidado utiliza los instrumentos sin atender a la actividad de mantenimiento. Y estropear por descuido los útiles comporta que el dinero invertido en ellos se pierda. El dinero es una medida del esfuerzo humano.

La cultura humana ha de entenderse en relación con lo útil pero implicando una ampliación. Por ejemplo, emplear tiempo en adornar un utensilio pone de manifiesto la presencia del *espíritu,* ya que el adorno complace al espíritu en cuanto es bello. *Las manifestaciones artísticas van más allá de la utilidad técnica.* Con el *arte* se dilata o expande la búsqueda de significado. Si la técnica marca la aparición del hombre en el universo, el mundo humano se origina como manifestación suya. El arte completa la aparición del hombre, de acuerdo con la conciencia de su manifestación. *La esencia humana es la manifestación de la persona*[49]. Manifestarse equivale a *aportar*. En tanto que el hombre es capaz de aportar va más allá de la mera relación con los instrumentos y se abre a la relación con los otros seres humanos[50]. Por importante que sea la estructura complexiva de lo útil, son todavía más importantes las relaciones entre seres humanos. Es patente que los hombres no están cerrados unos respecto de los otros. Tenemos que ver con los útiles, pero también formamos parte de una comunidad humana.

Esto puede entenderse acudiendo a la noción de lo *público*. Público a veces se contrapone a privado, es decir a aquel ámbito en que no entran los otros. Pero esta contraposición es forzada. En rigor, nada es estrictamente privado sino que existen ámbitos en que ciertas relaciones humanas no tienen cabida. Para hablar de privacidad estricta hemos de referirnos a la noción de *individuo*.

---

49. Cfr. mi obra *Antropología trascendental*, II: *La esencia de la persona humana*, Eunsa, Pamplona, 2003; reeditado en *Antropología trascendental, Obras completas,* vol. XV, Eunsa, Pamplona, 2016. N.E.: Sintéticamente nuestro autor afirma: "La esencia vista desde la intimidad es *manifestación, aportación*; se dispone aportando". POLO, L., *Persona y libertad*, p. 88.

50. N.E.: Cabe indicar varios textos del autor que confirman esta tesis: "Si el hombre es una novedad radical, lo propio de su esencia es aportar". POLO, L., *Antropología trascendental*, p. 491. "No es lo mismo una antropología que considere el hombre como ser anímico-corpóreo, que una antropología que resalte la primordialidad radical de la persona. Porque la persona añade a la naturaleza la dimensión efusiva, aportante. Por ser el hombre una persona, no está sujeto a las leyes de la naturaleza, sino que sobresale por encima de ellas y goza de una libertad radical". *Ética*, p. 212. "Siendo en intimidad, la persona es también en liberalidad. Por ello mismo, la persona interviene aportando, añadiendo. La liberalidad es, pues, la suscitación de algo nuevo". *La originalidad de la concepción cristiana de la existencia*, p. 356.

Pero si el individuo comporta aislamiento, la persona es primariamente *coexistente*[51]. Precisamente por ello, la primera forma de organización social es la *familia.*

Cabe definir la *política* como el ámbito público por excelencia, es decir, aquella ampliación del mundo humano que requiere la más intensa manifestación humana, hasta el punto que tiene que acudir al *lenguaje,* que, como dije, es la técnica de segundo nivel más elevada. Lo público no es lo anónimo, sino la interrelación personal mediada por el *diálogo,* más allá de la noción de publicidad. El ciudadano requiere la mediación lingüística. En el ámbito público hablar es enunciar pensamientos con la esperanza de que otros los escuchen, los procesen comparándolos con su propio parecer y emitan una repuesta. Como señalaba Aristóteles, si el hombre no hablara la política sería imposible. De entrada los enunciados lingüísticos comportan una falta de acuerdo, pero lo buscan. El acuerdo es una comunidad compartida y como tal el objetivo del diálogo.

Precisamente por ello el diálogo tiene que ser sincero[52]. En el campo político los asuntos se resuelven por el intercambio de

---

51. Cfr. mi libro *Antropología trascendental,* I: *La persona humana,* Eunsa, Pamplona, 1999, 2ª ed., 2003; reeditado en *Antropología trascendental, Obras completas,* vol. XV, Eunsa, Pamplona, 2016.

52. N.E.: Sinceridad y veracidad son términos equivalentes en significado. Para Polo, "la virtud de la veracidad es más que una parte potencial de la justicia, pues sin comunicación la sociedad humana es imposible, y la veracidad es la clave de la comunicación". POLO, L., *Antropología trascendental,* p. 468. En otro lugar añade: "El lenguaje hay que emplearlo según una norma: la veracidad. El que no usa su lenguaje verazmente está destruyendo su lenguaje. Destruir el lenguaje es hacer imposible la cooperación humana, y por tanto estorbar el desarrollo y la organización del trabajo humano. Suelo decir que el subdesarrollo no es una consecuencia de la ineptitud; el subdesarrollo es la consecuencia de mentir demasiado, de que la gente no se fía de nadie". *Ética,* p. 165.

pareceres buscando la comunidad. El hombre puede aspirar a la comunidad precisamente porque es inteligente. Como decíamos al hablar del concepto, lo universal es lo común, es la unidad común a varios. Pero la comunidad humana va más allá de la universalidad conceptual, precisamente en cuanto es vertebrada por los *hábitos*. Por eso, Aristóteles sostiene también que *el fin de la vida política es la virtud de los ciudadanos*[53].

Es indispensable educar para el diálogo: una tarea siempre pendiente. Con frecuencia no sabemos dialogar. Uno de los grandes dialogantes, Sócrates, decía que le gustaba ser refutado. En efecto, *cuando se busca la verdad no se teme que el parecer del otro sea más válido que el propio*. Es necesario aceptar que el conocimiento no es mejor por ser propio; sin embargo, esta aceptación no es nada fácil para muchos.

Por eso he dicho que es menester educar para el diálogo, por encima de los intereses privados. Por ejemplo, si el médico jefe de un equipo considera que su vida es un *curriculum* de éxitos, siempre piensa que su propio *status* está en juego, por lo que desconfía de los médicos jóvenes inteligentes que pueden saber más que él, llegando a considerarlos una amenaza y a prescindir de ellos hasta el punto de rodearse de colaboradores mediocres.

La educación para la vida pública es muy escasa. Además, hay muchos elementos contrarios a la educación ciudadana y una ideología falsa sobre la vida pública; incluso en una democracia suele admitirse que los únicos competentes para la política son los polí-

---

53. N.E.: Así lo expone el Estagirita. "No han formado una comunidad sólo para vivir sino para vivir bien". ARISTÓTELES, *Política*, III, 1280a. "(La ciudad) es una comunidad de casas y de familias para vivir bien, con el fin de una vida perfecta y autárquica… El fin de la ciudad es, pues, el vivir bien". *Política*, III, 1280b. "El fin de la política es el mejor bien, y la política pone el mayor cuidado en hacer a los ciudadanos de una cierta cualidad, esto es, buenos y capaces de acciones nobles". *Ética a Nicómaco*, I, 9, 1099b.

ticos profesionales, los cuales con demasiada frecuencia no dialogan, sino que ejercitan exclusivamente la retórica en sus discursos, con los inconvenientes que señalaba antes.

Por otra parte, las asambleas parlamentarias, hechas para el diálogo, se han estropeado: en ellas nadie escucha a nadie porque cada uno defiende su propio programa, de manera que la oposición nunca acepta el parecer del partido del gobierno, y al revés. Se trata de una perversión bastante notable del parlamento, que atenta contra la estructura del mundo público. Suelo decir que la interpretación neurótica del poder reside en entender que el poder no se puede compartir, y que su reparto es negativo porque el otro es siempre un enemigo, que usará el poder en contra de uno.

Tal como existe, la democracia no está bien organizada. Es famosa la afirmación de Churchill de que la democracia es el régimen político menos malo. Sin embargo, es más correcto sostener que se precisa educar para la democracia, y que *la educación cívica reside en el diálogo*.

# II

# La función educativa de la familia

## 1. La educación en el ámbito familiar

La educación es el tercer aspecto del fin primario del matrimonio, que es la *procreación*[1]. Otro de los fines del matrimonio es *el amor entre los esposos*[2]. Sin embargo, en cuanto fin es más importante el hijo que el amor, por eso el matrimonio está ordenado primariamente a la procreación[3]. Pero no sólo a la procreación, ya

1. N.E.: Para Leonardo Polo la educación es la prolongación de la generación. Por este motivo, Polo considera que la procreación y la educación son un mismo fin del matrimonio: la educación completa lo que se inició con la procreación. La misma idea aparece en la filosofía tomista al tratar la procreación como fin del matrimonio, donde se advierte que "la naturaleza no pretende únicamente la generación de la prole, sino también su progreso y desarrollo hasta conseguir su estado perfecto en cuanto hombre, o sea, el estado de virtud". TOMÁS DE AQUINO, *Summa Theologiae*, Supplementa III, q. 41, a. 1.

2. N.E.: Tradicionalmente se ha sostenido que el matrimonio se ordena a dos fines distintos: a la procreación –que incluye la crianza y educación de esta– y al bien de los esposos –también conocido como amor o ayuda mutua–.

3. N.E.: Esta tesis se sostiene en el siguiente pasaje: "La exigencia de unión íntima, permanente y creadora: creación del otro en el amor, no en la fuerza de la estricta especie. Desde luego, el amor entre esposos tiene que estar abierto a la

que eso es común a los animales, sino a la *procreación-educación*.
La procreación es común a los animales[4], y la crianza a algunos
animales, por ejemplo los pájaros, los cuales crían a sus hijos ali-
mentándolos y cuidando de ellos para ayudarles a adquirir esa madurez que les permita independizarse y comportarse solos.
Donde culmina esa relación de los padres con los hijos es en la
educación. Los padres los generan, los crían y los educan. Podríamos preguntarnos entonces: ¿por qué es primario esto en el hombre? Por una razón muy simple, porque aunque sea importante
el amor entre los esposos –convendría insistir en la relevancia de
este punto–, éste no es el más alto valor del matrimonio; lo más
importante del matrimonio es dar lugar a una persona, porque lo
más nuclear en el hombre es *ser persona*[5]. El fruto del matrimonio
es una persona nueva, y la persona nueva es justamente el *hijo*.
Precisamente por eso, *los padres se subordinan al hijo, puesto que
están finalizados por el hijo en cuanto persona*, y no sólo finalizados
por la procreación de la especie –ésta es una visión naturalista del
hombre[6]–.

generación; pero esa apertura a la generación forma parte del carácter de «otro»:
y lo «otro» propiamente hablando es el hijo. Por eso, la donación entre varón y
mujer no se consuma en sí misma, sino que queda abierta a una realidad, a la
que ambos dan principio, pero cuya constitución exige la intervención divina".
POLO, L., *Escritos menores (2001-2014)*, p. 220.
    4. N.E.: La relación sexual entre el varón y la mujer no es una relación con
miras a una simple *reproducción*, sino que es una unión con miras a la *procreación*. Como queda explicitado en la antropología poliana, cada hombre es un
acto de ser personal, único e irrepetible, creado por Dios por amor de predilección. En ello cooperan los padres humanos con la unión sexual.
    5. Cfr. *Antropología trascendental*, I: *La persona humana*, ed. cit.
    6. La tesis de que *el hombre no se subordina a la especie humana*, porque
cada persona es *además* de lo específico, es decir, que salta por encima de lo
común de la especie humana, está desarrollada en mi libro Ética: hacia una
versión moderna de temas clásicos, ya citado.

El hombre puede ser padre sólo con la colaboración de Dios. Participando con Dios es como surge la persona. Los padres no son los que dan lugar al alma del hijo; ellos no la generan. El alma, la dimensión espiritual del hombre, es creada por Dios. Los padres ponen su concurso que se refiere sobre todo a la parte somática, a la dimensión corpórea del hombre. Pero el hombre no sólo es materia, sino la unión del alma con el cuerpo, y el alma viene de Dios; se infunde por creación divina. Los padres no pueden ser padres sin colaboración divina, la cual es primaria debido a que el alma es más importante que el cuerpo.

Bien; entonces parece que una idea en la que conviene estar de acuerdo desde el principio queda expuesta desde un enfoque filosófico. El mismo hecho de que el hombre sea más propiamente hijo que padre explica que los padres estén al servicio de los hijos o, lo que es lo mismo, que *el fin primario del matrimonio sea la procreación, la crianza y la educación*.

Detenerse en este punto equivale a sacarle muchas consecuencias, porque esto es importante, básico y, por lo tanto, sus consecuencias son también abundantes. En rigor, también se puede decir que el padre y la madre se encuentran en el hijo, porque el hijo es de los dos. Evidentemente hay que contar con la intervención divina que es la primaria, pero el hijo lo es también de los dos padres. El hijo procede tanto de la madre como del padre, de la constitución de la primera célula completa, es decir, de la unión del espermatozoide con el óvulo. La dotación genética es mitad y mitad: una parte la aporta la mujer y la otra el varón. De manera que el matrimonio tiene como fin al hijo, porque en él culmina, por así decirlo, el sentido unitivo del amor de los padres.

Esa comunidad, esa participación de los dos en la constitución de la dotación genética y, por tanto, del crecimiento de la biogénesis, de la generación del hombre, expresa el *carácter unitivo* que existe entre el amor de los padres y el amor a los hijos. El amor de los esposos entre sí y el amor de los esposos al hijo no son muy separables, porque *los padres reconocen su mutuo y propio amor en el hijo*; el hijo es obra común. El hijo es tanto del padre como de la madre; lo es unitariamente. En él los esposos se unen, por eso los teólogos dicen que el hijo es el fruto del amor.

En cierto modo, aludiendo de nuevo a la teología de la fe, el carácter unitivo del amor de los esposos, el querer como fruto al hijo, hace que el hijo se parezca al Espíritu Santo. En efecto, tomar la familia por analogía con la Santísima Trinidad nos puede dar una ilustración sobre el asunto. Desde el punto de vista de la familia humana, el hijo se asimila al Espíritu Santo. En Dios, el Espíritu Santo por ser la tercera persona, es el *don*, el fruto de la donación del Padre y de la aceptación del Hijo. Es dado por las dos primeras personas. En el ser humano, el hijo es la tercera persona como fruto del amor de los esposos, de manera que alguno de los esposos debe de tener también un cierto carácter de hijo[7].

Una pregunta que se podría plantear es ésta: dado que el hijo es fruto de la unión de los padres, ¿puede desunir a los padres? Es evidente que si el hijo desuniera a los padres, esa concepción del hijo como obra común de los dos, donde se concentra el amor teleológicamente, el amor mutuo, quedaría frustrada.

¿Cuándo puede tener lugar una especie de disminución del amor entre los esposos como consecuencia de la paternidad? Naturalmente esto habría que preguntarle a quienes tengan hijos. Pero lo que es claro es que en algunos casos esta situación se da, en principio, cuando los padres muestran un excesivo amor a su hijo dejando de lado al cónyuge. Cuando un padre tiene predilección por su hijo y se olvida de su mujer; o al revés, cuando la mujer se olvida de su esposo a favor de su hijo; en estos casos el hijo está desunien-

---

7. En cualquier caso, el hijo es fruto. Por lo tanto, tiene carácter unitivo. Posee un carácter unitivo final, o un carácter unitivo culminar.

do y disminuyendo el amor entre ambos, lo cual es contradictorio puesto que si decimos que el hijo es el fruto culminante mediante el cual los esposos ratifican su mutuo y propio amor, parece absurdo que el hijo pueda separar o disminuir el amor entre sus padres. Además, si *la desunión entre los padres se produjera, la función educativa no podría llevarse a cabo*[8]. Pues ésta se canaliza mejor cuando el amor de los padres crece al concentrarse en el hijo, cuando es amor mutuo y no solamente amor al hijo. Esto, que puede parecer una disquisición un poco teórica, tiene, sin embargo, un gran sentido práctico. Por ejemplo, a veces hay mujeres que sólo parecen contar con su condición de madres, olvidando la de ser esposas, son «tan madres» que no piensan más que en su hijo, y al marido lo consideran como un puro proveedor de la relación, concretamente, en cuanto a la alimentación. Naturalmente, esa mujer como esposa se ha equivocado.

Si al hombre le pasa lo mismo o algo parecido y considera a su mujer como un puro medio para tener un hijo, y toda su atención la concentra en el hijo; es decir, que le gusta mucho más jugar con el niño, enseñarle, andar con él, etc., y a su mujer la deja de lado, abandonada en casa, para que simplemente prepare los alimentos y le dé de comer, si la mujer queda transformada y relegada a esa situación, entonces, ese padre está actuando mal, y correlativamente, no puede educar bien al hijo. *La educación del hijo es familiar*, ante todo corresponde a los padres. Pero muchas veces, cuando hay varios hijos, también éstos se educan entre sí.

Hay que considerar, pues, que el fin del matrimonio es la generación, la crianza y la educación de los hijos, como proyecto

---

8. N.E.: Si la procreación es fruto del amor entre los esposos, consecuentemente la crianza y la educación también lo son. Por este motivo se puede afirmar que *el primer acto educativo de los padres —y en el que se fundamentan todos los demás— es el amor entre los esposos.*

común de los esposos. Como nos interesa la educación, habría que preguntarse: ¿cuál es el requisito básico de una buena educación?, ¿cuándo se educa mejor? Según lo dicho, *cuando el amor al hijo es una prolongación del amor entre los esposos*. En cambio, es peor cuando el amor al hijo desune o deja en segundo lugar el amor entre los esposos; por lo tanto, hay una estricta unidad entre los dos fines[9]: entre el fin primario, que son los hijos, y ese otro fin que es el amor mutuo. El fin primario son los hijos y esto incluye educarlos. Una dimensión importante sin la cual la generación humana no sería tal es educar. De ahí que la educación es un deber y un derecho de los padres.

¿Qué significa la educación en la familia? En principio, este tema debe ser expuesto de una manera neta por los filósofos. Ellos lo suelen abordar acudiendo a nociones fundamentales. Y eso es justamente lo que les corresponde, lo que justifica a la Filosofía. Pues bien, se puede mantener filosóficamente que *el fin primario de la unión de los esposos son los hijos*, precisamente porque el hombre ante todo es *hijo*, y también porque el amor de los esposos culmina en el amor de una *nueva persona*. Evidentemente, lo más importante es la nueva persona, porque esa persona es el *novum*, es decir, es un nuevo ser; el fruto del amor entre los esposos. Por eso es conveniente que los esposos se lleven bien, que haya unidad. Pero es mucho más radical una persona nueva. Es mucho más

---

9. N.E.: Lo señalado sobre la procreación como fin primario del matrimonio, no excluye el bien de los esposos –también conocido como amor o ayuda mutua entre ellos– como fin del matrimonio, sino que viene a poner orden al fin primario del mismo: la procreación y educación de la prole. Como en el hombre todo es sistémico y armónico los fines del matrimonio no pueden aislarse como compartimientos cerrados. El fin primario del matrimonio es la procreación y educación de la prole; sin embargo, el bien de los esposos es el fin del matrimonio en el que se funda esta cooperación en la creación de un nuevo hombre: la procreación es fruto del amor entre los esposos.

primario e importante que sea engendrada, que nazca y que se desarrolle una persona nueva. A la vez, por amor al hijo hay que educarlo, hay que corregirle. De lo contrario, ni se le criaría ni se le educaría. Pero el amor al hijo nunca puede ir en contra del amor de los esposos. El amor entre éstos tiene que encontrarse en el hijo puesto que es su obra común. De aquí se concluye una cosa muy clara (aunque sea una observación acerca de un asunto bastante lamentable que no se puede eludir porque con alguna frecuencia se da), a saber, que si un varón es padre de varios hijos en distintas mujeres, va en contra de la dignidad humana porque eso descoyunta la relación entre el amor de los esposos y el amor al hijo.

El polígamo, aquel padre de hijos en distintas mujeres, tendría una relación de unión respecto a sus hijos en cada caso distinta, lo cual es inevitable. *La poligamia da lugar a un déficit o a una dificultad educativa*, puesto que no permite establecer estrictamente relaciones fraternales. De ahí que la relación matrimonial debe ser una con uno. Ésa es una gran justificación del matrimonio monógamo[10]. La Iglesia tiene razón, por tanto, cuando sostiene la indisolubilidad matrimonial.

Muchas veces los problemas de población que se plantean en algunos países están mal encaminados. La política que debería asumir el Estado, si cumpliera bien sus funciones, es tratar de reprimir la poligamia o tratar de reducir el número de hijos llamados ilegítimos o habidos fuera del matrimonio. Según tengo entendido, en algún país, por lo menos la mitad de los niños son ilegítimos. Se ve enseguida que esos niños constituyen un pro-

---

10. Otra gran justificación de la indisolubilidad matrimonial consiste en la *esperanza*. En efecto, si cada persona es *dar*, y correlativamente *aceptar* (*radicales* personales), mientras se vive siempre hay motivo para esperar, pese a la separación y el rechazo, el volver a ser aceptado por la otra persona. Esta tesis la sostengo en mi libro *Antropología trascendental, I*.

blema educacional irresuelto. Debido a la carencia de solución, a algunos se les ocurre como salida la planificación familiar, proponiendo para ello procedimientos inmorales. Evidentemente eso está descoyuntado; todo eso es meterse en un callejón sin salida, en un atolladero. Es un planteamiento equívoco por no ir al fondo de la cuestión. La clave del asunto es la *educación*.

¿Existen demasiados niños en algunos países de Latinoamérica? La respuesta es negativa. Lo que existe son demasiados niños mal educados. ¿Cuáles son los niños menos educados? Los que proceden de una relación extramatrimonial. Efectivamente es un gran problema, pero eso no justifica una política anticonceptiva, sino que lleva consigo una gran responsabilidad por parte de todos los miembros de la sociedad para rechazar ese tipo de conductas sexuales.

Ningún varón tiene derecho a tener hijos fuera del matrimonio, y la mujer tampoco tiene derecho a realizar lo mismo. *No están permitidas ni la bigamia ni la poligamia porque son directamente antipedagógicas*, hacen imposible la educación. Insisto, la educación sale siempre mal si no está unida al amor entre los esposos, y este amor es de uno con una. Así es como el hombre se parece a Dios. Si no fuera así Dios podría tener, en lugar de tres personas, diecisiete. Pero no es así. Dios es trino; Dios, en su trinidad de personas, es el gran modelo de lo paterno y de lo filial en el hombre.

San Pablo expone que el matrimonio bien entendido, en función de la relación de Cristo con la Iglesia, es un gran sacramento[11]. La poligamia, la desunión de los padres estropea a los hijos. Es un problema muy grande e implica siempre mucha atención. En relación con este tema está el divorcio. *El divorcio da lugar a la sucesiva poligamia, y la educación, por tanto, es difícil*. Si fuera sólida la vinculación amorosa no habría divorcio y la educación

---

11. Cfr. *Ef.*, 5, 32.

mejoraría. En cambio, si no es sólida la relación entre los padres, entre el varón y la mujer, la educación no sale bien y, naturalmente, el niño lo siente, lo nota.

El hijo de una poligamia no sucesiva –de señores que tienen hijos con cualquiera– funciona de una manera inmadura a causa de un déficit en la educación. *Su conducta es inmadura*; se dedica a sobrevivir como puede, cayendo a veces hasta en la delincuencia, y todo eso por no estar bien educados. Son, por lo general, niños abandonados.

En el caso del divorcio, el niño experimenta el déficit educativo –consecuencia de la desaparición del vínculo del amor entre los esposos– de una manera distinta, a saber, en forma de *tristeza*. Como el niño quiere a su padre y a su madre, la desunión de ambos, la desaparición del amor entre sus padres le duele mucho, hasta el punto de producirle «traumas», como lo suelen llamar los psiquiatras. Es frecuente, en una mayor o menor dosis –no hay que exagerar, porque no se da siempre–, que los hijos de los divorciados estén traumatizados; eso es una especie de contradicción que clama al cielo.

## 2. La educación de la afectividad

Si hay solidaridad entre el amor mutuo y el amor al hijo, y la educación está en la línea del amor al hijo, siendo esta línea inseparable de la otra, es decir, del amor de los esposos, entonces, *la educación en la familia es fundamentalmente una educación en la normalidad afectiva*. A los padres les corresponde educativamente, ante todo, normalizar los afectos de sus hijos. La normalización de los afectos de un ser humano es básica, de tal manera que, si falla, tenemos una falta de fundamento para edificar una educación superior, o sea, una educación del intelecto y de la voluntad.

*Lo primero que se debe educar son los afectos, los sentimientos.* Los afectos se educan sobre todo en la niñez, hasta los diez u once años. En la adolescencia se suelen producir crisis afectivas, y son los padres quienes tienen que colaborar para que sus hijos las resuelvan. En el ser humano, repito, el equilibrio afectivo es un requisito indispensable para que se despliegue su espíritu, para que se desplieguen las grandes facultades espirituales: la inteligencia y la voluntad.

Si en una persona la afectividad anda mal, si lo sentimental y emocional están estropeados, entonces se producen dificultades en el crecimiento de su aprendizaje y en otras dimensiones de la educación. Los pedagogos a veces sostienen que primero hay que educar los hábitos, crear o suscitar hábitos. Bueno, ésta es tarea de maestros; efectivamente, se deben educar los hábitos, es decir, promover hábitos buenos o virtudes en el hombre, aunque sea verdad que eso viene después, a partir de la normalidad sentimental.

La creación de hábitos es uno de los objetivos pedagógicos de los maestros o de los profesores de universidad. Antes de la creación de hábitos, lo que se debe educar son los *sentimientos.* Que el niño posea una normalidad sentimental es una tarea que los padres no pueden cumplir si ellos mismos no la tienen, si incurren en la poligamia por divorcio, o en la poligamia no sucesiva. La inestabilidad de los padres afecta a los hijos. Es por eso que los padres no deben mantener la vida familiar de una manera estropeada.

Aquel «¡No riñáis delante de vuestros hijos!»[12] que recomendaba san Josemaría Escrivá de Balaguer, es un consejo saludable.

---

12. N.E.: Esto lo indica San Josemaría en el siguiente pasaje: "Un último consejo: que no riñan nunca delante de los hijos: para lograrlo, basta que se pongan de acuerdo con una palabra determinada, con una mirada, con un gesto. Ya regañarán después, con más serenidad, si no son capaces de evitarlo. La paz conyugal debe ser el ambiente de la familia, porque es la condición necesaria para una educación honda y eficaz. Que los niños vean en sus padres un

Se supone que si los padres se quieren no se divorcian, porque el divorcio es la riña por excelencia, es dejarse el uno al otro, es olvidarse, separarse. «No riñáis delante de vuestros hijos». Pero también, «no os hagáis muchos arrumacos delante de ellos», porque las manifestaciones del amor son íntimas. Sin embargo, de una manera prudente se debe hacer notar que el marido y la mujer se quieren, pues eso es imprescindible para la educación en la familia. Además, ayuda a que los esposos se eduquen entre sí. *Un padre o una madre mal educados no pueden ser buenos educadores.* Por lo tanto, hay que procurar también que la educación de los padres aumente mediante el cuidado de la vinculación matrimonial, mejorando la convivencia.

Expongamos algunas observaciones que de alguna manera desarrollen lo que ya se ha establecido. Los esposos se pueden educar entre sí y educarse para educar. Por ejemplo, si el padre propone una medida respecto a los hijos y la mujer no la secunda, sino que más bien la contraria –puede ser que no lo haga en el acto, pero sí después–, se educa mal al hijo. Si al padre se le ocurre, por ejemplo, mandar al hijo a la cama sin cenar, y la madre le lleva la cena a su habitación, allí obviamente hay un defecto en capacidad educativa, consecuencia de haberse desunido el amor de la madre al esposo por causa del amor de la madre al hijo.

Es claro que en este caso pesa más el amor al hijo, porque si hubiese pesado más el amor al esposo, la mujer hubiese secundado su determinación, y no le llevaría la comida a la cama al hijo. Lo que la madre puede tratar de hacer es discutir a solas con su marido lo que ella opina acerca del castigo impuesto por parte de éste. Puede sugerirle que no ha tomado una medida educativa justa o

ejemplo de entrega, de amor sincero, de ayuda mutua, de comprensión; y que las pequeñeces de la vida diaria no les oculten la realidad de un cariño, que es capaz de superar cualquier cosa". SAN JOSEMARÍA, *Conversaciones*, 108.

correcta; pero lo que ella no debe hacer es tomar esa iniciativa as-
tuta de sacarle la vuelta a la norma paterna. Eso lo suelen hacer los
abuelos, quienes son cooperadores laterales en la educación.

Ese tipo de actitudes desmoraliza afectivamente al niño. En
efecto, *no puede tener equilibrio emocional el hijo que cree ser más
amado por su madre que por su padre*, o aquella persona que cree
que el amor radica o consiste en darle o no de comer y que no se le
quiere porque se le ha castigado. Una persona así tratada se cría con
rencor al padre. «Mi padre es un señor que no me quiere porque me
ha dejado sin cenar, y mi madre sí me quiere porque me ha llevado
la cena –pensará–». En este caso ¿cuál será la actitud del hijo hacia
el padre? De inseguridad, de falta de confianza, lo cual dificulta la
labor educativa del padre porque estará sujeto a algunas reservas.
No hace falta –digámoslo así– demasiada teoría para darse cuenta
de esto. Además, esto es lo que un filósofo puede realizar al respecto, es decir, dar algunos criterios de actuación, para que luego cada
quien por su cuenta, si libremente los desea seguir, los incorpore de
modo concreto. Porque esto último, el señalar lo que se debe hacer
en cada caso, no le corresponde al filósofo. Sin embargo, sí tiene
que esbozar cuáles son los principios de la educación.

Por otra parte, las consecuencias que tiene el hecho de no
seguir las recomendaciones filosóficas al respecto serán mayores
o menores. Se deben seguir siempre que no se atente contra la
dignidad de las personas, porque de lo contrario los efectos serán
dañinos, se deberán corregir y tratar de remediar los efectos per-
versos devenidos de una falta de coordinación entre las medidas
educativas del padre y las de la madre. Si la mujer actúa a espaldas
de su marido lo está engañando, está funcionando de una manera
indigna de su carácter de esposa. El motivo del engaño es justamente su cariño al hijo; pero esta actitud –siguiendo el ejemplo
precedente– de llevarle la comida al hijo después de que su esposo
lo ha castigado no es digno de una esposa.

Tal vez el padre no se dé cuenta en primera instancia de lo que ha pasado, pues cree que el hijo ha sido castigado. No obstante, si es una persona observadora se dará cuenta al día siguiente, al notar el cambio de actitud del hijo, de que a éste le ha pasado algo raro. Entonces no tendrá más remedio que tomar alguna medida; coger al niño y explicarle que lo ha castigado por tal motivo y por su bien. El hijo tendrá que intentar entrar en razón. Dicha comunicación, naturalmente, es un deber del padre, ya que tiene que evitar que el hijo le considere injusto o desconsiderado, porque cree que quien le quiere de verdad es su madre. El marido no tendrá más remedio que hablar a solas con el hijo, no hay necesidad de que esté presente la esposa, pero si está presente, mejor, pues así ella entenderá que su actuación tampoco ha sido correcta. Podrá preguntarle si ha contravenido su orden y hacerle ver que eso no está bien. La mujer saltará, responderá muchas veces con buenas razones, pero el marido deberá hacerle notar que le ha dejado a él en mal lugar, y si la mujer quiere a su esposo, esa llamada de atención le dolerá y rectificará.

Naturalmente, con esto no se mantiene, de ninguna manera, que la educación afectiva del hijo, la cual es posible solamente por esa comunión de los dos amores, de los padres al hijo y del marido a la mujer, sea una cosa dulzona[13]. Los afectos humanos no son todos ellos −digámoslo así− puramente sensuales o sensitivos, de acuerdo con esa distinción que hacen los clásicos entre *apetito concupiscible* e *irascible*. Hay afectos más profundos. Hay que educar las *pasiones*, los *afectos* o *sentimientos*, como se suelen llamar en una terminología más moderna. Pero a partir de ahí, al niño hay que

---

13. La inconveniencia de centrarse en exceso en lo sentimental descuidando por ello, o dejando al margen, otros aspectos superiores de lo humano como es la *teoría* o la *virtud* están descritas en mi obra *Curso de teoría del conocimiento*, I.

criarlo desde el punto de vista de las *virtudes*. Conviene empezar por la *templanza* y por la *fortaleza* antes de educarle en la *prudencia* y en la *justicia*, lo cual es recomendable relegarlo para un poco después[14].

La educación del niño en las virtudes es indirecta, porque en primer lugar se trata de que tenga normalizados los sentimientos. Si se logra la armonía de los sentimientos, luego, cuando la voluntad actúe sobre ellos, se obtendrán las virtudes correspondientes. *La educación de los afectos o sentimientos tiene, por tanto, el sentido de preparar para la educación de las virtudes.* Cuando las pasiones humanas están desorganizadas es sumamente difícil que se adquiera –cuando sea mayor edad– la virtud de la fortaleza o la virtud de la templanza de una manera más estable.

## 3. El diálogo en la educación

Otro de los aspectos de la relación esponsal que se pueden destacar son, por ejemplo, las riñas. Éstas son defectos del diálogo, *déficit* de racionalidad. No es lo mismo no estar de acuerdo que reñir. Hay que acercar posiciones. Conviene dialogar porque las riñas proceden de un problema de incompatibilidad de caracteres, de una manera distinta de ver las cosas, lo cual provoca disputas o desacuerdos. Las riñas solamente se pueden vencer si cada uno de los esposos hace un pequeño examen de cuáles son las razones por

---

14. Expongo la sucesiva activación de la voluntad que conllevan estas virtudes en *La voluntad y sus actos,* II, Cuadernos de Anuario Filosófico, Serie Universitaria, n° 60, Servicio de Publicaciones de la Universidad de Navarra, Pamplona, 1998; este texto, reelaborado, se reedita en el vol. XXV de las *Obras completas,* en la *Antropología trascendental,* tomo II: «La esencia de la persona humana», Segunda parte: «El segundo miembro del hábito innato de la sindéresis: querer-yo», epígrafes F-I, 3, pp. 437-492.

las que actúa de una determinada manera, de modo que, merced a ello, intente dominar su carácter. A una persona mayor hay que pedirle que haga su propio examen.

Otras veces las desavenencias son también consecuencia de la misma convivencia, de faltas de una buena educación, en el sentido de la cortesía. Conviene tener en cuenta las buenas maneras por parte del marido y por parte de la mujer. A veces el marido es un poco brutal, y muchas veces la mujer es un poco susceptible. Si la mujer es terca, impacienta al marido, y ocurre entonces que la reacción de éste es mandarle a callar o marcharse. Evidentemente, esta actitud no da buen resultado ante los hijos. Eso es malo porque les va a dejar huella. Pero no se debe tener esta actitud ni delante de los hijos ni detrás de ellos.

Por otra parte, es muy propio de la condición femenina la necesidad de admirar. Si la esposa tiene cariño al esposo, desea que éste triunfe. Por eso, en cuanto su marido deja de ser admirable, o no lo ve como tal, empieza a atosigarlo. En esa circunstancia le dice, por ejemplo: «¿por qué no has hecho esto?, ¿por qué te tratan mal en la oficina?, ¿por qué no te dedicas a otra cosa?, ¡eres un pusilánime!». En algunas ocasiones he asistido a este tipo de situaciones. Tal vez convenga aconsejar lo siguiente: «un momento, estás pasando por una crisis, ¿no te das cuenta de que estás considerando a tu marido como un fracasado?; lo habías colocado en un pedestal como un superhombre y ahora en cuanto lo ves un poco débil, se te desploma». Bueno, son situaciones que hay que saberlas llevar, sobre todo cuando el marido se queda desempleado, sin trabajo[15].

---

15. Piénsese que en 1995 –año de exposición de estos comentarios– en España, por ejemplo, era muy frecuente el desempleo. El índice de trabajadores parados era el 20% de la población activa. Claro, que las más paradas fueron las mujeres; su porcentaje era mayor que el de los hombres. En este país, además, se tardaba mucho en conseguir el primer empleo.

Esta serie de observaciones prácticas sobre actitudes que pueden adoptarse es oportuno pensarlas con detenimiento. Algunas de estas cuestiones son un poco complicadas y, por lo tanto, hay que tener un fuerte sentido realista para resolverlas. No se puede negar la realidad. Por eso, todo hombre y mujer deben tener un cierto *sentido empresarial* –por decirlo de alguna manera– para gestionar las cosas tal como vayan sucediendo.

En resumen, hay que concluir que *la mejor educación familiar es la educación conjunta.* Como educadores, ni el padre ni la madre son suficientes por separado. Sus funciones educativas no son exactamente las mismas. Una mujer no educa lo mismo a un hijo que un hombre y, por lo tanto, tienen que complementarse; tienen que colaborar mutuamente. Además, hay que tener en cuenta que lo mencionado se refiere a la educación en familia, es decir, aquella educación que se da sobre todo en los primeros años de vida, cuando el niño vive con la familia. La educación en el colegio tiene otras funciones; se refiere a otras cosas. Pero *la educación primera siempre corresponde a los padres.* La primera conclusión, o el resultado global de todo lo expuesto, por tanto, es que la educación es obra de los dos esposos y, en consecuencia, los dos se tienen que poner de acuerdo; es decir, no puede haber una discrepancia radical o desunión entre ambos, y querer educar cada uno por su lado. Esta tesis también está suficientemente ratificada por la experiencia.

Hay asimismo una situación a la que no se ha aludido, pero que también se da, y no precisamente porque se haya producido divorcio. Es aquélla en la que los hijos quedan a cargo, casi exclusivamente, de la madre, debido a que el padre se desentiende. De esta omisión se sigue una mala educación, o mejor dicho, una educación deficiente. Existe un grupo humano donde este hecho se da con frecuencia y son las personas de color que viven en Norteamérica. Se han realizado estudios acerca del fracaso en la escuela de los hijos de este grupo humano, que no son tan competitivos como los blancos. Algunos psicólogos han señalado que eso se debe a que los blancos tienen más alto coeficiente intelectual. Descartado el prejuicio racial, la base de esos estudios es ir a test sobre la capacidad cognoscitiva de los blancos, de los negros y de la población hispanoamericana, sobre todo de origen mexicano, instalada en California, y se ha llegado a algunas conclusiones que se pueden reservar para ver la influencia que tiene la coyuntura familiar en el desarrollo de los hijos.

Cuando se trata de mexicanos, el déficit en los niños es fundamentalmente la falta de memoria. Parece que no tienen bien desarrollada la memoria, y aunque algunos sostienen que no tiene mucha importancia, en realidad el que no tiene buena memoria padece una cierta discontinuidad en la vida. El esfuerzo no es continuo y, por ende, rinde menos. *La formación exige la unidad del tiempo de la vida.* El que no tiene memoria se cansa enseguida y trata de cambiar de ocupación; es una persona inestable, incapaz de permanecer horas delante de un libro, y en una Universidad eso es lo que se requiere.

La pregunta pertinente ahora es si ese defecto es una característica racial o consecuencia de una peculiar situación educativa que deriva de la familia. Está comprobado que el coeficiente de las distintas razas está distribuido de modo semejante –campana de Gauss–, igual en todas. Entonces, se comprueba que *el defecto de memoria en los hijos se debe a la inestabilidad paterna.* De ahí la conveniencia de que los padres deban procurar cuidar la estabilidad matrimonial.

Un chicano (la palabra suele emplearse con un matiz peyorativo) no tiene estabilidad laboral. En Norteamérica la estabilidad laboral es menor que en Europa y muchísimo menor que en Japón, donde además la familia tiene un carácter casi sagrado, pues ellos le dan importancia al culto de los antepasados. El chicano, por lo general, no tiene estabilidad laboral, esto es, un trabajo asegurado, pues dispone de un trabajo coyuntural que se compone de una serie de episodios sueltos, no conectados; trabaja un mes en un sitio, y luego –como abusan de él o le despiden– tiene que buscar otro sitio. En fin, está en una situación muy inestable, con falta de continuidad. Eso, funcionalmente, afecta a la memoria, y ello no quiere decir que el chicano no tenga memoria por motivos biológicos, sino que la falta de memoria en él se puede atribuir al modo en que viven socialmente él y sus padres, a cómo es su puesto de trabajo, a la inestabilidad de sus relaciones sociales, tanto en el trabajo como dentro del conjunto de la sociedad.

Esta situación habría que remediarla. La gente responsable debe preocuparse de hacerlo porque *constituye un atentado contra la dignidad humana que el hombre esté en desventaja por falta de retentiva.* Habría que tomar algunas medidas para que no se dé la inestabilidad en la familia, para evitar –por decirlo así– la familia vagabunda, de modo que los niños de ese origen que se eduquen en Estados Unidos no estén en desventaja. En conclusión, *la familia requiere estabilidad*, y la estabilidad se logra con la convivencia del esposo y de la esposa. *La estabilidad educativa, en consecuencia, se logra coeducando juntos los padres a los hijos.*

### 4. Hogar, clan y polis

La familia exige *hogar*[16]. Es importante la *casa*. El que no tiene ocupación lógicamente no tiene casa. Asimismo, el que se ve obli-

---

16. Téngase en cuenta que, a continuación, aporto una relación de glosas que personalmente no me resultan muy simpáticas, porque no soy muy partidario de las conciencias *espaciales*, pues soy más temporalista que espacialista. Que el espacio es más relevante que el tiempo es tesis de Tomás de Aquino. La inversa es mantenida por Aristóteles. Estoy de acuerdo con la tesis del Estagiri-

gado a cambiar con frecuencia de *ocupación* tampoco la tiene. La familia implica la casa. Cuando ésta falta, cuando el hombre no tiene casa y va de un lugar a otro, nunca está en algo que pueda reconocer como suyo propio, como su ambiente. Entonces siente que no está respaldado ni respetado, que está en una situación anómala respecto al resto de la población. Para tener casa, el hombre tiene que dejar de vivir al día y sacrificar algo desde el punto de vista económico. La estabilidad de la casa no asegura la estabilidad del matrimonio, pero *sin hogar la estabilidad del matrimonio se ve afectada.*

En esa circunstancia tampoco se pueden llevar a buen término las actividades educativas. Tenemos así el caso de los estudiantes mexicanos. Según investigaciones efectuadas alrededor de 1970, basadas en test, a los hijos de familias de origen mexicano que vivían y estudiaban en los Estados Unidos, la falta de memoria y el consiguiente mal papel como estudiantes, se debía a la falta de estabilidad del habitar, a la falta de firmeza y ahínco. Estos factores influyen en el razonamiento. En efecto, si no se razona de una manera continuada, no cabe formular proyectos a largo plazo y se vive al día, lo que comporta discontinuidad biográfica y estancamiento.

En lo que se refiere a la población negra, el test de memoria resulta más positivo que el de los mexicanos. En cualquier caso, las condiciones en la que están estos grupos étnicos en los Estados Unidos —conviene insistir— no son favorables y ni siquiera normales. En los negros, el problema no radica en la inestabilidad local, sino en una degradación del hogar. Ellos viven de una manera estable: no tienen que moverse o trasladarse tanto como los mexicanos. Sin embargo, viven en hogares y barrios degradados,

---

ta, y la expongo en mi aludido volumen de *Curso de teoría del conocimiento*, I, cuando se hace referencia a los *sensibles comunes* (cfr. lección 9, pp. 251-259).

sucios, descuidados. Entonces, ¿a qué se debe que el rendimiento intelectual, el rendimiento educativo o educacional de los negros sea bajo? La razón es que al padre negro no le gusta estar en casa. El varón negro tiene una costumbre social pésima: la de constituir pandillas («el pandillaje»). Como el padre negro se aburre en su casa constituye grupos de amigos o pandillas, y deja sola a la madre, quien corre exclusivamente con la educación de los hijos, los padres negros se dedican a jugar al póker, o en general, a aquellas actividades que los sociólogos llaman propias de la «horda». La *horda* y la familia son incompatibles. La horda es, más bien, un modo de actuar propio de los monos. Hay un sociólogo llamado Morgan[17], quien influyó mucho en Marx, que sostiene que las agrupaciones primitivas de la humanidad eran de tipo horda, entendiendo, por tanto, que la familia es posterior. El peso fundamental de las relaciones sociales serían, pues, correrías o cosas que hacen los varones fuera de la casa, como constituir grupos dedicándose a jugar, a beber, a divertirse, a romper farolas en las calles, etc.

Es evidente que, históricamente, no es cierto lo que señala Morgan. Las primeras fases de la organización humana son efectivamente familiares y la horda es un fenómeno degenerativo, no es un fenómeno primitivo[18]. En vez de la horda lo que existe es otra

17. L. H. Morgan es considerado como uno de los padres de la *antropología cultural*, formulador de la «teoría del parentesco», según la cual la promiscuidad es precedente de la familia. Sus obras principales fueron *System of consanguinity and affinity of the human family*, 1869, y *Ancient Society*, 1877. Con la tesis de que los cambios tecnológicos influyen decisivamente sobre la organización social influyó directamente en Engels, que incorporó esta tesis en su obra *Der Ursprung der Familie, der Privateigentums und des Staates*, e indirectamente en Karl Marx.

18. Expongo con más detenimiento esa rectificación en el escrito «Ricos y pobres. Igualdad y desigualdad», en *La vertiente humana del trabajo en la empresa*, Madrid, Rialp, 1990, pp. 75-143 (reeditado en *Filosofía y economía*,

cosa: el *clan*. Según estudios más serios, el antecedente de la familia es el clan o familia grande, como se suele llamar, entre cuyas características destaca la extensión de los vínculos de parentesco. El *clan* no es la horda, sino una organización estable basada en vínculos de sangre. La afición al pandillaje se nota, por ejemplo, en algunas regiones de España. Suele decirse «¡dejémoslas en casa; nosotros nos vamos al monte o nos vamos a cazar!, ¡yo ya volveré; la mujer se queda!». Los varones de determinadas pandillas no se dedican los fines de semana a la familia, sino a estas otras actividades. La pandilla, en el norte de España, está bastante extendida, pero no es un fenómeno tan fuerte como el de los negros. Está, por así decirlo, racionalizada y limitada a períodos cortos; por ende, no afecta a la familia. No es un desahogo tan fuerte que afecte al hogar.

Por otra parte, hoy en día hay muchas mujeres, sobre todo de clase adinerada, que practican algo así como la horda femenina, es decir, salen de casa a reunirse con otras mujeres para asistir a desfiles de moda o quizás para jugar partidas de cartas. Constituyen, entonces, grupos de amigas cuyas actividades, muchas veces sin conexión con el hogar, se llevan a cabo fuera, rompiendo, por lo tanto, con la familia e incurriendo en la frivolidad.

En el caso de los negros americanos el pandillaje es tan fuerte que el cuidado de la casa tiene que correr exclusivamente a cargo de la mujer, lo cual es negativo. Ella sola como agente educativo es insuficiente, y esto se nota en el bajo rendimiento intelectual del hijo en la escuela. Esto nos invita a insistir en que la educación en la familia es una acción conjunta. Todos los miembros de la familia deben educarse entre sí. Ya hemos visto que los padres son los primeros educadores, sobre todo en las primeras fases de la edad

---

pp. 303-344). Sostener el carácter primitivo de la horda es olvidar que el hombre nace, que es primordialmente hijo.

de un niño, por lo que la tarea del padre y de la madre debe ser coherente.

A la familia actual se le suele llamar la *pequeña familia* y, aunque el matrimonio es el núcleo de la familia, conviene entenderla de una manera más extensa. Los tíos, los primos, abuelos, etc., lógicamente también son familia, por lo tanto, se debe tener y mantener el sentido de las relaciones de parentesco y tratar de intensificarlas. Piénsese, por ejemplo, en la noción de hermanos, tal como plantea la Biblia en el Nuevo Testamento: los hermanos de Jesús[19]. Jesús no tenía hermanos de la misma sangre, los hermanos de Jesús son lo que nosotros llamamos parientes. El parentesco comporta una unidad de origen, pero una unidad de origen que puede ser lejana, basada en antepasados muy antiguos. Tiene que ver con esto lo que mencionábamos del culto a los antepasados de los orientales. Sin embargo, la vida moderna ha ido cambiando, y a causa de eso muchas relaciones se han vivido o se entienden ilegítimamente.

Los antepasados lo son de un *clan*, de una gran familia. Eso tiene una gran importancia por otra razón, a saber, el asunto del incesto, cuya abolición, como es sabido, es la institución humana más antigua que existe. Por otra parte, *evitar el incesto es de derecho natural*. No conviene que los casamientos sean entre los parientes porque eso puede dar lugar a enfermedades o degeneraciones. El incesto es un tipo de relación antihigiénica, por decirlo de alguna manera. Para lograr la gran familia estaban prohibidos los matrimonios entre primos, lo que contribuyó a que se establecieran relaciones con otras grandes familias y es así como históricamente se constituyeron las agrupaciones humanas superiores a la familia. Se pasa del *clan*, o de lo que los griegos llamaban *etnia*, a la *polis*.

---

19. Cfr. *Mc.*, 3, 31.

La *polis* es una reunión de grandes familias humanas, donde la mujer o el marido se buscan fuera del clan. Así es como entran en relación los clanes, lo cual es otro elemento de la civilización en la infancia de la humanidad. De esta manera la humanidad va realizando aquello que primariamente le es propio. Nos referimos al dominio práctico de la tierra; trabajar es la misión que Dios le dio a Adán. Trabajar, imponer la impronta humana, es la *civilización*.

## 5. Enseñar y jugar

*La educación familiar bien llevada requiere la colaboración del padre y de la madre*, es complementaria por una simple razón: porque hay dimensiones humanas que la mujer no puede educar, y hay otras que el hombre tampoco puede o sabe educar. Esto va referido a la educación de los *afectos* o pasiones, que es lo primero, insisto. El padre puede enseñar al hijo a *jugar*. *El valor pedagógico del juego estriba en que vincula los afectos a la actividad.*

Si el hombre tiene un sentido del juego más desarrollado que el de la mujer es porque el juego tiene entre sus componentes un factor muy importante que es el *reto*. El que juega ensaya sus fuerzas en competición, y eso es propiamente un elemento masculino. Por lo tanto, al varón le compete educar a los niños en el juego; enseñarles a jugar. La mujer tiene otra función en lo que respecta al juego, no educativa, sino mantenedora. El segundo componente del juego es que obedece a *reglas*. El juego puede parecer una actividad simplemente divertida, pero un juego sin reglas es imposible. Dichas reglas están incorporadas al mismo funcionamiento del juego. En un partido de fútbol, por ejemplo, es claro que hay reglas, y por eso existe un árbitro, quien se encarga de que los jugadores las cumplan. De ahí que conculcar las reglas, hacer trampas, convierta el juego en una actividad fastidiosa.

Así como no existe un juego sin reglas, tampoco existe un juego sin *objetivo*. El objetivo tiene mucho que ver con el ganar. En fútbol, por seguir con el ejemplo, el objetivo es marcar goles, pues así es como se ganan los partidos. El fútbol es un ejemplo válido, aunque es un juego que no tiene todas las características del juego infantil. En el ajedrez, las reglas tienen que ver con el movimiento de las piezas. Cada pieza está definida para que funcione de determinada manera. Por ejemplo ¿qué es un alfil? Pues es una figurita que se caracteriza por su movimiento en línea diagonal. Cada pieza está definida por una regla y así se desarrolla el juego. La regla constituye el segundo elemento del juego.

Otro elemento del juego es el *ensayo de respuesta*. El juego es serio por la regla. Incurrir en trampas en un juego significa dejar de jugar. Comete trampas quien no tiene afición e interés por el juego, sino que quiere probar su astucia contraviniendo la regla. Pero, por otra parte, el juego tiene también cierto carácter de *inmadurez*. Eso es lo que tiene de ensayo. El juego es una actividad seria por la regla, pero no porque se pueda aplicar a actividades que tengan resultados serios. El juego infantil es un ensayo. De manera que ganar o perder no tiene unas consecuencias prácticas, como puede tener un negocio, el cual se puede entender también como un juego en el que priman los resultados[20].

El juego sirve para probar la propia fuerza, de manera que en los juegos se desarrollan asimismo habilidades. A los niños les gusta probar sus habilidades; les llama la atención, porque en la experiencia de la propia fuerza hay satisfacción. Claro que, si al probar sus propias fuerzas se da cuenta de que no las tiene, el niño puede experimentar un fuerte disgusto.

---

20.  Es posible desarrollar una teoría general del juego que sirva para el hombre adulto. En esa teoría hay que distinguir los juegos de suma positiva de los juegos de suma cero. Como hago en *Quién es el hombre*, cap. VII, pp. 123-124.

Los gatos pequeños, cuando juegan con un ovillo de lana, están ensayando su capacidad de caza de ratones. Para interpretar el juego animal conviene señalar que sólo los animales jóvenes juegan, es decir, ensayan sus fuerzas. El juego humano añade al juego animal las reglas, porque sin ellas no se podrían probar las fuerzas humanas.

Es evidente que el juego educa la afectividad siempre y cuando se juegue bien, porque *mediante el juego se aprende a ganar y a perder*. Hay que enseñar al niño a saber ganar y perder para que así se adapte a la vida, la cual es una mezcla de ambas cosas. La vida también se puede tomar como un juego, es decir, aceptar las normas de conducta como un reto para uno y que resulta muy grato. Ello contribuye a la adquisición de virtudes.

La estabilidad afectiva —señalábamos— es importante para el desarrollo del niño. Saber ganar y perder es señal de afectividad firme; firmeza que se adquiere y se aprende jugando. Con los niños hay que jugar, y si juegan con trampas, se les debe corregir. Deben aprender a respetar las reglas, y si no lo hacen, se les expulsa del juego; se les castiga de este modo, porque de lo contrario nunca aprenderán la esencia del juego.

Quizás lo que les pase a los niños con malos resultados escolares es que no toman en cuenta las reglas, y eso seguramente porque están acostumbrados a pertenecer a pandillas, donde las reglas son muy escasas. La pandilla tiene poco de juego. La horda es más bien informe. Cuando el niño entra a la escuela sin haber recibido esa primera formación de reglas que se adquiere jugando, como el niño no sabe jugar con reglas, se dedica a hacer trampas.

Es obvio que un niño acostumbrado a hacer trampas escolarmente no ha sido educado en la familia. Si de niño hace trampas, su inseguridad afectiva le inclinará a continuarlas. Recuerdo a un chico que hacía trampas. La culpa la tenía su padre, quien nunca había jugado con él y, además, cometía el error de querer que su hijo fuese igual a él. Digo que esto es un error, porque el fin del padre es el hijo: *los padres son para los hijos y no al revés*. Una de las cosas que de ningún modo los padres deben querer es que los hijos sean un doble suyo: «¡si yo soy abogado, mi hijo debe ser abogado!». Este pensamiento es equivocado, y si domina la educación, ésta se estropea.

## 6. Educar en la libertad

Conviene respetar las inclinaciones de los niños. De manera que si el padre es abogado y ha triunfado en su profesión, no por eso el niño tiene que ser abogado. Eso es antieducativo, puesto que afecta a los principios de la educación. Como ya se ha indicado, los hijos no son para los padres, sino los padres para los hijos[21]. Se ha de evitar el paternalismo posesivo, que es contrario a la actividad de *educar en la libertad*[22].

21. N.E.: Leonardo Polo sostiene que cada persona es irreductible –única e irrepetible– y, por tanto, cada persona tiene que ser educada, desde su libertad personal, según el ser que ella *es* y está llamada a ser. Por este motivo los padres deben reconocer la alteridad de cada hijo: cada hijo es distinto a su padre. Esto se fundamenta en los siguientes textos polianos: "Persona comporta irreductibilidad. Incluso emplear la palabra persona en plural no es enteramente correcto, puesto que persona es *cada quién*". POLO, L., *Antropología trascendental*, p. 151. "Cada persona, y sólo ella, es la persona que es; esto es lo que filosóficamente se llama *irreductibilidad*". *Ética*, p. 201.

22. N.E.: Un texto poliano en el que se afirma esta tesis dice así: "Para los padres humanos la educación comporta desprendimiento: no tiene nada que ver con un intento suyo de asimilar a sí mismos a los hijos. Ayudar a crecer es encomendar esa ayuda al que crece. Por eso, educar es educar en la libertad, no sólo hablar de la libertad o encomiarla, sino entregar lo que se transmite a una libertad nueva, que se hará cargo de esa ayuda, en la que lo entregado renace: es asumido, apropiado, integrado". POLO, L., *Escritos menores (1991-2000)*, p. 164.

Para educar en la libertad hay que tratar de *adivinar* lo que quiere el hijo. Una anécdota personal. Recuerdo que mi padre trataba de averiguar mis inclinaciones –yo perdí a mi padre muy pronto, pues él tuvo que marcharse de España al final de la guerra civil porque lo exiliaron–. Como me gustaba leer, mi padre sin decirme nada me regalaba libritos de distintos tipos. Recuerdo que una vez me dio un libro de anatomía con láminas, de ésas que se mueven y se pueden quitar y levantar. Yo lo usaba con frecuencia. Mi padre me comentó: «parece que a ti te gusta la anatomía: tú podrías ser un buen médico». Estaba intentando descubrir lo que me podía gustar. Otra vez, después de darme una serie de libros de aritmética, de geometría, creyó que yo servía para los estudios abstractos.

Es cierto que el interés del padre forma parte de la educación, pero volvamos al juego. El juego comporta una cierta dosis de educación porque enseña al niño a tener *serenidad*, a ir desarrollando el equilibrio –eso es lo importante, aunque para algunos sea secundario–. El que sabe ganar y perder con serenidad ha educado su afectividad; es un hombre fuerte. El hombre que dice ser fuerte y, sin embargo, llora cuando pierde, en realidad no lo es. Cuando los niños, al perder un juego, empiezan a llorar, hay que tener cierta firmeza para decirles: «No vamos a volver a jugar, porque a veces se gana y otras veces se pierde, y eso se debe aceptar. Si tú no sabes perder, no vuelvas a jugar». En cada caso hay que ver cómo se maneja la situación, pero el objetivo del juego está bastante claro.

Debido a que hoy en día se ha anticipado la educación en la escuela, los niños entran a temprana edad, de modo que los maestros se han obligado a introducir el juego en la educación escolar. A los niños de tres o cuatro años se les enseña, por ejemplo, a armar unas piececitas, a hacer castillitos, a resolver problemas geométricos, como si eso fuese un juego. No obstante, eso es una formación de la inteligencia, de la imaginación constructiva, pero no de la afectividad, es decir, del *apetito irascible*, del apetito de ganar, lo que equivale a educar la *fortaleza*. Ganar, teniendo en cuenta que no se puede ganar fuera de regla, ya implica un inicio de ética. Lo mismo sucede con el perder. Un niño que pierde y que no está acostumbrado a ello no sabe jugar. Esto es semejante a lo que le pasa a dos mayores cuando nunca han jugado como se debe: a la hora de perder no saben aceptarlo; en otras palabras, no saben lo que es ganar o perder.

Los juegos de los niños tienen que ser tales que puedan ganar o perder: no se les puede someter a juegos tan difíciles para su edad que no puedan ganar. Recuerdo que jugaba al ajedrez con mi padre cuando tenía 6 o 7 años. Él me dejaba ganar sin que yo lo notara. Mi padre, pues, no jugaba conmigo para ganarme, sino para que me esforzara y, desde luego, ponía resistencia para que no obtuviera una victoria muy fácil.

El juego en la educación es un asunto muy interesante. Estimo que *la función principal del juego es educar el apetito irascible:* enseñar a ganar y enseñar a perder. El que sabe ganar y perder afronta el peligro y el fracaso sin inmutarse demasiado. Ése es un hombre fuerte. *Un hombre fuerte es el que tiene bien educada su afectividad y sus sentimientos.* Los sentimientos de esperanza y de temor se mueven en un nivel superior.

## 7. Educar en la serenidad

Sostener que las mujeres no juegan con sus hijos no equivale a decir que las mujeres no sepan jugar, sino que no juegan tan *educativamente* con los hijos como los padres[23]. El hijo quizás pueda

---

23. Con ello no se lesiona lo más mínimo la *dignidad* de la mujer, que he intentado poner de relieve en algunos lugares como: *La dignidad de la mujer,*

jugar con la madre al escondite o al juego de dar vueltas, bailando u otra cosa similar; sin embargo, repito, esos no son juegos en sentido estricto, según lo dicho; se trataría más bien de actividades de entretenimiento o esparcimiento. Hay que tener en cuenta cómo contribuyen las mujeres en la educación de la afectividad, la cual, insisto, es la primera educación que se debe realizar para no tener niños inestables, asustadizos, iracundos o dictatoriales, ya que todo eso son defectos. Se debe educar al hombre para la *serenidad* afectiva, para no ser, por ejemplo, un glotón, o cosas así. Después viene la *educación sexual*, la cual es muy importante y la deben llevar siempre a cabo los padres. Es un error admitir que no les compete la educación sexual. Por otra parte, si no quieren hacerlo está mal.

La madre tiene una característica serenante para el niño; serenante desde otro punto de vista: la madre es un *lugar de acogida*, un lugar seguro y, además, próximo. El padre también es protector; es alguien a quien se puede acudir, pero la madre protege directamente *acogiendo en su regazo* –insisto en que se está hablando de una educación familiar de los niños–. Ésa es una característica esencial de la mujer. El regazo femenino para un niño es sumamente importante[24]. El niño no busca el regazo paterno, sino el brazo paterno que le aprieta: un apretón cariñoso. Pero cuando acude a su madre, busca el regazo. Este término tiene mucho que ver con la lactancia del niño y con su crianza, en la cual también hay elementos educativos diferentes según las culturas. Sin duda, es mejor criar amamantando que con biberón, pero ya se sabe que la lactancia del niño japonés comporta cierta dureza ausente en

---

Piura, 1989 (incluido en *Epistemología, creación y divinidad, Obras completas*, vol. XVII, Eunsa, Pamplona, 2015, capítulo IV, epígrafe 2.d) «La dignidad de la mujer», pp. 148-155).
    24. N.E.: A esto se le llama el vínculo de apego.

otras culturas. Olvidarlo es desatender algunos aspectos educativos importantes.

Es característico de la madre –señalábamos– el regazo. Comporta un contacto corpóreo intenso, una acogida, que en cierto modo el niño necesita, sobre todo al principio de su vida. El regazo posee también el sentido de verse refugiado; ese refugio en la primera fase de la vida concreta la pertenencia al hogar que conviene prolongar a lo largo de la vida. El regazo tiene asimismo el sentido del *consuelo*, el «ser consolado». El ser humano, hombre y mujer, necesita consuelo, verse refugiado en una situación favorable que aleje los peligros de cualquier clase. La vida humana no sólo consiste en arriesgarse. De vez en cuando el hombre tiene que recibir consuelo y encontrar regazo es una forma de consuelo.

El niño se refugia en el regazo materno, pero también en los brazos del padre, que igualmente son acogedores. Aquél que no sabe acudir al consuelo cuando lo necesita –y lo necesita a lo largo de su vida– es precisamente un desconsolado, un ser entristecido, que se inhibe o sucumbe a la dureza de existir.

# III

# La educación como aprendizaje

## 1. ¿Juego o imitación?

En el capítulo anterior terminábamos redondeando el asunto del juego. La educación se corresponde con el aprender. El juego es un ensayo de algunos aspectos de la vida adulta; la aceptación de reglas, la distinción entre ganar y perder; el juego limpio sin trampas con cierto objetivo. Perder no es un objetivo, sino un riesgo que se corre ante el cual debemos estar prevenidos. Se debe enseñar al niño a enfrentar con serenidad y temple el perder. Conviene aprender que se puede volver a empezar.

Son muchos los valores humanos implicados en el juego de la vida. Mi opinión es que *el padre enseña a jugar mejor que la madre*. Las niñas juegan, por ejemplo, a las muñecas, a arreglar casitas, etc. Evidentemente, esto es juego de niñas y no de niños. La cuestión es la siguiente: primero, si la madre enseña a jugar de esa manera o surge de un modo natural en la niña, es decir, si se trata de una imitación; segundo, si efectivamente se trata de un juego. Existe el juego de muñecas y aunque es obvio que tiene algo de ensayo, no es exactamente un juego, porque no es consecuencia de la enseñanza sino una manifestación espontánea.

El aspecto lúdico del juego es el ensayo de aprender a actuar con leyes, sin exponerse a la dureza de la vida. La vida siempre es dura y no en el sentido de que sea enemiga o áspera, sino que tiene mucho de inexorable, es decir, la vida es como es y hay que atenerse a ello para intentar mejorarla. La realidad, obviamente, es más seria que el juego infantil. Por eso la mera imitación se queda corta, porque con ella no se aprende a manejar lo inexorable con afán de superación.

Aprender a ganar y a perder: ¿están o no presentes en el juego de muñecas? ¿contiene algunos retos o es más bien un simple ensayo? El ensayo es una de las condiciones integrales del juego, pero no es la única. Por lo tanto, el ejemplo del juego de muñecas o el pensar en este juego no es convincente en varios aspectos: primero, en él se emplea la imaginación, pero sin progresar en su uso, por eso es dudoso que las madres enseñen a jugar a sus hijas; segundo, en él no están todos los requisitos para hablar del juego en un sentido más pleno.

De todas maneras aunque el juego de muñecas es preferido por las niñas, esto no quiere decir que los niños no pueden jugar en sentido impropio, es decir miméticamente. La *mímesis* o imitación es propia de la edad infantil[1]. Como se carece de la madurez necesaria para inventar o dirigir la propia conducta, los niños acuden al comportamiento de otros para hacer algo: apelan a un modelo que imitar[2].

---

1. N.E.: Esta idea también aparece en la filosofía aristotélica: "Imitar es algo connatural a los hombres desde que son niños, y en eso se diferencian de los restantes seres vivos: en que el hombre es el ser más proclive a la imitación y adquiere los primeros conocimientos mediante la imitación". ARISTÓTELES, *Poética*, 1448b.

2. N.E.: Este mismo principio se puede desprender de la filosofía aristotélico-tomista: "Porque los argumentos relativos a las pasiones y a las acciones son menos convincentes que los hechos, y así, cuando están en desacuerdo con

Es indiscutible que la *mímesis* juega un gran papel en la vida humana, sobre todo en algunas de sus fases, porque en otras predomina la rebeldía o la necesidad de autoafirmarse (lo que es un indicio de que no se ha aprendido a jugar y de una sensibilidad inmadura). La rebeldía suele terminar. Las modas se inspiran en modelos a los que se concede prestigio. Hay gente que las usa para darse importancia, y por tal razón, pueden ser consideradas como una forma de vivir. Sin embargo, no es la mejor. Vivir en moda tiene que ver con un asunto muy importante de la vida del hombre, que es organizar su *tiempo*.

La vida humana es temporal. No hay una racionalidad en la secuencia de las modas, sino que una moda es original precisamente por no parecerse a la anterior. Vivir en moda es vivir el tiempo de un modo discontinuo, sin normas; y esto en la vida del hombre adulto anula su autocontrol. En la infancia la *mímesis* no

lo que perciben por los sentidos, son despreciados y desacreditan a la verdad. En efecto, el que censura el placer, pero, a veces, se le ve inclinado a él, da la impresión de que se deja llevar siempre por él, pues no es propio del vulgo saber distinguir. Así pues, los verdaderos argumentos parecen ser de gran utilidad no sólo para el conocimiento, sino también para la vida, porque, estando en armonía con los hechos, son convincentes, y así exhortan a los hombres inteligentes a vivir de acuerdo con ellos. Pero de esto ya se ha hablado suficientemente". ARISTÓTELES, *Ética a Nicómaco*, X, 1, 1172ª–1172b. "Con relación a las acciones y pasiones humanas, se cree menos a las palabras que a las obras. Si alguno obrase lo que dice ser un mal, más incita por el ejemplo, de lo que impide por la palabra… cuando las palabras de uno no concuerdan con las acciones que aparecen sensiblemente en él, tales palabras son despreciadas y, por ende, se destruye la verdad que por ellas se dice". TOMÁS DE AQUINO, *Comentario a la Ética a Nicómaco de Aristóteles*, lib. X, lect. 1, n. 1414. "Si los que enseñan que todas las delectaciones son malas son sorprendidos en el disfrute de alguna delectación, los hombres serán más proclives a las delectaciones por el ejemplo de sus obras, no haciendo caso de la doctrina de sus palabras. Porque en las acciones y pasiones humanas, en las que la experiencia vale muchísimo, mueven más los ejemplos que las palabras". *Summa Theologiae*, I-II, q. 34, a. 1.

tiene carácter de moda, es una *mímesis*, pues dura más tiempo y se repite sin cambios. La tendencia a imitar a los padres dura bastantes años, no obstante, la *mímesis* se va debilitando poco a poco. También es cierto que la imitación de las niñas es referida a la madre, y la de los niños al padre. La *mímesis* no es un juego, sino otro aspecto del desarrollo psicológico externo a la educación. *Es posible aprender sin educador.* Sostener lo contrario es una magnificación injustificada de la pedagogía.

## 2. Nacimiento prematuro

Si se compara el hombre con el animal, se comprueba que el ser humano nace prematuramente y sin ser capaz de valerse por sí mismo[3]. En cambio, una cría animal sí, y bastante pronto. Cuanto más elemental sea el animal, su cría realiza instintivamente y más rápidamente sus operaciones de supervivencia. Tomemos, por ejemplo, el caso de la tortuga que, en cuanto nace, sabe casi todo lo que debe hacer.

En los animales suele distinguirse, en atención a este punto, entre aquellos que desarrollan estrategias *reproductivas* sin crianza y aquellos otros a cuya estrategia se denomina *nidificación*. Esta última se puede observar en los pájaros; que como nacen incapaces de volar tienen que ser alimentados por sus padres. Las aves lle-

---

3. Desarrollo con más extensión estas distinciones, entre otros lugares, en otra de mis conferencias inéditas que lleva por título *La diferencia entre el hombre y el animal*, Madrid, 1992, *pro manuscripto*, y que aquí resumo (esta conferencia fue una intervención en las II Jornadas del Aula Ciencias y Letras –Madrid, 30 de octubre de 1992–, publicada en la revista *Miscelánea poliana*, Instituto de estudios filosóficos Leonardo Polo, Málaga, 2005, nº 4, pp. 1-8; y finalmente recogida en *Escritos menores 2001-2014, Obras completas,* vol. XXVI, Eunsa, Pamplona, 2017, pp. 29-38).

van a cabo una estrategia nidificante; hay también otras especies de animales que llevan a cabo esta estrategia, sin que los padres se ocupen tanto de sus hijos.

Siguiendo con el ejemplo de la tortuga, apreciamos que ésta pone los huevos, pero ni siquiera los incuba; simplemente se marcha y los deja. De manera que cuando nacen las pequeñas tortugas tienen que irse de frente al mar sin que nadie les enseñe. Esto demuestra que existen animales que en cuanto nacen ya saben lo que deben hacer. De estos animales no se puede decir que nacen prematuramente. Por otra parte, el período educativo o de nidificación de los animales es corto; en cambio, el del ser humano es muy largo.

La familia humana es la más perfecta o más avanzada forma de la estrategia de nidificación. El *hogar* es necesario porque el hombre es un ser que nace prematuramente. El hogar es una cierta manera de conservar su estado prenatal. Por eso, la relación del niño con su madre es afectivamente muy intensa[4]. Esta especie de anamnesis comporta un gran potencial educativo de la sensibilidad.

Los médicos acostumbran a comentar que abandonar el seno materno para el niño es un trauma porque el bebé en el seno ha estado muy cómodo, y luego, en cambio, sale a un mundo frío donde tiene, además, que aprender a respirar. Cuando está en el útero materno es alimentado por la sangre de la madre a través del cordón umbilical. En cuanto nace, el niño tiene que aprender a ambientarse al mundo. Por eso es una buena señal que el niño llore cuando nace. Llorar es señal de que ya aprende a expansionar los músculos mediante los cuales inhala.

---

4. N.E.: En *Quién es el hombre* Polo también atribuye este privilegio a la madre: "Es evidente también que la mano femenina acoge al niño, le acaricia. El niño no se agarra a la madre, sino que la mano materna prefigura la cuna, el lugar donde sigue desarrollándose y creciendo extrauterinamente". p. 67.

El niño, digámoslo así, pasa de una situación paradisíaca a otra menos acogedora. Pero no hay que exagerar, porque en la medida en que el niño va aprendiendo a comportarse, se va adecuando al mundo. Aprender es lo propio del ser humano, pues éste tiende a ser activo. Precisamente, *nace prematuro para que el aprendizaje empiece antes de que su cerebro se haya configurado completamente.* La anterior observación también se puede expresar de la siguiente manera: el hombre nace prematuramente porque no conviene que nazca acabado, porque *corre a su cargo el seguir creciendo,* el formarse. El niño es un ser que tiene que realizar sus tareas no sólo en el medio ambiente, sino en la sociedad humana. Necesita de un aprendizaje muy notable, que no puede adquirir biológicamente, es decir, en la biogénesis, porque allí sólo se está formando y desarrollando su organismo.

El hombre nace con su organismo formado. Sin embargo, aún no están suficientemente articuladas todas sus funciones nerviosas, por ejemplo, las motoras, a través de las cuales controla su propia actividad. La coordinación muscular, el movimiento de las manos, el manejar instrumentos, etc., son imprescindibles para incorporarse en el mundo humano. Todo eso hay que aprenderlo más allá del nacimiento. Por tanto, que el hombre nazca prematuramente implica una gran ventaja: la función educativa se emplaza aquí.

Obviamente el hombre tiene que hacerse cargo del propio actuar práctico, que es bastante complicado. El hombre es el animal *faber* por excelencia; es el animal técnico, y esto lo tiene que aprender después de nacer. De manera que conviene que nazca incompleto para que se pueda modelar de modo creciente. Por eso *la educación viene después del nacimiento.* Si existe alguna dimensión educativa antes de nacer, es muy escasa.

El hombre tiene que valerse por sí mismo en un mundo sumamente complejo para lo cual no está dotado. Es muy conveniente que nazca incompleto funcionalmente para que su conducta se vaya organizando. Mientras la formación del organismo tiene lugar en el seno materno, el aprendizaje tiene lugar después del nacimiento. Y como la conducta práctica del hombre es muy complicada, para organizarla se han de ejercer una serie de notificaciones de tipo nervioso. Es muy conveniente comenzar con la educación de los sentimientos, porque sin ella se desvirtúa o se bloquea la conducta. *El nacimiento prematuro del hombre implica que en él los instintos son coordinados por los afectos.*

## 3. El consuelo y la ratificación

El hombre necesita ser acogido en un ámbito que le permita restaurar sus fuerzas. Las fuerzas se restauran siendo *consolado*. El desconsuelo a veces se nota incluso en los niños mejor alimentados, y es un sentimiento que se debe evitar. Hay niños que por ausencia de consuelo se hacen cínicos, pillines, astutos, y recurren a ardides que no son correctos para sobrevivir. La pillería es una manera de engañar. A modo de anécdota: en una ocasión yo quería limpiar mis zapatos en Piura; le pregunté al limpiabotas, un niño de 13 o 14 años aproximadamente, cuánto me iba a cobrar, y me dijo que 1 sol —yo fijé el precio porque al extranjero le cobran más—. Acepté. El niño empezó a lustrar mis zapatos, explicándome a la mitad del trabajo lo siguiente: «ahora, vamos a poner un tinte para proteger el cuero». El hecho es que al terminar su labor me dice: «Señor, son 5 soles». Le respondí: «¡Cómo! ¿No era 1 sol?». Y él refutó: «¡le he puesto un líquido adicional...!». «Pero no me has dicho qué valía esa añadidura...».

En esos casos el niño desarrolla una mala conducta; está engañando, ha renunciado o no ha recibido consuelo, recurre a la estafa para sustituirlo. El consuelo es una dimensión humana que no se debe perder de vista. Es, además, una de las obras de misericordia:

consolar al que llora. «Bienaventurados los que lloran porque serán consolados»[5], se lee en el Sermón de la montaña. No es propio del hombre renunciar al consuelo. Hay que saber acudir a él, lo cual se aprende en la familia. La madre, ante todo, sabe consolar, es la que limpia las lágrimas. También lo hace el padre, aunque de un modo menos directo. Si el niño se cae y se hace una herida es la madre la que lo atiende. La primera experiencia escolar o cualquier otra que le ocurra fuera de casa lo tiene en cuenta la madre.

En el trayecto de la vida hay que acudir de vez en cuando al consuelo humano. Pero es mucho más alto ser consolado íntimamente. Eso se logra con la *gracia sobrenatural*. El Señor nos da la paz. Todo esto tiene que ver con la educación de la afectividad humana. Se tendría una falsa imagen del hombre si se prescinde de los afectos. Los afectos dependen mucho de la corporeidad, pero también de la educación, no son sólo pasiones del alma, como decían los clásicos; sino también integrantes suyos. Por eso existe jerarquía entre ellos. Quizá lo que caracteriza al *espíritu*[6] es el consuelo, y quizá los ángeles necesitan también ser consolados.

Tenemos otra dimensión netamente humana que es la *ratificación*, con la que se designa «el estar seguro de sí», «el ser respaldado». El hombre necesita la ratificación de su *ser*[7], pues él mismo no es capaz enteramente de ello. Desde luego, el niño no puede ratificarse, pero tampoco la persona adulta puede salir garante de sí mismo con total seguridad.

5. *Mt.*, 3, 4.
6. *Espíritu* es sinónimo de *persona*. Los ángeles también son personas, y Dios es trino en personas. Lo que se indica en el texto es que consolar y ser consolado es propio de las personas. Cfr. mi libro *Quién es el hombre*.
7. Por *ser* se entiende aquí el *ser personal*, otro sinónimo de *persona*. Ratificar el ser no se reduce, pues, a ratificar una serie de cualidades dispositivas *esenciales*, sino el *quién* que cada uno es. A ello aludo en la *Antropología trascendental*.

La primera garantía de que *soy* procede de mis padres y se desarrolla en la vida familiar. Pero, en último término, la garantía de que soy yo es Dios5[8]. La crisis familiar, también desde este punto de vista, es desastrosa, porque el niño se siente desamparado y no sabe a quién acudir. Esta necesidad de apelar, de acudir, es propia del hombre, y se llama *religión*.

Ser religioso es apelar a la propia ratificación. La cultura hindú enseña que la gran pregunta es ¿quién soy yo? Es una pregunta a la cual ningún hombre puede responder. Muchas veces los hombres que pertenecen a la cultura hindú, como no saben quiénes son, acuden a disolverse. Es la cuestión del nirvana. Ciertamente es patética esa visión en la que el hombre es acogido, pero disolviéndose en el todo, dejando de ser quien es; en rigor, se trata de una despersonalización. En las diferentes religiones se resuelve de distinta manera este problema humano que es común a todos los hombres. Hegel lo expresa como dialéctica de reconocimiento. *La necesidad del reconocimiento es propia del ser humano.*

En la oración vocal cristiana de la *Salve*, que también es una expresión muy profunda de sabiduría religiosa, se habla del mundo como de un «valle de lágrimas». Aunque este carácter del mundo no sea natural, sino debido al pecado original y especialmente a los pecados personales, el meollo del asunto es que en él el hombre no encuentra su reconocimiento completo. Si es verdad que este mundo no permite un reconocimiento total, entonces, ¿dónde se reconoce al hombre? Es verdad que en gran parte tal reconocimiento se logra en los aspectos agradables y favorables de su infancia, pero eso no es suficiente. No debemos estar como exiliados. No reconocerse es estarlo. Este valle de lágrimas es el

---

8. El sentido del *ser* que cada persona es sólo está de modo completo en manos de Dios. La explicitación de esta tesis la desarrollo con más detalle en la *Antropología trascendental*.

exilio, palabra que significa habitar en tierra extraña, ser extranjero. Literariamente, un gran poeta alemán, Hölderlin, se refiere al asunto a principios del siglo XIX[9]. También para los griegos el exilio era el castigo peor[10], más aún que la muerte. Tanto fue así que Sócrates, por citar un destacado ejemplo, prefirió la cicuta al exilio, porque fuera de Atenas no era nadie.

El dilema del autorreconocimiento en el hombre es un problema central. *El reconocimiento es la raíz profunda del consuelo.* Por eso la gente añora profundamente su patria, incluso hasta en los gustos gastronómicos. A uno le gusta el tipo de comida que se le ha dado de niño, el tipo de condimento que le recuerda a su infancia. De ahí que se diga «esto no es como lo hacía mi madre; este guiso no tiene aquel gusto».

En una novela de Magris[11], que ha tenido mucha fama, se describe el recorrido del Danubio, el *Iser*. Este importante río, como es sabido, baña buena parte de Europa, pues recorre varios países, desde su nacimiento en Alemania, pasando por Austria, Hungría, Rumania. La novela sigue el recorrido del *Iser*. Es un ejemplo de enajenamiento, de extranjería. Porque el *Iser* atraviesa varios países; al viajar siguiéndolo, se encuentra uno tierras que no son la patria. En el Danubio tiene lugar, digámoslo así, la experiencia de lo extraño, de lo que no es propio, de aquello en lo que uno no se puede reconocer. Sin embargo, esa experiencia puede ser incorpo-

---

9. Cfr. FRIEDRICH HÖLDERLIN, *Hyperion oder Der Eremit in Griechenland*, Cotta'sche Verlagsbuchhandlung, Tübingen, 2 vols., 1797-1799, y *Der Tod des Empedocles* (1797-1800), *Gedichte*, [s.n.], Stuttgart / Tübingen, 1826; *Hölderlins Sämtliche Werke*, Stuttgart / Tübingen, [s.n.], 1846.

10. Expongo con más detenimiento este extremo en mi artículo «La vida buena y la buena vida: una confusión posible», *Atlántida*, 1991 (7), pp. 13-32 (recogido en *La persona humana y su crecimiento, Obras completas*, vol. XIII, cap. VI, pp. 101-129).

11. Cfr. CLAUDIO MAGRIS, *El Danubio*, Anagrama, Barcelona, 1997.

rada a uno mismo. Se trata de cómo el hombre se reconcilia con la realidad aunque ésta sea extraña.

Tras un largo recorrido, cuando el hombre vuelve a su patria, regresa con nueva experiencia, la cual incorpora a su patria para que ésta se enriquezca. Patria viene del latín *pater* (padre); tiene una lógica raíz familiar. La patria es el lugar del reconocimiento y, por tanto, del consuelo. Cuando amplía su patria no deja de ser patriota. Se trata de una proyección del tema del consuelo a lo largo de la vida. El consuelo al principio consiste en limpiar las lágrimas, también en restaurar las fuerzas y sobre todo en la capacidad de integración, la capacidad de no sentirse apátrida en ningún sitio, la capacidad de reconciliarse con la realidad universal.

*La realidad requiere la comprensión universal. El espíritu universal no puede desvincularse de lo materno. Para que el hombre tenga una visión muy universal debe desarrollar su capacidad de reconocerse, y como el hombre nunca acaba de reconocerse necesita un consuelo del más alto nivel. En la educación infantil la dimensión consolante es decisiva porque precisamente así a lo largo de la vida perdura y no se olvida. El hombre la tiene en el fondo de su alma. El que no quiere consolarse se hace cruel y se endurece, pero no en el sentido sano de la palabra, ya que el hombre necesita dureza y resistencia ante la adversidad. Se trata de la virtud de la fortaleza, que temáticamente es desarrollada por los filósofos clásicos.*

El hombre también necesita encontrarse con lo familiar. Los norteamericanos lo llevan a cabo con bastante acierto, aunque de una manera demasiado exclusivista. Así, los militares norteamericanos cuando son destinados a bases en el extranjero se llevan sus costumbres a ese otro sitio. No se integran en el nuevo lugar. Pero eso es, indudablemente, señal de cortedad; es creer que no hay cosa más válida que el camino y la manera estadounidense de vivir. A esas bases llegan suministros propios que las convierten en una especie de sucursal de Estados Unidos. En la guerra de Irak, por ejemplo, uno de los problemas logísticos más graves registrados era el cuantioso porcentaje de gente requerida para que los soldados tuviesen un ambiente norteamericano. Sin embargo, ese tipo de patriotismo que lleva a estar adherido a lo propio como un caracol a su concha no es bueno: hay que aventurarse, captar nuevos mensajes, porque así se adquiere un espíritu universal. Estas consideraciones son aplicables a la familia. Por tanto, *la necesidad de respaldo va creciendo y la añoranza es ilusoria*.

## 4. La autoconciencia

Hemos de estudiar ahora cómo el niño va adquiriendo autoconciencia y su relación con la educación. El proceso de la autoconciencia en el hombre pasa por varias fases, y nunca se llega a la plena autoconciencia humana: que sólo lo será en el más allá del tiempo, cuando el hombre conozca como es conocido, como advierte san Pablo[12]. La persona que no acepta respaldo porque no sabe lo que es, padece un déficit de educación. Esas personas tiesas reclaman una independencia autónoma, pero en el fondo se rompen. *La independencia autónoma es un signo de nuestro tiempo*; quizá la mayor equivocación de la edad moderna. Aquél que no quiere ser hijo, que no quiere depender de nadie, que piensa que se lo debe todo a sí mismo, está perdido, en primer lugar porque él solo consigue muy poco. En segundo lugar, como no sabe colaborar, muchas veces es sólo un «trepador», un tipo aspirante al triunfo a costa de los demás. El hombre con la afectividad estropeada y rudo, en el sentido de implacable competidor, machaca a quien se le atraviese en su camino.

12. Cfr. *1 Cor.*, 13, 12.

La relación que tuvieron esas personas con sus padres suele ser escasa o ninguna; o la tuvieron, pero la dejaron en cuanto sus padres se divorciaron o separaron. Además, *la pretendida independencia total del hombre se corresponde con el no saber agradecer*, o el no querer recibir favores, si piden un favor se ponen nerviosos porque piensan que tendrán que devolverlo. Todo eso viene de una mala educación. La persona en esa situación no ha aprendido a «madurar».

Es muy importante que el adulto no olvide que el hombre es desde el principio de su constitución originado: es *hijo* antes que nada. El que no quiere más que hacerse a sí mismo se considera como si fuera padre de sí mismo, lo cual es contradictorio. Aquí entra el tema del respaldo –ya aludido–, una manifestación educativa que debe irse manteniendo de modo creciente: no automarginarse, no relegarse a la situación de extranjería permanente. Cuando ello ocurre, el hombre está atrofiado, y dimensiones importantes suyas han sido amputadas. Por eso dicho ser humano *no se acepta* más que en ciertas condiciones, a saber, tan sólo como triunfador; y si no triunfa es un fracasado, víctima de un fracaso debido a él mismo, ya que supuestamente se lo debe todo a sí mismo.

Hay un drama titulado *La muerte de un viajante*[13,] que refleja la existencia humana cuando se vive con el modelo estadounidense generalizado. Se trata de un tipo que va con su maleta por diferentes lugares tratando de conseguir dinero a través de la venta. Es la historia de un vendedor que se plantea la pregunta de si su vida mediocre, debido a que falla y su venta no sube de nivel, tiene sentido. El viajante al final se suicida. El suicidio, el no estar el hombre de acuerdo consigo mismo, es un recurso para el hombre

13. Cfr. ARTHUR MILLER, *La muerte de un viajante*, Ediciones MK, Madrid, 1983.

que no se aguanta: no ve otra solución que quitarse de en medio, que dejar de ser; uno desespera de sí mismo. *La desesperación es la falta de respaldo.* El desesperado es el hombre que se ha olvidado o que no sabe que ante todo es *hijo.* Esta descripción de rasgos humanos negativos indica defectos en la educación infantil de los que siguen una conciencia de sí crispada. Enseñar tan sólo a ganar dinero es un contrasentido.

*La afectividad tiene un sentido psicosomático,* y también tiene un sentido más amplio donde interviene el *espíritu.* El espíritu no se puede separar de la afectividad. No es una cosa gélida. Hegel meditó bastante sobre la familia, la sociedad civil y el Estado. Estos son los tres grandes momentos de la sociología. Para Hegel, en la familia el autoconocimiento no se puede desarrollar porque el hombre está inmerso en ella: es el momento pre-subjetivo, anterior a la autoconciencia, ya que en la familia prima lo colectivo sobre lo individual. En cambio, lo individual prima en la sociedad civil, que es un conjunto de agitaciones incapaz de organizarse a sí mismo. Por lo tanto –dice Hegel– hace falta una síntesis superior a la familia y a la sociedad civil. El estado, tal como lo entiende Hegel, es gobernado por funcionarios –es casi como lo entiende Platón– que no tienen intereses subjetivos, particulares, sino que anteponen lo general; en terminología tomista cabría decir que están únicamente al servicio del bien común.

Hegel acostumbra a jugar con la distinción entre lo individual y lo colectivo, lo común y lo particular. Escribe que una de las funciones de la familia es encargarse de los muertos, es decir, enterrarlos. Hegel escribe también que la familia enlaza con lo tradicional porque es una sucesión de generaciones: de ahí que sea importante enterrar a los muertos. Hoy en día, no obstante, sucede lo contrario; la familia no quiere hacerse cargo de los muertos, sino que elimina al muerto, le deja en el tanatorio y le incinera. En China, en cambio, existe como es sabido el culto a los antepasados, que tiene un fuerte sentido religioso. Tanto es así que cuando llegaron los misioneros se encontraron con el problema de que algunos de sus habitantes que estaban dispuestos a convertirse, no querían dejar el culto a los antepasados. Hegel se equivoca. El desarrollo de la conciencia humana no es la historia de la autoconciencia descrita en la *Fenomenología del espíritu*[14].

## 5. La *paideia* y la *humanitas* clásica

Es propio de la familia educar. En lo que respecta a la educación familiar, que llevan a cabo los padres, hay que tener en cuenta fundamentalmente la niñez. En esta etapa tienen mucha importancia, como hemos visto, los sentimientos. Como la razón y la voluntad aún no están en marcha, hay que cuidar de los afectos, ya que tienen un carácter básico, en el sentido de que si el niño no está adecuadamente educado en ellos, luego se producen fallas. La vida que se edifica sobre arena se edifica mal. Aunque también sobre arena se puede edificar, sin embargo, para ello hace falta un entramado que no es necesario cuando se edifica sobre roca. No obstante, carece de sentido edificar sobre algo que no proporcione un buen fundamento.

Cuando se trata de educar otras dimensiones de lo humano, la clave estriba en que la sentimentalidad humana no esté herida, es decir, que no esté en falta, en ayunas o desasistida. Algunos investigadores que se dedican a la antropología cultural han hecho algunas observaciones que quizá sean válidas. Observan que el modo en que se suministra el alimento materno, es decir, cómo se les da el pecho a los niños, tiene un correlato con lo que pasa

---

14. Cfr. Georg Wilhelm Friedrich Hegel, *Fenomenología del espíritu*, Alhambra, Madrid, 1987.

después con ciertos rasgos del carácter. Aquellas tribus que dan el pecho de manera interrumpida, que suministran de modo intermitente la alimentación materna, de modo que el niño no se sacia y tenga que ir de nuevo a la búsqueda, hacen que el niño sea más agresivo. Ciertas tribus orientales explican también la conducta por los distintos modos de la lactancia del niño. Algo de verdad puede haber en eso, pero solamente se trata de una consideración más parcial de la que consiguieron los clásicos.

Los clásicos solían llamar a la educación *paideia. Pais* es el niño. El término designaba también al siervo, ya que en la familia griega los niños hasta cierta edad, por ser incapaces, se asimilaban al esclavo. Naturalmente los niños podían subir a la situación de ciudadanos, pero mientras eran niños todavía estaban al cuidado exclusivo de los padres y, por ende, bajo su dominio. La *paideia* griega está basada en una idea que luego desarrollaron los romanos: la *humanitas*. Son nociones muy perfiladas «*paideia-humanitas*». *Paideia* tiene como objetivo, en definitiva, lo que los latinos llaman *humanitas*. ¿Qué es eso? Moralmente son nociones complejas. Estudiar todos los rasgos que contienen esas nociones sería excesivamente largo.

Para vislumbrar el contenido educativo de esas nociones se puede referir la historia de Medea[15], una figura que ha tenido mucha importancia en la cultura griega y que fue tratada de diversas maneras. En la epopeya griega existe el mito de los argonautas (el asunto del vellocino de oro, etc.). La epopeya se considera anterior a la tragedia, pero dentro de ella también tenemos una concepción trágica de la historia.

Expongamos sintéticamente este mito y nos daremos cuenta de algunas cosas en él presentes, como los grandes valores, que

---

15. Aludo también a este relato, aunque para sacar consecuencias de cara a la ética, en mi libro Ética, ya citado.

marcan la diferencia de los griegos con los bárbaros. Se llamaban argonautas, porque eran los tripulantes de una nave llamada Argón, cuyo jefe dirigió expediciones por el Mar Negro hacia la ciudad de Colcos en busca de un vellocino de oro. La escena se desarrolla en toda esa parte del Mediterráneo que está al norte de Turquía y al sur de Rusia, donde desemboca precisamente el Danubio. Dicho mar baña varios países actuales: Ucrania, Armenia, Rumania, Bulgaria, Turquía, etc. El capitán de la nave se llamaba Jasón y su mujer tenía por nombre Medea[16].

Medea era una mujer apasionada, enamorada de su marido y, además, era una mujer valiente puesto que acompañó a su marido en sus aventuras, y tuvo varios hijos con él. Medea, a la vez que valiente, era apasionada, biológicamente con un temperamento y unas pasiones muy fuertes, acostumbrada, porque vivía así, a estar al lado de su marido, quien era muy aventurero en el sentido noble de la palabra. El objetivo de los viajes de Jasón era conseguir el vellocino de oro. Para conquistarlo tuvieron que pensar una serie de astucias, pues su dueño era fuerte y no lo quería soltar. Al final para poderse posesionar de él tuvieron que robarlo.

El asunto del vellocino quizá enmascare lo que quiere decir ese carácter aventurero que se contrapone con lo que hemos dicho antes acerca del irse a un país extraño, debido a que existen las colonias griegas y los contactos con otras regiones. Estos últimos consistieron en lo que podríamos llamar civilización. *Civilizar* es una característica del ser humano, una fase que los griegos consideraron como una tarea humana de mucho contenido. Civilizar viene a ser algo así como transformar un paisaje natural en un paisaje humano, en agregarle elementos humanos: construir ciu-

---

16. Naturalmente lo que se va a relatar no tiene connotaciones con el feminismo ni con el antifeminismo, sino que se intenta ver cómo formulan o presentan el asunto de la *humanitas* los clásicos.

dades, caminos, casas, templos, instalar la infraestructura de la existencia humana en tanto que se relaciona con la tierra..., ya que si no hay tierra no se puede construir. Por otro lado, civilizar también se consigue al ejercer la agricultura, la cual exige roturación, es decir, un cambio en la vegetación.

Pues bien, parece que se pueden interpretar los viajes de Jasón con la idea de *civilización*. Jasón recorre una serie de países donde va imponiendo sus ideas organizadoras, implantando sus formas de trabajo, de instalación del territorio, y de este modo es uno de los grandes civilizadores. Los civilizadores para algunos eran los conquistadores; pero hay dos tipos de conquista: la depredatoria y la organizadora de la población confiscada. Esta última ejerce una tarea civilizadora. Esto, sin embargo, no es todavía la *humanitas*. La civilización no es lo mismo que la *humanitas*. La *paideia* para los griegos, o la *humanitas* para los romanos, es algo más; es aquella situación que se crea en virtud de las relaciones humanas cuando el hombre va logrando un dominio sobre lo que en él hay de animal, de fiera.

En el caso de los argonautas ocurre que ellos llegan a Grecia. Jasón, que es una persona de gran categoría, un hombre vigoroso e inteligente, se deja cultivar por la *humanitas*. La acepta. Es atraído por esa serie de normas con las cuales el hombre dirige sus instintos o sus impulsos inmediatos. Es ganado por la *humanitas* griega. Entonces, se casa con una griega. Él se da cuenta de que Medea es ferina, y como sigue siéndolo prefiere a la otra, que es mucho más dulce, que sabe conversar, bailar, etc. Es una mujer culta. Medea al enterarse de la situación se enfada; se enfurece porque se siente despreciada –lo que es verdad–. Enseguida piensa en vengarse y para lograr su objetivo mata a la mujer que se unió con Jasón. Después mata a los hijos que tuvo con él. Está profundamente herida y piensa que debe acabar con todo aquello que había sido fruto de su amor hacia Jasón. En este caso se aprecia que es una mujer que ama más al marido que a sus hijos.

La situación psíquica de Medea es la propia de una mujer sin *humanitas*, que no se controla, o mejor dicho, que mide el sentido de la justicia en forma directa, esto es, que se toma la justicia por su mano de una manera agresiva y violenta. ¿Qué se hace con Medea? La decisión recae en Jasón. ¿Cómo hacerle justicia a Medea al castigarla por sus crímenes, que son sumamente pasionales? En Medea muchos de los sentimientos han desaparecido, está dominada por uno sólo: el odio en que se ha transformado el amor. La tragedia está narrada de una manera bastante retórica.

Como Jasón ya ha alcanzado la *humanitas*, no se decide a condenarla a muerte. En Jasón, insisto, está actuando la *humanitas*, uno de cuyos elementos es que la razón humana guíe la conducta del hombre. ¿Por qué no la sanciona condenándola a muerte? En primer lugar por consideración con las relaciones que tuvo con ella. La solución sería mandarla a un hospital clínico: Medea no actuó racionalmente, sino que acudió a un impulso instintivo porque estuvo dominada por su carácter ferino. Esta es una buena razón para no sancionarla con la pena capital: no se le puede exigir lo mismo que a una persona con *humanitas*. Hay una segunda razón, y es que la culpa en parte la tiene Jasón, pues la actitud o conducta de Medea fue debida a que él la traicionó, ya que la dejó por otra sin tener en cuenta su fidelidad, ni lo que ella había hecho por él.

Jasón decide enviarla a Atenas, que es el imperio de la civilización y de la *humanitas*. En Atenas, Medea se transforma. Deja de ser una mujer que se toma la justicia por su mano, una mujer impetuosa, que se mueve sólo por los impulsos sin tener presente la deliberación racional, y pasa a convertirse en una mujer culta: ésta es la gran victoria o el desenlace, por decirlo así, feliz de la trama. Al ser conquistada por la *humanitas* es consciente de que no debió haber procedido como lo hizo, de que no debió matar a sus hijos ya que ellos no tenían la culpa de nada. Esto se corresponde en el ámbito mitológico con la transformación de las Furias. Las Furias, las Erinias, son los agentes de la justicia violenta, es decir, la personificación o antropomorfización de las fuerzas cósmicas de acuerdo con ese tipo de sentimientos o pasiones humanas extraordinariamente furibundas, que toman medidas drásticas, que machacan a quien sea con tal de vengarse o con tal de aniquilar lo que se ha hecho de modo detestable, que emplean cualquier medio con tal de ir al fondo de la cuestión. Pues bien, las Erinias se transforman en Euménides, que son seres que administran la justicia como agentes de la justicia humana, una justicia que admite la *epiqueia*, aquella virtud importante que tiende a aplicar la justicia con cordura o moderación, es decir, la ley con pensamiento racional, no tomar la ley por la propia mano, acuciándola con motivos subjetivos, de furia, de venganza, sino de un modo imparcial, la flexibilidad controlante de la virtud de la prudencia. La aplicación de la ley debe ser siempre prudente.

Naturalmente, la *humanitas* es un modelo al que se puede aspirar. Medea y Jasón pasaron a la situación de la *humanitas*, la conquistaron y superaron lo ferino, lo ajustaron a la razón actuando de una manera más moderada, con más ponderación, lo que no significa actuar con frialdad o con menos rigor.

### 6. Lo ferino y lo cordial

El hombre tiene una dimensión ferina que es compatible con la civilización. El hombre es un ser agresivo, pero no hay que entender la agresividad en el sentido exclusivamente de golpear o matar a los demás, sino en lo que ésta tiene que ver con la aventura. La agresividad conduce a acometer proyectos, a gobernar a los demás. La agresividad forma parte de la dotación primaria del hombre. El hombre es un depredador, pero ese nivel de la biología humana es modulado y aprovechado por la civilización para grandes construcciones, como son las organizaciones sociales, etc.

Asimismo hay en el hombre una fase posterior que es justamente la *humanitas*. Ésta consiste en poner por encima del carácter ferino del hombre la fuerza del espíritu. El espíritu no es una fiera. Es aquella dimensión que, añadida a la civilización, constituye la paz social. Hace al hombre *cordial*, comprensivo, capaz de tener en cuenta los intereses de los otros, sin exigir drásticamente sus derechos. La integración de estos elementos les confiere su propio valor.

Es importante que en la sociedad humana lo ferino no intervenga aislado, sino incluido en consideraciones de valor como el altruismo, la amistad, el gusto estético, etc. Eso es precisamente lo que podríamos llamar *cultura*. El «hombre culto» es el hombre en el nivel más humano, la *humanitas*, o lo que es lo mismo, el hombre que ha aceptado ser culto; no se limita a cultivar la tierra, sino que se cultiva a sí mismo. Ha aceptado establecer una serie de normas en la convivencia, y no se dedica a la satisfacción inmediata de sus propios instintos, por estar investido de capacidad de diálogo, de cortesía, de juego limpio.

Por ejemplo, las olimpiadas son una competencia en que lo ferino se vive modulado por el espíritu. Así que el concepto de *humanismo* es una gran conquista en el desarrollo del carácter de la que los griegos podían estar orgullosos. Jasón en cierto modo es un puente: está colocado en una fase de civilización, desde la que accede a la cultura.

La cultura va precedida de *civilización*, el hombre culto establece la vigencia de sus valores en la civilización misma, es decir, en la sociedad, o en las construcciones básicas del hombre, como por ejemplo: tratar mitigadamente al adversario, establecer plazos o moratorias, mejorar o instaurar un nuevo sistema jurídico, etc. En pocas palabras, aprender a llevarse bien. Naturalmente, la *humanitas* es la superación de lo huraño, de lo arisco. *El intercambio y el diálogo son humanizantes*. El intercambio permite que los seres humanos se apoyen ejerciendo sus creatividades o sus actividades económicas respectivas (hablamos de «económicas» en el sentido primordial de la palabra). Es patente que todo esto es cuestión de educación.

La Ley del Talión, por ejemplo, es un intento de avanzar. Si un sujeto de un determinado clan mata a un miembro de otro clan se desata la venganza. La venganza es un ritual seguido de luchas y de la enemistad permanente entre los clanes. La Ley del Talión introduce un elemento de proporcionalidad al prescribir «ojo por ojo» y nada más. Es la humanización de la venganza desatada, una limitación según la norma y, por ende, es cultivo de sí. La clemencia, la apreciación de los valores ajenos, el no sentirse humillado y reaccionar con rencor: todo eso es la *humanitas*, el estar dispuesto a la tarea común, a la planificación entre varios, a la aplicación del diálogo, como se daba en el Ágora, lugar de reunión donde se discutían los asuntos para tratar de darles solución, pero no según la ley de la fuerza.

Nietzsche diría de eso que es una degeneración. De todas maneras la filosofía de Nietzsche es mucho menos ferina de lo que parece. Incluye la idea de *superhombre*, la apasionada búsqueda de la superación. La noción de la vida que aparece en *Así habló Zaratustra* tiene mucho que ver con Medea. Nietzsche dice que la vida es una mujer apasionada, una figura encantadora, una mujer como pura naturaleza que se dedica a bailar, a atraer y a esquivar, según un trenzado de formas: Dionisos y Apolo.

El baile es una actividad muy femenina; tanto es así que la mujer es más bailadora que el hombre. El baile es una forma de juego o, mejor dicho, una forma más alta de jugar. La música ambienta también. Cabe señalar que el bailar y la educación no van muy unidas. La madre no enseña a bailar a la niña; si ésta sabe bailar, o ha aprendido a hacerlo en una academia, el baile vale por sus propios méritos. Aunque no tenemos tiempo para exponer todos los aspectos del baile, podemos decir que introduce en el movimiento de la figura humana un control especial no sólo de las manos, sino también de todo el cuerpo. La danza clásica pertenece a una gran cultura. Persona culta es quien sabe danzarla.

Nietzsche dice que la mujer es la personificación de la vida, un ser danzante de cabellos muy largos. La vida tiene algo de salvaje representado por la agitación de los largos cabellos, que tienen mucho parecido con la vegetación. Son cabellos como hojas, como ramas móviles. La cabeza de la vida está cubierta por la cabellera y sus ojos miran a través de ella. Ésta es una descripción relacionada con recuerdos de figuras mitológicas y con su interpretación por aporte de los griegos.

La *humanitas* considerada como guía de la conducta humana nos diferencia de lo salvaje, de lo instintivo, y pertenece a nuestra herencia. Por lo tanto, comporta tradición y se actualiza en ámbitos educativos muy diversos. Pero a la *humanitas* cabe añadirle la *cristianitas*, la forma de *ser*. El mejoramiento de la cultura, de la *humanitas*, tiene que ver con el cristianismo. No sólo existe una tradición en la que pervive la *humanitas*, sino también un estrato más profundo: la *cristianitas*[17]. Interrumpir esta amplia transmisión sería desastroso.

---

17. Sobre este punto, cfr. mi publicación *Sobre la existencia cristiana*, Eunsa, Pamplona, 1996 (reeditado en *La originalidad de la concepción cristiana de la existencia*, *Obras completas*, vol. XIII, Eunsa, Pamplona, 2015).

## 7. El objetivo de la educación

*La humanitas es objetivo de la educación en nuestra época*, porque la interrupción de su transmisión ha acontecido en muchos aspectos. Por tanto, los educadores han de procurar re-empezarla. No es tarea fácil, pues requiere conjuntar elementos racionales y voluntarios, es decir, tomar decisiones de acuerdo con la razón; de lo contrario no habría decisiones voluntarias, sino tan sólo maquinalmente calculadas. Así se puede entender el funcionamiento de la voluntad en relación con el consentimiento. Calcular no es consentir, sino dejarse arrastrar. Hoy la voluntad está dañada por dejarse dominar por una necesidad mostrenca.

La tradición no amplía la razón, pero la hace presente en la práctica común de la humanidad y asimismo en las pasiones. Las pasiones humanizadas se han transformado: dejan de ser un impulso absorbente que dispara el hombre como si fuese una simple fuerza física sin matices. Pensemos en la pena que se le impone a una persona. Es obvio que el castigo debe tener valor pedagógico. No se mete a una persona en la cárcel para que salga peor, esto sería inhumano, sino para que se corrija y aprenda a comportarse, para que cambie como lo hizo Medea. El sentido pedagógico de la cárcel está previsto dentro de la *humanitas* y de la *cristianitas*. El hombre no debe castigar de un modo ferino. No debe alegarse la experiencia contraria.

*La humanitas es una continuación de la educación del niño.* Se debe lograr que alcance ese nivel. Por otra parte, negar que el niño ofrece cierto carácter ferino es quererse tapar los ojos. El niño en la infancia tiene una sinceridad como la de Medea –quien era como una niña malcriada, siendo una mujer mayor–: enseguida presenta un carácter agresivo, destructor y envidioso. Los niños presentan a menudo esos rasgos. Se pelean con sus hermanos, con sus amigos, etc., debido a su fiebre posesiva: «¡deja esa pelota, es mía!», gritan, por ejemplo. «¡Ese dulce es para mí; no para ti!»... De esta forma empiezan las riñas.

La visión idílica del niño es debida a que se comporta con sus padres, como ya hemos dicho, buscando el amparo y el respaldo. Pero como a las familias también pertenecen los hermanos y otros parientes, aparecen a veces momentos de competencia que pueden ser resueltos de un modo sentimental negativo, que conviene evitar y es materia de la educación. Dicha educación hay que hacerla *tratando de proporcionar al niño algún elemento racional.*

Aristóteles reparó en que los niños son seres incapaces de estar quietos; siempre están en movimiento; son sumamente agobiantes. Tuvo un gran mérito el inventor del sonajero, porque gracias a dicho instrumento los bebés se mantienen quietos por lo menos un tiempo. Como es claro, tampoco se trata de que los niños se queden completamente quietos. Muchas veces los padres dicen: «¡Estate quieto!, ¡no molestes a esta visita!», y otros cosas por el estilo, carentes de eficacia educativa. No se trata de conseguir que los niños no hagan nada, ya que esa movilidad o agilidad le son propias, aunque es cierto que muchas veces son inaguantables para los adultos.

Estos comportamientos hay que educarlos racionalmente porque *la conducta sólo se puede dominar con la razón.* La razón hace falta para que el niño no se descontrole desde el punto de vista de su movilidad y de su agresividad, de aquellos enfados motivados por las relaciones con sus hermanos, primos o amigos. «Esto es mío y me lo han quitado», o de repente al revés: «esto no lo quiero». No se puede negar que este tipo de reacciones se dan frecuentemente en los niños. Son típicas de la niñez. Incluso dependiendo del carácter, hay niños más moderados que otros.

Cuando un niño empuja a otro y éste responde inmediatamente, la Ley del Talión se conculca desaforadamente. Conviene ir introduciendo elementos racionales, de modo que el niño aprenda a ejercer la voluntad y no se mueva simplemente por impulsos egocéntricos. Como por su movilidad en el niño está todo mezclado, no sabe distinguir lo racional; se debe cultivar su *inteligencia*, y para lograrlo no hay más remedio que educarla.

Ahora bien, primero hace falta educar una dimensión del conocimiento sensible que también es estabilizable, a saber, la *imaginación*. A mi modo de ver, *la educación de la imaginación es uno de los puntos básicos del aprendizaje intelectual*. La televisión es un gran deseducador de la imaginación juvenil por ser un inhibidor que atrofia su crecimiento[18]. Ya hemos aludido al déficit de memoria que paraliza la capacidad de proyectos. La atrofia de la imaginación es un obstáculo todavía mayor para destacar lo racional de esa mezcla, propia de la niñez, de los diversos elementos del psiquismo humano.

---

18. N.E.: Lo mismo cabe decir de los *móviles* y las *tablets* con sus respectivos juegos y aplicaciones. Incluso, se pueden considerar como más dañinas para los niños.

# IV

# Educación de la imaginación

## 1. La esperanza y el optimismo

Señalábamos que a la familia le corresponde ante todo la educación de los sentimientos, de la dimensión afectiva. Dicha educación tiene por objetivo fundamental el equilibrio; conseguir que el niño tenga una emotividad matizada o vivida según cierto control. De esa manera se va constituyendo la base de la personalidad, y se evita que esté estropeada, dañada. Sin esa base, a lo largo de la vida serían muy difíciles otros aprendizajes que se deben incorporar para percibir la verdad y aspirar al bien.

La vida humana se caracteriza por la necesidad de *aprender*. Todos tenemos que aprender a partir de la estabilidad emocional. El que es optimista y ve las cosas con ánimo no se asusta demasiado. Hay que lograr la *esperanza*, pues sin ella no cabe el *optimismo*[1]. La esperanza y el optimismo abren el camino del hombre.

---

1. En un breve artículo expongo algunas claves del optimismo. Lleva por título: *Optimismo ante la vida*, Departamento de Publicaciones del Colegio Salcantay, Lima, 1991, pp. 1-13 (publicado en *Escritos menores 1991-2000*, pp. 37-44). Cfr. asimismo: «La esperanza», *Scripta Theologica*, 1998 (30, 1),

Dependiendo de las inclinaciones afectivas hay gente que es más espontánea, cuya iniciativa se nota más entusiasta. En cambio, hay otras personas más tranquilas o más flemáticas, como se suele decir. Pero en todo caso, el hecho es que el hombre es el único ser que se proyecta hacia el *futuro*[2].

Thomas Hobbes –téngase en cuenta que su psicología es bastante materialista– dice que toda la conducta humana se explica por el *miedo*, es decir, por la imaginación que anticipa el peligro. Este pensamiento es típico de la primera fase de la Ilustración. En unos apuntes anota que él era pesimista porque pensaba que el futuro estaba lleno de peligros y amenazas. Menciona que eso se debió a un trauma juvenil –como diríamos ahora–, provocado por el miedo que tenía su madre a que desembarcaran los españoles (en esa época los barcos sobrevivientes de la Armada invencible vagaban por las costas de Inglaterra y en cualquier momento podían realizar alguna incursión). La aparición de esas naves indujo en su madre la idea de que quizá podían desembarcar, y de que ello era peligroso. Su madre vivió asustada algún tiempo y Hobbes indica que ella le transmitió esa manera pesimista de afrontar la existencia.

*El miedo es una tendencia humana a la que se debe resistir con la virtud de la fortaleza.* Quien tiene miedo sin fortaleza está a la defensiva, por lo general, empleando medios malignos. La situación primitiva de la humanidad, según Hobbes es justamente ésa.

---

pp. 157-164 (incluido en *Epistemología, creación y divinidad, Obras completas*, Eunsa, Pamplona, 2014, cap. IV, pp. 112-119).

2. El futuro histórico y posthistórico pesa en la vida del hombre, porque éste es un ser de proyectos. Cfr. en este orden de consideraciones mi publicación *Presente y futuro del hombre*, Rialp, Madrid, 1993 (reeditado en *Quién es el hombre: un espíritu en el tiempo. Presente y futuro del hombre, Obras completas*, vol. X, Eunsa, Pamplona, 2016).

Sostiene, por tanto, que el hombre debe hacer un pacto social, que consiste en entregar todas sus posibilidades de violencia a una entidad llamada Estado. El pacto social, según esta visión, persigue lograr la paz social, justamente sólo se puede conseguir si todos los medios defensivos y ofensivos que tiene el hombre son entregados al Estado, por más que sea el mismo hombre el que crea el Estado. Como es claro, la imaginación de Hobbes está mezclada con una afectividad desquiciada.

Según la formulación nominalista[3] el Estado es una ficción, esto es, sólo existe en la imaginación. Según los postulados de esa corriente filosófica, el hombre tiene tal capacidad de ficción que le permite crear una criatura que al mismo tiempo tiene todo el poder práctico. De esa manera se expropia al hombre de todo su poder, para dárselo íntegramente al Estado. El Estado viene a ser así una creación del hombre, y por lo tanto, no es una realidad natural sino una creación *ficta*. «Ficta» en el sentido del verbo griego significa una construcción artificial; y eso es precisamente el Estado de Hobbes: una construcción artificial del hombre[4].

Sin embargo, resulta que como suma de todo el poder se justifica el absolutismo político. En estas condiciones, ¿qué le queda al individuo? ¿Qué pueden hacer los individuos cuando hay un poder coactivo común que los aniquilaría en cuanto intentasen portarse agresivamente? Pues sólo les queda dedicarse a producir. Producir, según el pensamiento de Hobbes, es reducir al hombre a su capacidad laboral. El hombre pacificado trabaja en actividades

---

3. Las deficiencias de fondo del planteamiento *nominalista* las expongo en mi estudio *Nominalismo, idealismo y realismo*, Eunsa, Pamplona, 1997; 2ª ed., 2001 (publicado en *Obras completas*, vol. XIV, Eunsa, Pamplona, 2016).
4. Esa tesis pertenece a su obra *Leviathán*, Andrew Crooke, London, 1651.

simples tales como la agricultura, la artesanía, la pesca, y comercia con ellas. Este sesgo economicista es muy peculiar.

Hobbes ha tenido mucha influencia porque propugna la absorción del hombre bajo el poder de un ente creado por el mismo hombre, y justifica el poder coactivo del Estado. La influencia de este autor en Marx es notoria. Como es sabido, Marx figura como uno de los teóricos políticos de la sociedad. El pensamiento de Hobbes sobre el trabajo señala que el hombre se ocupa de las actividades mencionadas porque no puede hacer otra cosa. Si las actividades naturales son de tipo agresivo, se desemboca en la economía, y de ahí se plantea el pacto social. Es fácil darse cuenta de que sólo se acepta un sistema absoluto si no se tiene alegría, es decir, si no se cuenta con optimismo, con confianza en uno mismo[5]. Esta tesis es propia de gente miedosa, cuya imaginación cede a la afectividad negativa, por decirlo así. Por otra parte, la agresividad no está ausente de la actividad económica. La creencia progresista de que la economía termina con la guerra fue desmentida en 1914. Es penosa la imaginación calenturienta.

5. N.E.: En la última obra escrita en su vida y publicada tras su muerte Leonardo Polo trata este asunto: "La primera dimensión del sentido clásico de la esperanza es el *optimismo*. No hay esperanza sin optimismo, es decir, si no se entiende que existe una situación por alcanzar que es mejor que el presente; también al revés: el único optimismo legítimo es el que mora en la esperanza, porque conformarse con las quiebras de la situación sólo es propio de hombres tímidos y desilusionados. Ser optimista sin esperar equivale a detenerse en una llanura sin relieve; en el fondo, es un modo tonto de consolarse, como pone de manifiesto un dicho inglés, según el cual, el optimista sostiene que estamos en el mejor de los mundos posibles; el pesimista es el que cree que eso es verdad… Así pues, el verdadero optimismo no es un optimismo cualquiera, sino el abierto hacia el *futuro*. Ello comporta ponerse a prueba en la aventura de buscar un nuevo estadio de la vida superior al actual. El que vive la esperanza afirma que estamos en un mundo mejorable, y por eso no se instala en el presente, sino que emprende el trayecto que conduce a una meta". POLO, L., *Epistemología, creación y divinidad*, p. 112.

*Una mala educación familiar lleva a pensar que el Estado debe ser absolutista*, es decir, concebirlo como una instancia que se hace cargo de las necesidades del hombre adulto anulando su libertad de tal manera que el hombre solamente puede existir protegido por dicha entidad. Al Estado no le compete realizar las acciones o funciones que son propias de la familia. En cualquier caso, para Hobbes el único sistema social posible es el que el hombre finge o crea.

La familia es una institución natural, es la organización natural como se suele decir[6]. En cambio, el Estado de Hobbes no es natural sino una institución artificial, una ficción, un acuerdo que los hombres imaginan. La primera consecuencia que podemos sacar de la filosofía política de Hobbes es ésta: si la familia no educa bien al niño, el adulto es inmaduro, y su inmadurez le lleva a sentirse en una situación de miseria, ante lo cual apela a la protección de otro, subordinándose al Estado.

De ahí la importancia de una correcta educación, sobre todo de las emociones, con el fin de que éstas sean la expresión primera de la confianza que el hombre debe tener en sí mismo. Si el hombre no sabe comportarse por ser un inmaduro, pide demasiada ayuda, solicita socorro durante toda su vida. Es evidente que a ese tipo de hombre le han educado mal, y también que para lograr una buena educación el hogar tiene que ser acogedor, si es inhabitable no es un hogar; se producen fricciones de todo tipo, lo cual imposibilita llevar a cabo la vida familiar.

Desde este punto de vista la situación de Hobbes es sumamente ilustrativa. Este autor tendría razón si el hombre no fuera un ser familiar. Si ello fuera así, el hombre se sentiría en una situación relativamente crítica y, por lo tanto, apelaría a un protector total

---

6. Cfr. *Quién es el hombre*, cap. IV, pp. 69-80.

imaginario. En dicha situación no alcanza a darse cuenta del valor de su libertad, del valor de la propia iniciativa, pues ésta queda bloqueada. Éste es el caso también de las *ideologías comunistas*. En efecto, *el estado totalitario es incompatible con la familia, a la que suple indebidamente*.

Las pretensiones de un Estado totalitario se resumen en la protección total. De esta manera se mantiene al hombre en una situación de total sujeción. Esa es justamente la actitud lógica en la edad infantil y sabe que siempre tendrá una respuesta positiva. El niño pide comida, pide protección porque es un ser débil que no se puede valer por sí mismo. No obstante, esa situación no es propia de la madurez. En la madurez no se pide auxilio constantemente, salvo a Dios. Dios no es un tirano, sino padre. Existe la eterna paternidad de Dios. En cambio, la paternidad del Estado no existe. La idea del Estado providencia es una grave equivocación.

La educación familiar –insisto– es importante para evitar que el Estado se convierta en el gran protector. «Exigimos...», «reivindicamos...», «¡que me resuelvan esta cuestión!», se repite. Pero –cabe responder– la mayoría de las cuestiones las debemos afrontar nosotros mismos. El que exige se concibe como un ser necesitado de ayuda constitutivamente. Si no le traen alimentos de Estados Unidos, por ejemplo, opina que no podrá llevar una vida normal, valerse por sí mismo. Esto es pensar y actuar desde una crisis de la afectividad. Es patente que se debe educar al hombre de tal modo que confíe en sí mismo.

*Confiar en uno mismo se traduce en optimismo*. Se debe fortalecer desde la infancia esa tendencia humana, porque si se la contradice, el hombre se atemoriza. La consecuencia de ese temor es el lamento, la falta de colaboración, el no sentirse capaz de resolver los problemas y, por lo tanto, el tender al intervencionismo del Estado. La iniciativa, la libertad social no se comprende.

## 2. La imaginación

Hobbes también nos enseña la importancia de la imaginación[7]. La imaginación juega un papel central en la vida, lo cual se debe obviamente a que el hombre cuenta con una imaginación muy desarrollada, más que cualquier otro animal. El hombre puede imaginar el futuro o evocar el pasado, y esto lo hace con lo que se suele llamar *fantasía*[8]. Su imaginación creativa le permite construir entes artificiales. En tanto que la inteligencia vuelve sobre ella, la imaginación también es productiva. Hay imágenes oníricas, propias de los sueños, pero existen también otras imágenes que se transforman en realidades. *Si no fuera por su imaginación el hombre no podría crear*, no podría producir, ya que todo lo artificial requiere el uso de la imaginación. De modo que *la educación de la afectividad desemboca inmediatamente en la fantasía.*

La esencia del hombre definitivamente es *sistémica*[9]. Si el hombre es un ser que está lleno de temores es justamente porque tiene

7. En los apuntes de las clases que impartí de *Psicología general* todavía inéditos, que datan del curso académico 1975-1976, gloso algunas observaciones respecto de la educación de esta facultad (publicado como *Curso de psicología general: lo psíquico, la psicología como ciencia, la índole de las operaciones del viviente*, Eunsa, Pamplona, 2009; 2ª ed., 2010, y en *Obras completas*, vol. XI, Eunsa, Pamplona, 2018). En el *Curso de teoría del conocimiento*, I, describo a través de ejemplos la distinción de la imaginación humana respecto de la de los animales.

8. *Fantasía* es una palabra medieval que unas veces designa en general a las tres potencias más elevadas de los *sentidos internos*, a saber: *memoria, imaginación* y *cogitativa* (*estimativa* en los animales). Otras veces, en cambio, el término alude en concreto a una de esas facultades, concretamente a la *imaginación*.

9. He abordado reiteradamente el carácter *sistémico* de lo humano, puesto que *analíticamente* no se nota el engarce de todas las facetas de lo humano. Unas consideraciones al respecto se pueden leer en mi libro *Quién es el hombre: un espíritu en el tiempo*, Rialp, Madrid, 1991; 2ª ed., 1992; edición italiana *Chi é l'uomo*, Vita e Pensiero, Milán, 1992; edición peruana, con el mismo título

una gran imaginación, lo cual no le ocurre a un animal. Se suele definir al hombre como *animal racional*[10]. La diferencia específica del hombre con el animal es, según esa tesis, que los otros animales carecen de razón; pero antes hay otra gran distinción: el hombre posee niveles de fantasía de los cuales carece el animal. Si bien el animal tiene imaginación, la diferencia con la imaginación humana es casi específica, pues radica en que la imaginación del hombre es capaz de *objetivar regularidades formales*[11]; el animal no lo puede hacer. Desde cierto punto de vista, repito, esto es una diferencia específica.

Aludamos a la imaginación infantil. Los niños con su propia imaginación suelen inventar juegos y esto frecuentemente sucede incluso cuando sus padres les enseñan a jugar; por ejemplo, juegan con chapas. En España hace 40 años las chapas eran un tesoro para los niños. Existían muchos juegos con chapas, las cuales tenían casi un valor monetario.

El niño atribuye a los objetos con que juega una serie de caracteres muchas veces antropomórficos, los cuales, naturalmente, son imaginarios. Se puede decir que en el niño hay una función mitológica, es decir, que en él se repite más fácilmente la fase *mítica* de la humanidad, o lo que es lo mismo, el hombre cuya imaginación-fabula está en fase pre-cristiana. A veces se admiten los mitos en

castellano, por la Universidad de Piura, en 1993 (reeditado en *Obras completas*, vol. X, Eunsa, Pamplona, 2016).

10. Como es sabido, ésa es la descripción griega clásica del hombre. Aristóteles define al hombre como el animal que tiene *logos*. En algunos lugares he señalado que precisamente el *tener* es uno de los radicales antropológicos. Los griegos caracterizan lo distintivo del hombre por el poseer, en concreto, en el autor citado, por tener inteligencia.

11. Sin ese tipo de imaginación no cabe geometría. Las imágenes de espacio homogéneo y de tiempo isocrónico son objetivaciones de este tipo de imaginación humana. Cfr. *Curso de teoría del conocimiento*, I, lección 11.

un sentido folklórico. En el Perú lo mítico, por ejemplo, sería lo incaico. La cultura inca es una cultura mítica y, también, indiscutiblemente, una cultura antigua.

Pues bien, la consideración histórica muestra que es posible dejarse dominar exclusivamente por el mito o detenerse en una imaginación ahondadamente mítica, lo cual no sólo es antiguo, sino una moda actual. Desde luego, el hombre adulto occidental tiene lo mítico en su sitio porque ha desarrollado su imaginación más allá del mito. Desde el punto de vista que nos interesa, *el mito es una fase del desarrollo de la imaginación*.

*La fantasía humana es aquella facultad orgánica susceptible de incremento* a diferencia de las otras. El oído, por ejemplo, no se incrementa, sino que a lo sumo se afina, porque orgánicamente es fijo. Ésta es una tesis de Aristóteles que aceptaría un psicólogo actual. Incluso se puede ir más allá, porque como la constitución humana es sistémica se puede desarrollar en otras direcciones que Aristóteles no ha considerado. La vista tampoco se puede educar; sin duda: cuando nace el niño tiene una captación visual en la que todavía no hay organización; la organización de los objetos visuales es en gran parte perceptiva e imaginativa.

El niño ve un panorama, sin embargo, no lo organiza; la organización de los objetos visuales es imaginativa. Lo mismo ocurre, por ejemplo, con el oído: no es lo mismo oír ruidos que organizarlos. La organización de los sonidos también entra en el terreno de la imaginación, por ejemplo, en una melodía; sin imágenes el oído oye la música, pero no la proporción: la organización de los sonidos no es algo que capten los oídos, lo que captan son ruidos sin significados. Para hablar hace falta imaginación, que es la facultad que permite unir las palabras o frases. Sin imaginación el hombre no podría entender.

Naturalmente, el niño tiene que aprender a hablar, a mover las manos, a comer, en fin, muchas cosas. En un niño pequeño se ve claramente cómo el aprendizaje va teniendo lugar. La madre y el padre asisten al niño cuando éste empieza a andar; por ejemplo, si se cae lo sujetan. Sin embargo, quien aprende en realidad a andar es el niño. Muchos aprendizajes de ese tipo que se podrían llamar elementales suponen la organización de una serie de circuitos nerviosos.

La imaginación es una facultad cognoscitiva. En cambio, el saber andar o nadar es otra cosa, es el desarrollo de una facultad motora. El niño casi nada naturalmente, lo mismo que anda, aunque es lógico que al principio encuentre dificultades; por ejemplo, puede dar la impresión de ahogarse; lo importante es que se mantenga activo en el agua. Aprender a nadar, aprender a mantener el equilibrio demora un poco más. Todo esto es una cuestión de coordinación motora.

Las habilidades manuales, el uso de las manos en aprendizajes largos, variados, por ejemplo aprender a tocar el piano, requiere repetición, se va adquiriendo con el hábito. Al mismo tiempo se deben desarrollar los músculos, y, asimismo la imaginación. Para hacer melodía hay que tener imaginación; si sólo desarrollamos la habilidad en las manos tenemos –digámoslo así– el control motor, pero eso no basta.

La imaginación es una de las claves de la cultura mitológica, la mitología gira en torno al hombre como ser fantástico. La imaginación es una facultad orgánica que «retiene». Los clásicos lo expresan diciendo que la especie, es decir, aquella noticia que llega al órgano, en las demás facultades sensibles se imprime; sin embargo, en la imaginación no se debe hablar de *especie impresa*, sino de *especie retenida*. De la retención de las especies derivan comparaciones, asociaciones o proposiciones. Ésta es la primera definición de la imaginación que da santo Tomás de Aquino: la *facultad proporcional*.

## 3. Imaginación eidética

La primera fase de la imaginación se suele llamar *imaginación eidética*. La imagen eidética se da, por ejemplo, en los sueños; es la más imperfecta, la que está más cerca de lo singular que de la armonía; por eso los sueños son desordenados; en los sueños siempre hay *lapsus*. El niño tiene imaginación eidética. Pero no conviene quedarse en esta fase. Una persona que no pasa de imaginación eidética, dicho rápidamente, vive en función de ensoñaciones. No hay que confundir las ensoñaciones con los mitos; los mitos tienen propósito, los sueños no.

A los sueños se les ha dado mucha importancia. La interpretación de los sueños se puso de moda con la psicología de Freud. La imaginación que se suele llamar eidética no es todavía una imaginación proporcional, sino una imaginación desorganizada, aquélla que santa Teresa de Ávila llamaba «la loca de la casa».

Con la imaginación eidética hay que tener cuidado. Los ensueños son falsos al ser arbitrarios, no sirven para la organización de la conducta. El que ensueña está como dormido. Esto es algo que suele suceder en la adolescencia; el adolescente con escasa imaginación proporcional recurre a la imaginación eidética y divaga. La divagación es el mayor obstáculo para el estudio. *El estudio exige disciplina, y lo primero que hay que disciplinar es la imaginación*. Si se ensueña demasiado, hay cosas que no se entienden y no se aprenden. El aprendizaje se ha detenido, por eso la educación como aprendizaje es más complicada de lo que podría parecer.

Aprender a andar es un aprendizaje en sentido analógico; no es un aprendizaje propiamente hablando, porque no es un esfuerzo dirigido. Aprender no es fácil y hacer aprender algo a alguien mucho más. El primer obstáculo, una actitud frecuente, es la rigidez. *Una persona que no quiere cambiar no aprende nada.*

El nivel inferior de la imaginación es el que está más cerca de la percepción, aunque una percepción imaginada es falsa. Y como todavía esa imaginación no es proporcional, funciona de un modo desordenado. Insisto, hay gente que sueña despierta, tal vez porque le resulte difícil afrontar la realidad. Naturalmente *hay que educar la imaginación, y la mejor manera de hacerlo es ascender a los niveles superiores, a la imaginación proporcional,* y a otros niveles de los cuales hablaremos.

*La palabra «eidética» viene de «eidos», que significa objeto visto. La imaginación eidética es la más próxima a los sentidos externos. En las imágenes eidéticas la proporción no se capta. A veces se dice que hay gente que tiene poca imaginación porque tiene poca imaginación eidética. Conviene recalcar que la viveza imaginativa no es señal de imaginación educada. La televisión contribuye bastante a propagar el nivel eidético de la imaginación. En la cultura actual, la gente tiene una imaginación menos educada, menos desarrollada.*

Los profesores que enseñan anatomía señalan que antes podían explicar una pieza anatómica sin mostrarla, dibujándola en la pizarra. Si la explicación se entiende, los alumnos están usando una imaginación proporcional, captan simplemente las proporciones de la pieza. Cabe una descripción de la pieza sin mostrarla. Pero actualmente se requiere mostrar la pieza en directo, es decir, la pieza percibida. Estos alumnos no han desarrollado la imaginación apropiadamente.

## 4. Proporción y asociación

La imaginación es un tema común en la psicología clásica. Imaginar una mesa no es de ninguna manera objetivar un singular, como se hace cuando se ve, sino la *proporción* de la mesa, es decir, los rasgos primarios; el *esquema* «mesa» es una proporción, un objeto esquemático, no el objeto singular percibido: una imagen es una proporción. La facultad proporcional capta las proporciones de los objetos percibidos.

Conviene ahora añadir que por el hecho de que la imaginación sea proporcional también es *asociativa*. Asociar es extender la proporción. Es una captación de la proporción, no una captación proporcional de cada uno, sino la captación de asociaciones. Es la asociación de imágenes. Las ideas se siguen unas de las otras según alguna regla lógica; en cambio, la imaginación no emplea reglas lógicas, *lo propio de la imaginación es más bien establecer comparaciones, contrastes, no es más que un desarrollo de su carácter proporcional*. La imaginación asociativa es propia de los animales que tienen un cerebro desarrollado. Los animales también tienen una imaginación proporcional y son capaces de asociar imágenes.

Las asociaciones pueden dar lugar a cuasi razonamientos. «Si A, entonces B», es una asociación, no es un argumento lógico; es a lo que Aristóteles le llama *silogismos condicionales*. También los animales se dan cuenta de que a algo le sigue otra cosa, «si hago esto, entonces resulta aquello», lo cual no se podría conocer sin la imaginación.

Los animales tienen unos *comportamientos*, no se debe hablar de conductas. La *conducta* es más bien una actividad humana; conducta significa conducirse y el animal no se conduce, es el hombre con todo su comportamiento quien se conduce. Pero la imaginación animal también tiene dignidad, de lo contrario no podría darse cuenta de que «si hace esto resulta lo otro», porque esas imágenes o se asocian o no se captan.

## 5. Imaginación reproductiva

Por encima de la imaginación proporcional está la que se puede llamar imaginación *auto-reproductiva*, que es la referencia de la proporción a sí misma. Según la auto-proporción se puede imaginar el *tiempo* y el *espacio*. El tiempo para la imaginación es proporcional internamente, es decir, una sucesión siempre igual (*isocronía*), que no se ve ni se oye, simplemente se imagina. Lo mismo pasa con el espacio imaginado, es una dilatación siempre igual (*isotropía*).

Hay una teoría acerca del espacio sólo accesible desde el pensar, no desde la imaginación. El espacio de muchas dimensiones –cuatro o diecisiete– no es imaginable. Solamente se puede entender, se puede elaborar una teoría, una idea del espacio, pero no es una imagen del espacio. Nuestra imagen del espacio es la del *espacio euclídeo*, esto es el *espacio tridimensional*. Asimismo, nuestra imagen del tiempo es la del *flujo* –digámoslo así–, que no varía. Tanto el espacio como el tiempo son imágenes muy altas, porque son –insisto– la justificación de la proporcionalidad en sí misma. Cuando una regla proporcional se aplica a sí misma se representa una igualdad y un despliegue. Podemos dividir el tiempo en períodos iguales precisamente porque podemos imaginarlo. Ese dividir el tiempo es la proporción. La proporción interna es la representación del tiempo.

*Representar es lo propio de la imaginación en su nivel más alto,* es decir, un desarrollo y perfeccionamiento de su carácter proporcional o asociativo. Un ejemplo de la imaginación en el nivel de determinación superior al eidético, es la atribución de una pata a un caballo cuando sólo se percibe la pata y no todo el animal; entonces ha funcionado la imaginación de tipo *proporcional*. Si bien no tenemos la percepción de todo el caballo completo, nos damos cuenta de que es la pata de un caballo, porque antes hemos tenido una percepción completa del caballo. No es un recuerdo, ni una percepción parcial; es una proporción imaginativa.

Otro ejemplo, cuando decimos «mayor o menor» estamos utilizando la imaginación *asociativa*. *La imaginación proporcional identifica el todo viendo sólo una parte. La imaginación asociativa permite comparar objetos*: se presenta a un niño de cierta edad un recipiente con agua y seguidamente se le enseña otro recipiente vacío de distinta forma, en el cual se vierte la misma cantidad de agua que tenía el primer recipiente. Entonces se le dice: ¿Dónde hay más agua, en el primer recipiente o en este otro que hemos llenado? Si el niño responde que es igual cantidad de agua, ha tenido que funcionar su imaginación proporcional, más allá de la eidética. De lo contrario no habría podido responder de modo acertado. El niño ha aprendido que hay cierta proporción entre las dimensiones: «Aquí la base es estrecha y acá la base es ancha, pero hay la misma cantidad de agua. Lo que sucede es que cuando la base es ancha la altura del agua disminuye». Es una asociación de imágenes que funciona proporcionalmente, no basta la imaginación eidética.

Hay determinaciones que indiscutiblemente sólo son imaginables y que no se pueden percibir. En cambio, lo característico de los objetos proporcionales es que ofrecen *constantes*. Ante la pregunta: ¿dónde hay más agua, aquí o allá?, lo constante se aprecia como la misma cantidad de agua, relacionando la altura con la base del recipiente.

Si se empleara la inteligencia, se captaría otra cosa. Uno diría: «Mire, esa pregunta está dirigida a la imaginación, pero no a la inteligencia. La inteligencia no la emplea». Si es la misma cantidad de agua, la pregunta tiene sentido referida a la imaginación, por ese mantener la constancia. Pero referida a la cosa misma, no a la figura sino a la cosa misma, eso es simplemente asunto de la inteligencia. O sea, que si un niño es suficientemente inteligente, a quien le dirija esa cuestión le responderá que esa pregunta es una tontería. ¿Por qué? Porque es la misma agua salvo que se haya agregado una cantidad más, pero como usted lo que hace es pasarla de un lado a otro, eso es prueba de que es la misma cantidad, no es otra agua sino la misma. Captar si se ha mantenido constante la cantidad de agua tiene sentido si se puede imaginar *proporcionalmente*. De lo contrario, el niño no entendería nada; se quedaría perplejo, hipnotizado ante la pregunta; sólo podría responder al azar.

Lo característico de las proporciones es que son *fijas*, objetos *estables*. Naturalmente, cuando se trata de reproducciones, es decir, de imaginar el tiempo y el espacio, la fijación es interna. El espacio siempre se dilata igual, el tiempo siempre transcurre igual. El espacio es igual. De manera que si se miden los recipientes habrá la misma cantidad de agua si es la misma medida. El espacio y el tiempo imaginados, reobjetivados, no son el espacio y el tiempo que perciben los sentidos externos.

También se puede hablar de imaginación simbólica[12], aunque no vamos a profundizar en ella por falta de tiempo. Lo que interesa destacar es lo siguiente: desde el punto de vista educativo es necesario pasar al nivel imaginativo superior. La imaginación es educable porque es *desarrollable*. La mejor definición de educar es: *ayudar a crecer*[13], que, como ya se dijo, es la definición dada por un gran pedagogo: Tomás Alvira.

Se puede ayudar a que crezca la imaginación, teniendo en cuenta que es la imaginación del otro, y no hay posibilidad de intervenir en ella. La educación consistiría en decir algo así como «yo te voy a ayudar a ver si llegas, pero tienes que llegar tú». El aprendizaje casi es utópico porque es difícil ayudar a crecer, y hay mucha gente, además, que se niega a aprender. Que en una Universidad haya una Facultad de Ciencias de la Educación es im-

---

12. Distingo los símbolos de la imaginación, usados frecuentemente en la literatura por ejemplo, de los símbolos ideales, que son propios de la inteligencia. Cfr. al respecto: *Nietzsche como pensador de dualidades*, cap. VI.
13. Recomiendo asimismo al respecto la lectura de mi libro *La persona humana y su crecimiento*.

portante porque el aprendizaje es sumamente difícil, y porque los profesores son los que tienen que aprender a ayudar a crecer, que es una de las ideas intrínsecas del aprendizaje.

¿Cómo se ayuda a crecer corporalmente? Proporcionando al niño una buena alimentación. Pero el encargado de crecer es él mismo; uno desde fuera no lo puede hacer crecer, lo cual sería crear el crecer. Sin embargo, uno sí puede ayudar al crecimiento proporcionando una alimentación equilibrada. Pues bien, *la imaginación es más susceptible de crecimiento que el cuerpo, y su crecimiento depende de su educación.*

## 6. Educar la imaginación

Dentro de las etapas de la imaginación[14] tenemos un claro ejemplo de crecimiento distinto del orgánico, un crecimiento cognoscitivo, un paso de un nivel de objetivación a otro superior. Este

14. N.E.: La imaginación tiene distintos grados: la *eidética*, la *proporcional*, la *asociativa*, la *constructiva* y la *simbólica*. La imaginación *eidética* es aquella que corresponde a los sueños humanos y se da, por tanto, de forma desordenada. Este grado de la imaginación es el que se encuentra más próximo a los sentidos externos. Por su parte, la imaginación *proporcional* es aquella que ayuda a captar la proporción de los objetos percibidos; que la imaginación sea proporcional la hace también *asociativa*, ya que asociar es extender la proporción, es decir, la imaginación asociativa es una manera de captar la proporción. Este grado de imaginación es considerado por Polo como un cuasi razonamiento. Superior es la imaginación *constructiva*, que consiste en la aplicación de una regla proporcional a sí misma, es la imaginación que permite al hombre construir objetos, es la que hace al hombre *homo faber*. Finalmente, el hombre es capaz de llegar a la imaginación *simbólica*, que es aquella que permite confeccionar símbolos. Es la imaginación que permite postular la generalización de la imaginación constructiva en la línea de la semejanza llevando al simbolismo imaginario. Cfr. POLO, L., *Curso de teoría del conocimiento I*, en *Obras Completas*, Serie A, vol. IV, Eunsa, Pamplona, 2015.

crecimiento tiene lugar, precisamente, en una fase de la existencia humana: en la *adolescencia*. Hacia los 20 o 22 años, la imaginación ha crecido todo lo que debía crecer, y ya no crece más. Por eso, si a lo largo de los años se aprovecha el tiempo, la imaginación queda en un nivel apropiado. Por tanto, más allá de una cierta edad no es posible ayudar a crecer la imaginación. Por eso se puede decir que la educación de la imaginación tiene un sentido cognoscitivo, pero también tiene un sentido voluntario desde el punto de vista práctico.

La educación de la imaginación es muy importante en la educación del adolescente, porque si la imaginación no alcanza su nivel máximo, la inteligencia funcionará mal[15]. La inteligencia depende de lo que se le dé para abstraer, porque *la inteligencia empieza abstrayendo a partir de las imágenes*[16]. La inteligencia depende de lo que se le dé, por eso es un error tremendo estropear la imaginación.

También es un error pedagógico intentar aprender teoría de conjuntos en los cursos básicos de la primera fase de la enseñanza; porque hay conceptos que se deben aprender cuando la imaginación ya está formada. Así son, por ejemplo, los conceptos de la

---

15. N.E.: Por este motivo Leonardo Polo sostiene que, "en rigor, las diferencias de inteligencia son diferencias de imaginación, porque la inteligencia es abstractiva a partir de imágenes (si no hay tales imágenes el entendimiento no puede abstraer). Todos los hombres somos inteligentes, pero no todos tenemos una imaginación del mismo rango y, dada la dependencia indicada, tampoco funcionalmente tenemos la misma inteligencia". POLO, L., *Curso de teoría del conocimiento I*, p. 296.

16. N.E.: Esta idea se encuentra también en la filosofía aristotélico-tomista: "El inteligir parece algo particularmente exclusivo de ella; pero ni esto siquiera podrá tener lugar sin el cuerpo si es que se trata de un cierto tipo de imaginación o de algo que no se da sin imaginación". ARISTÓTELES, *Acerca del alma*, I, 1, 403a. "El entendimiento recibe necesariamente lo que le suministran las facultades aprensivas inferiores, y así, perturbadas la imaginación, o la estimativa, o la memoria, por necesidad se resiente también de ello la acción del entendimiento". TOMÁS DE AQUINO, *Summa Theologiae*, I, q. 115, a. 4.

geometría, los cuales sólo se pueden entender con la imaginación formada, es decir, a los 14 años más o menos. Si no se entienden esos conceptos, si hay que enseñarlos lentamente, quiere decir que hay un bajo nivel educativo. La consecuencia es un nivel bajo de imaginación, un predominio descarado de lo eidético y, correlativamente, una pérdida de capacidad intelectual.

Por otra parte, la imaginación no se puede sustituir por una calculadora. En cambio, las reglas lógicas, las reglas de cálculo lógico, ésas sí se pueden meter en una calculadora porque *en cierto sentido es correcto hablar de una inteligencia artificial.* En cambio, *no es posible hablar de una imaginación artificial,* porque el organismo no es una máquina. Las constantes de la imaginación no son lógicas, son de otro tipo, pero son fijas.

La cuestión, pues, queda suficientemente planteada. En primer lugar hay que estar un poco más atentos. No conviene dejar que los hijos sueñen despiertos demasiado, pero tampoco se puede constreñir su actividad. Es mejor tratar de distraerlos, de sacarlos de esa situación de ensimismamiento, ya que de lo contrario la persona se vuelve irrealista. La segunda observación es que se debe educar de acuerdo al nivel —eso les corresponde a los maestros—. Así, por ejemplo, los problemas de geometría euclídea no se deben proporcionar antes de los 13 o 14 años. En cambio, los de álgebra se deben aprender después de los 13. Hay que tener en cuenta que *el antecedente de la inteligencia es la imaginación,* y para que la inteligencia pueda funcionar con toda su energía es necesario que la imaginación haya llegado hasta el nivel máximo al que puede llegar.

## 7. Deformación de la imaginación

Una última recomendación: la televisión deseduca bastante la imaginación, pues contribuye a que vuelva al nivel eidético. Es notable ver cómo, en la cultura actual, la gente tiene una imaginación menos educada, menos desarrollada que en otras épocas, y esto es por causa de la televisión. En primer lugar se puede decir que la televisión no educa a la imaginación porque es *fascinante*. Su fin es fascinar, no organizar nada.

Los programas televisivos son discontinuos y bastante deseducativos, no hay armonía en la programación, y por ello es conveniente no estar expuestos a ellos durante mucho tiempo. Lo mismo sucede con los *periódicos*. Si los periodistas no componen bien una página de periódico, éste no es educativo. El que un periódico esté bien compuesto es una cuestión proporcional.

En el ambiente actual hay pocos elementos educativos de la imaginación. Sin embargo, hay algo que sí puede ayudar a educarla siempre y cuando se le haga al niño alguna reflexión sobre el asunto. Se trata de cierto tipo de cine, cierto tipo de películas. Hay figuras que están bien montadas, que tienen un buen montaje de tiempo. El montaje consiste en lo siguiente: en contar la historia en un tiempo inferior al real, para lo cual, obviamente, hay que cortar y saber enlazar los cortes. Hay que recortar para que la imaginación complete el desarrollo de la escena. Pongamos un ejemplo: en una primera escena se ve a una persona frente a una escalera; luego se ve a la persona al pie de la escalera; en la siguiente escena se ve a la misma persona arriba de la escalera. Para que esto sea comprensible perceptivamente es necesaria la imaginación, hay que emplear la imaginación para suponer que la persona, pasado cierto tiempo, ha llegado al otro extremo de la escalera. Eso se ha logrado porque se ha sabido cortar el tiempo innecesario. Si se hubiera filmado la manera como la persona sube la escalera, habría más demora en la escena.

Por ejemplo, la técnica de Hitchcock, tan apreciada en sus películas, es aquélla en la que se va alternando el tiempo lento con el tiempo rápido. El paso del tiempo del montaje al tiempo real produce alarma, sorpresa, la sensación de que en cualquier momento puede pasar algo, lo cual se logra precisamente por los contrastes de tiempo. Si la película se hiciera sólo con un tipo de tiempo se sabrían todos los pasos y no habría suspense; no se nos ocurriría que puede pasar algo inesperado. Las buenas películas exigen que la imaginación se ponga en marcha, que funcione la imaginación proporcional y no simplemente la imaginación eidética. Una película puramente eidética no es una buena película; no tiene un buen director.

En definitiva, podemos ayudar mucho al crecimiento de la imaginación, pero es claro que desarrollarla, educarla, le corresponde a cada uno. Por ejemplo, el maestro puede ayudar a distinguir las figuras de un tamaño y de otro, y sugerirle: «coloca estas figuras aquí y éstas otras allá». Se establece, entonces, una asociación, una imaginación asociativa por contrastes, lo cual se puede hacer también en las distintas materias que se enseñan.

# V

# Educar la imaginación para educar la inteligencia

## 1. Reglas imaginativas y reglas lógicas

En el capítulo precedente se trató de la imaginación. Se dio una descripción de cómo la imaginación va progresando, planeando, objetivando de una manera cada vez más perfecta. Como esa imaginación es algo que va creciendo en el sujeto, tiene sentido el que se le ayude, pues sin ese intento de ayudar a crecer, no se consigue quemar etapas, como se suele decir.

El desarrollo de la imaginación empieza –indicábamos– a partir de la llamada imaginación *eidética*, que es una imaginación pegada a la percepción; pero precisamente por no ser percepción es muy caprichosa, no tiene todavía una ordenación. Esas imágenes no están organizadas de una manera fija, estable.

Casi todas las personas llegan a desarrollar la imaginación hasta el nivel *proporcional*, modalidad que incluye la *asociación*. La asociación se hace con cierta regularidad, pero hay que distinguirla de la regularidad de la lógica. El razonamiento lógico es una operación que se realiza con la actividad de la mente, no con la imaginación, ya que ésta puede ser loca y arbitraria, aunque también proporcional o asociativa.

Si la mente se fiara demasiado de la imaginación, lo cual sucedería cuando todavía el desarrollo mental es escaso, se incurriría en unas argumentaciones o pseudo-argumentaciones un tanto extrañas. Sin embargo, *no conviene interrumpir el desarrollo de la imaginación proporcional con la lógica*. Es preferible esperar a que esa fase se haya desarrollado para seguir con formalizaciones de tipo lógico.

Tal como señalamos, después de la imaginación proporcional viene otro nivel que se podría llamar *representativo*. Este nivel es aquél en que se objetiva el *tiempo isocrónico* y el *espacio isomorfo*, es decir, un espacio y un tiempo siempre iguales e infinitos[1]; que no tienen límites ni bordes –por así decirlo–. La imagen del espacio es superior a una imagen proporcional. En cuanto al tiempo pasa lo mismo: la imagen se autorregula. El tiempo tal como lo conoce la imaginación es un fluir siempre igual.

Con todo, aunque la imaginación posea cierta regularidad, hay diferencia entre el razonamiento lógico y la formalización imaginativa. Un niño hasta los 6 o 7 años puede desarrollar la imaginación proporcional y ponerse en condiciones de llegar a conclusiones lógicas. Por ejemplo: se enseñan a un niño tres recipientes, A, B y C, de similar aspecto y no se pesan, y entonces se pregunta al niño: «¿seguro que esta caja es más pequeña o pesa menos que esta otra?», «¿A es más ligero que B y más pesado que C?».

Cuando esta comparación se hace mostrándole objetos, cosas, es evidente que el niño puede contestar esto: «no son iguales, son

---

1. Estas imágenes del espacio y tiempo son aquéllas de las que Newton habla como del *sensorium Dei*, los sentidos de Dios; como su *longa manus*, larga mano. Son también el espacio y el tiempo, tal como los entiende Kant al considerarlos *formas a priori de la sensibilidad*. Sin embargo, hay que distinguir entre el espacio y el tiempo *imaginados* y el espacio y tiempo reales *percibidos* por los sentidos externos. A ello aludo en mi citada obra de *Curso de teoría del conocimiento*.

de diferente tamaño». En este ejemplo aparece la palabra «ligero» y la palabra «pesado». Todo eso es imaginable. Si el niño tiene experiencia de lo que es más ligero y de lo que es más pesado, la imaginación está bastante educada, pues está en capacidad de establecer asociaciones, comparaciones, y, además, entre ligero y pesado también hay contraste.

Lo que se le podría ocurrir al niño es decir: «ligero se refiere a A y B porque la palabra «ligero» aparece en A y B; en cambio, la palabra «pesado» aparece en C». Pero aun así, el «más pesado que C» se refiere a A, puesto que se dice que «A es más ligero que B, pero más pesado que C». Entonces ocurre que se asocia A y B desde el punto de vista de ligero, y A y C desde el punto de vista de lo pesado. Por tanto, el niño saca la conclusión de que si A pertenece a los ligeros y a los pesados, pues es menos pesado que C, siendo que éste está asociado como pesado y no aparece entre los ligeros, por lo tanto C es el que tendrá más peso.

Por otra parte, como A aparece como ligero y también como pesado, A será el que pesa menos que C, y como A pesa menos que B, éste será el más ligero porque sólo aparece en ese grupo, no en el de los pesados. Cuando hablamos de pesados figuran A y C, pero no B. Evidentemente esta solución es un error lógico. Eso de decir que C es el más pesado y que B es el más ligero es absurdo desde el punto de vista lógico. Desde este punto de vista habría que decir: si A es más ligero que B, entonces, B es más pesado que A, y si a su vez A es más pesado que C, entonces lo menos pesado es C. Esto es lo que se ve lógicamente; sin embargo, el niño no lo objetiva así, sino que pretende hacerlo por medio de la imaginación asociativa.

Se puede decir lo que mencionaba *La Codorniz*, una revista humorística española del siglo XX que tuvo una época bastante expansiva y que después pasó de moda. Aquella revista solía decir que «los niños son esos locos pequeñitos que andan por ahí». Esta frase es de tipo humorístico –dentro del humor característico de los años 1950–. Sin embargo, no es oportuno decir que ese niño está loco, admirarse de cómo se le puede ocurrir sacar esas conclusiones, sino que como ya usa la imaginación lo que cabe decir es que *el niño no tiene reglas formales lógicas*, y que lo que tiene son *reglas formales imaginativas*.

¿En qué se diferencian las reglas formales lógicas de las reglas imaginativas? En que *las reglas formales lógicas permiten unas comparaciones generales*, es decir, establecen relaciones *en general*. La imaginación, en cambio, no puede hacerlo, pues *la imaginación establece asociaciones concretas*, que no son perfectivas, pero en las que se puede introducir la perfección. La imaginación objetiva hace asociaciones; hay en ella algo así como relaciones.

No obstante, esas relaciones no se toman formalmente como tal; no se generalizan, sino que solamente se ven en concreto. Se objetiva o se conoce en concreto, y eso es justamente lo que pasa con el ejemplo aludido: son ligeros A y B y son pesados C y A puesto que C no lo contrastamos con B, sino con A. B, entonces, es el más ligero porque sólo está en el nivel de ligeros, y C es el más pesado porque sólo está entre los pesados.

Para ver cómo funciona la imaginación del niño en un nivel un poco inferior, se puede hacer también otro experimento: se le enseña al niño un alambre donde están insertadas tres cuentas o tres ruedritas, blanca en medio, verde a la izquierda y roja a la derecha –al poner este ejemplo los niños del norte de España dicen inmediatamente que «son los colores de la Ikurriña»–. Establecen, por tanto, una asociación de imágenes. Entonces se le dice al niño: «mira, estas cuentas están insertadas de esta manera. Ahora voy a cambiar una por otra sin que lo veas (porque si lo ve funciona la percepción y no la imaginación), voy a darle vuelta al alambre, y van a cambiar de posición los colores. Si el alambre está así, pero le damos una vuelta de 180 grados, ¿cuál es la primera que saldrá por la derecha?».

Si el niño no se da cuenta, es decir, si no sabe responder, es señal de que su imaginación proporcional aún no existe, o que todavía está en un nivel eidético, porque la imaginación proporcional funciona con formas fijas –las representaciones son formas más fijas–, unas formas que permanecen constantes aunque cambien de posición. Para captar la forma fija en el ejemplo, hay que tener simplemente en cuenta la relación o situación entre las tres bolas. Si el niño no sabe responder es porque su imaginación todavía está en un nivel eidético. En cambio, si responde dirá: «aquí hay un cambio, pero como la estructura o conexión entre las bolas es la misma. Si antes la primera que salía por la derecha era la roja, como se le he dado vuelta, ahora la primera que saldrá por la derecha será la verde».

En este caso se nota que el niño tiene una imaginación proporcional, que está fijando formas. A estas formas de la imaginación las voy a llamar *figuras* para evitar equívocos. El niño tiene una *figuración*, una manera de figurar que está estabilizada, pues se da cuenta de que si doy vuelta al alambre, el verde estará donde se encontraba antes el rojo y el rojo estará donde se encontraba antes el verde, de modo que si antes salía por la derecha el rojo, ahora saldrá el verde.

Se puede seguir diciendo al niño que se le darán más vueltas al alambre, hasta el momento en el que el niño no sepa la regla de las vueltas. Sin embargo, el responder es un asunto lógico: si la vuelta es de 180° entonces cambia, en vez de salir primero la roja sale por ese lado la verde; pero si la vuelta es de 360° la situación será la misma y, por lo tanto, sale roja; siempre que el giro sea 180° o un múltiplo par de 180° cambia, pero si es de 360° o un múltiplo de 360° no; si las vueltas son pares se repite la situación y si son impares, cambia. Sin embargo, esa regla es ya una regla general y no la objetiva el niño. Éste puede llegar a acertar alguna vez, pero sólo por azar. Si el niño está interesado en el asunto y quiere dar una respuesta lógica es posible que se confunda.

Uno de los axiomas de Gilbert señala que «si A está entre B y C, también está entre C y B». Ésta es la teoría general de espacios euclídeos. Por lo tanto, A no puede salir la primera. Ésta es la conclusión inmediata de la aplicación del axioma de Gilbert, pero el niño no llega a esa conclusión porque en él no aparece el axioma de Gilbert. Sólo imagina pero todavía no razona. Si razonara sería lógico, diría: «es claro que en este caso no sale la roja».

Con el ejemplo citado se puede apreciar que, efectivamente, *imaginar no es lo mismo que pensar, pero a su vez, que el pensar es algo que funciona bien si se ha desarrollado adecuadamente la imaginación.* Está muy claro que conviene educar la imaginación. Desde el punto de vista teórico, en la formación intelectual del niño la formación de la imaginación puede tener un lugar precedente.

Una manera de educar la imaginación del niño es ir dándole cosas para que las asocie, por ejemplo, laminitas en las que aparecen partes de animales. En este caso se le enseñarían primero varios animales y después de que el niño los ha observado se le muestra solamente el trozo de uno para verificar si dice correctamente a qué animal pertenece la lámina que se le mostró. Como no se le enseña el animal entero, el niño tiene que reconstituirlo, lo cual puede hacerlo únicamente con la imaginación proporcional. Se le enseña así a establecer asociaciones, a ejercitar la imaginación proporcional. Con esta serie de cosas uno va enseñándole al niño y al mismo tiempo uno se va enterando de cómo el niño va desarrollando su imaginación.

## 2. Imaginación y geometría

Como señalamos en el epígrafe precedente, la imaginación es central en la vida, porque si no está bien desarrollada la conexión de la inteligencia con ella es muy pobre y, por lo tanto, la inteligencia humana se puede desarrollar poco. Cabe resaltar, sin embargo, que *la inteligencia humana se desarrolle mucho más que la imaginación, pues esta última tiene un tope, en cambio la inteligencia tiene un crecimiento irrestricto*[2]. Una facultad orgánica, como es el caso de la imaginación, puede crecer hasta cierto punto. En cambio, como la inteligencia es una «facultad» *inorgánica* –la llamo «facultad» por llamarla de alguna manera, puesto que la inteligencia está íntimamente unida al ser humano–, es susceptible de un crecimiento ilimitado[3]. En contrapartida, llega un momento en que la imaginación ya no puede crecer más, sino que se para y no da más de sí. Por muy bien hecho que esté el cerebro humano (soporte sensible de la imaginación), establece sus conexiones neuronales hasta un determinado

2. Esta tesis se puede formular de modo axiomático. En mi *Curso de teoría del conocimiento* lo llamo *axioma de la culminación*, que se puede expresar diciendo que la inteligencia es una facultad susceptible de crecimiento irrestricto porque es capaz de hábitos.

3. N.E.: en múltiples oportunidades la obra poliana se refiere a este crecimiento irrestricto de las potencias inmateriales del alma: "El crecimiento orgánico es siempre limitado. En cambio, el crecimiento de los hábitos es ilimitado… mientras el hombre vive, puede crecer en sus facultades espirituales, siempre puede ir a más". POLO, L., *La esencia del hombre*, p. 143. "El hombre es un ser capaz de crecimiento irrestricto, un ser que nunca acaba de crecer". *Quién es el hombre*, p. 97. "La inteligencia es perfeccionable todavía en cuanto potencia más allá de su conocimiento de objetos. Y este nuevo perfeccionamiento es lo que se llama un hábito… Por su parte, los hábitos de la voluntad, las virtudes morales, la fortalecen, la liberan de sus veleidades y la hacen capaz de la tenacidad del amor fiel, es decir, siempre creciente". *La persona humana y su crecimiento*, en *Obras Completas*, Serie A, vol. XIII, Eunsa, Pamplona, 2015, p. 58. "El hombre es capaz de crecimiento irrestricto. El paso de la naturaleza a la esencia es del orden del crecimiento". *Persona y libertad*, p. 100. "Corresponde con un modo de temporalidad vivida que es el *crecimiento*, claramente distinto del mero transcurso. Crecer es el modo más intenso de aprovechar el tiempo, es decir, de ponerlo al servicio de la vida. Conviene señalar que el hombre es capaz de un crecimiento irrestricto". *Epistemología, creación y divinidad*, p. 113.

momento y nada más. Por eso hay que aprovechar las conexiones neuronales casi al máximo. *La facultad de la imaginación tiene como soporte orgánico las neuronas libres o corticales.* Para comprobar cómo está la imaginación del niño en el nivel más alto que hemos visto hasta el momento, el del espacio y el tiempo, hace falta enseñar geometría euclídea. Con juegos, con asociaciones, con construcciones se puede desarrollar la imaginación proporcional, pero una vez que se ha llegado al más alto nivel hay que enseñar esa geometría. De lo contrario, el niño nunca formará imágenes de alto nivel, por encima del proporcional. Debe quedar claro este asunto, pues no cabe confiar en un desarrollo espontáneo del niño. Aquí no hay nada de espontaneidad. Hay que ayudar al niño a que desarrolle su propia imaginación cognoscitiva. Evidentemente, hacer posible esta educación requiere que se cuente con profesores preparados para hacerlo.

Es muy conveniente el estudio de la geometría euclídea, porque con ella es posible formar la imagen del espacio y del tiempo. Es necesario enseñar al niño a usar la regla y el compás; enseñarle a hacer un plano para que se dé cuenta de lo que es, e igualmente se dé cuenta de que hay figuras en el plano y que incluso se pueden hacer otras figuras en él. El niño, asimismo, puede ir captando el tiempo a través del compás. El tiempo en la imaginación es siempre igual, es regular.

En el caso de un niño de 10 o 12 años es factible que capte el tiempo y que su imaginación se vaya ejerciendo, pero se le puede ayudar más si se le da un compás para que construya una circunferencia y no una recta, porque con ésta la regularidad del tiempo se ve menos. Si yo trazo una línea recta me doy cuenta de la constancia de la dirección, que es una posible definición de recta, o una posible manera de determinar qué significa una recta en cuanto ésta es un objeto imaginado, o en cuanto se tiene una imagen de la recta y no sólo una percepción o una visualización de la recta;

el que la recta obedezca o que esté trazada de una manera regular desde el punto de vista del tiempo, eso no se capta.

En cambio, en el trazo de la circunferencia, la regularidad del tiempo se puede ver mejor; se puede ver que el tiempo es regular, que es una regla, que es un esquema, que es un objeto imaginable. Bueno, si el niño no acaba de verlo se le puede inducir a verlo diciéndole algo así como: «mira, hay una figura que es muy bonita, una figura que es redonda y se logra con el compás». Entonces, el niño hace un recorrido con el compás y se da cuenta de que ese recorrido se da de una manera fija, es lo que ha permitido generar una circunferencia; la fijeza del radio, la fijeza espacial junto con la posibilidad de que un trazado temporal sea estrictamente regular es lo que logra la circunferencia desde el punto de vista de la imaginación.

¿Quién fue el primero que propuso que las líneas rectas eran regulares según el tiempo? Fue Newton, y lo hizo estableciendo el principio de inercia[4]. El principio de inercia es la regularidad de la recta, y eso lo descubrió Newton gracias a que tenía una gran imaginación –lo cual es evidente–. Pero en esa propuesta también hay un razonamiento, pues allí hay una aplicación, un traspaso del tiempo al espacio y una mediación, una averiguación de la regularidad. Definitivamente tiene que darse una aplicación de la regularidad. La imagen de la regularidad del tiempo aplicada a la recta es el principio de inercia. No hace falta explicarle este principio a un niño, y si se le explica y no lo capta no hay que preocuparse porque lo comprenderá más adelante.

Hay cosas en la geometría euclídea que son muy buenas para enseñar. Podemos poner el ejemplo de la bisectriz. Una de las figuras más interesantes en geometría es el triángulo, porque es la

---

4. Este principio pertenece a su obra *Philosophiae naturalis principia mathematica*, Trinity College, Cambridge, 1686.

primera figura que cierra el espacio con tres segmentos, salvo que
una recta sea paralela. El triángulo como figura cerrada es elemental, es una figura en la que uno se puede fijar y sacar muchas
conclusiones, porque tiene muchas propiedades. Es indudable que
resulta difícil mostrarle algunas cosas a un chico de 13 o 14 años.
Por ejemplo: la suma de los puntos integrales, el postulado de las
paralelas según Euclides, etc. Para que las capte hace falta alguna
argumentación. No pasa lo mismo con la noción de bisectriz, que
es imaginable.

Se entiende por bisectriz la recta que divide en dos partes iguales un triángulo, es decir, divide el ángulo en dos ángulos iguales
y, por lo tanto, todos los puntos proyectados en ella tienen la misma distancia respecto de los lados del ángulo. Es bastante intuitivo
ver que dos bisectrices se cortan. Un niño lo ve enseguida. Aunque
no lo sepa argumentar lo intuye imaginativamente.

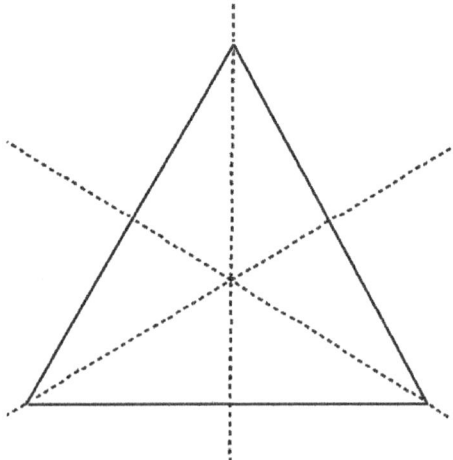

Podemos luego formar el siguiente teorema: las bisectrices del
triángulo coinciden en un punto. Hay un punto interior en el
triángulo que es común a los tres o que es de los tres, que equidista
de los tres lados. Aquí ya tenemos una pequeña argumentación

elementalmente lógica, pero que está revestida de regularidades imaginables. Evidentemente eso no se ve; se imagina pero no se ve. Al imaginarlo se puede pensar y al pensarlo se puede imaginar. Aquí hay una interconexión entre el uso de la lógica a un nivel muy elemental, y el uso de la imaginación a un nivel muy alto.

¿Qué ventaja tiene educar la imaginación según se ha propuesto? La utilidad que tiene depende de los niños. Si ha habido habilidad por parte del educador, entonces es manifiesto que el niño habrá puesto *interés*, que se habrá despertado, que se habrá dado cuenta de que todo esto es un reto para él. Sin embargo, tratar de que el niño aprenda algo que no le interesa es prácticamente imposible. ¿Cómo se despierta el interés? ¿Qué significa interés? Eso hay que estudiarlo junto con la *valoración*. El interés tiene que ver con la valoración; educar en la valoración es ir desarrollando el interés del niño.

Por otra parte, el interés es algo innato en el ser humano desde el principio de su vida. Lo importante es que el niño capte primero un teorema elemental y después se le anime a seguir intentando realizar más operaciones matemáticas. Así, por ejemplo, continuando con el ejemplo señalado, se puede invitar al niño a que trace las medianas. La mediana es el punto medio, es la perpendicularidad del punto medio. Si las mediatrices están bien, coinciden en el punto, y a veces también las bisectrices, puesto que todos los puntos equidistan. Es recomendable que el niño realice estas pequeñas operaciones, ya que si lo hace, entonces tiene la satisfacción de que puede llegar a realizar las mismas operaciones que el maestro, y que puede pensar por su cuenta.

Naturalmente esta actitud denota que el niño tiene interés, lo cual es importante. *Es fundamental que el niño sea consciente de que hay cosas que puede pensar por su cuenta*, de que puede descubrir y argumentar por su cuenta. *Sin embargo, el niño solo prácticamente no aprende nada, tiene que ser ayudado siempre*. La tesis de Rousseau de que la sociedad estropeaba a la gente, y por tal razón la gente debía desarrollarse por sí misma, es falsa.

## 3. Educar en la verdad

Teniendo en cuenta que la vida humana es una vida racional, guiada por la razón, el niño debe captar la *verdad* en el desarrollo de su vida. La captación de lo verdadero, de lo que necesariamente es así, es algo esencial en la vida humana. *Sin el encuentro con la verdad el hombre no se desarrolla como tal* sino que se queda en la situación de infantilismo y, en consecuencia, a los 30 años es un idiota. Idiota viene de «idio», que significa individuo. Designa lo que es puramente singular, de uno. De ahí el término idiosincrasia. Un idiota es el que no es capaz de incorporarse o enfrentarse con lo general, con lo universal, y por consiguiente, tampoco puede entrar en la vida comunitaria.

*La verdad es una condición de la sociabilidad.* El hombre es un ser sistémico. No se puede desarrollar aislado. Todos los seres humanos se enlazan unos con otros. En cambio, la idiotez es una palabra llena de sentido de aislamiento, y el aislamiento, el querer desarrollarse solo, sin la ayuda de los otros, no se puede lograr. Un individuo que ya es un adulto, que se ha desarrollado fisiológicamente, que gana suficiente dinero, que es autosuficiente, pero no sabe que existe la verdad, es un idiota. Si no sabe que existe la verdad engañará para conseguir sus propósitos, como por ejemplo las *coimas*[5], y ¿por qué no sabe que existe la verdad? Porque nunca la ha visto.

---

5. Coloquialmente, recibe el nombre de «coima» en algunos lugares de Latinoamérica el soborno, el fraude o la corrupción de alguien que recibe dinero por interés particular. En otros lugares se llama «mordida».

Es necesario que en cuanto uno se encuentre con la verdad se la transmita inmediatamente al niño, ayudándole a ver que existen realidades que necesariamente son de determinada manera y no de otra, y que en esto consiste la verdad. Al manifestarle el significado de la verdad, ésta adquiere sentido para él y puede llevarla a la práctica desde el punto de vista de la *veracidad*[6].

Al niño se le puede enseñar a no ser mentiroso, a que no diga mentiras, a que diga lo que piensa. Sin embargo, *la verdad es algo más que decir lo que uno piensa; es más que la simple virtud de la veracidad*, la cual también es importante para la vida. La veracidad es una virtud que crece precisamente en la misma medida en que uno se da cuenta de que existe la verdad. De lo contrario, uno se movería simplemente por unas consideraciones de utilidad que aun con ser importantes no sustituyen a la verdad. *Encontrarse con la verdad, enamorarse de ella, es lo más propio de un ser humano*[7].

Cuando uno ha visto la verdad, por pequeña que sea, por ejemplo la descubierta en la geometría, y percibe, además, esa vinculación inmediata del razonamiento lógico con la imaginación, entonces uno se da cuenta de que es necesariamente así y no puede ser de otra manera. Aristóteles expresa la noción de lo necesario señalando que «hay cosas que son así y sólo pueden ser así», de modo que si quisieran ser de otra manera se les falsificaría y no podrían existir. Un triángulo, por ejemplo, no sería un triángulo si sus bisectrices no interseccionaran en un punto. Hay que tener en cuenta que, como ésta, existen muchas más verdades.

---

6. Una referencia a la virtud de la *veracidad* se puede encontrar en mi libro ya aludido, Ética: hacia una versión moderna de temas clásicos. La veracidad se puede describir como el crecimiento de la voluntad en orden a adaptarse y defender la verdad descubierta por la inteligencia. La veracidad, por tanto, es una virtud de la voluntad.

7. Cfr. mi trabajo «La verdad como inspiración», en *La persona humana y su crecimiento*, pp. 131-138.

¿Por qué es tan importante el tema de la verdad? Porque *el hombre está hecho para la verdad.* Se puede explicar dando un argumento que es central: como el hombre está hecho para la verdad, *debe aspirar siempre a más verdad.* Naturalmente, es así como se puede formar un señor con un buen rendimiento universitario, de modo que pueda llegar a ser un investigador. De lo contrario, nada; sin verdad no hay manera de conseguir investigadores. Es primordial el «amor a la verdad».

Cuando no se capta la verdad lo único coherente es el *convencionalismo.* Todo es convencional para quien nunca ha descubierto la verdad. Sin verdad, se puede pensar que todo es así porque se ha establecido, y que podría haber sido de cualquier otra manera si se hubiese establecido de otra forma. Ese convencionalismo en su última expresión es el *nominalismo,* y en su dimensión práctica es la *sofística.* Sofista es el que argumenta en falso, el que es capaz de convencer a otro sin contar con la verdad. Pero esto también se puede invertir, pues si hay otro que es más hábil en la argumentación retórica, vence. Sofística es aquella forma de argumentar no debida a la imaginación, sino a otra cosa, en la cual hay silogismos débiles.

## 4. El ámbito del interés humano

El hombre —decíamos— es un ser que se distingue también del animal por su imaginación. El animal tiene *imaginación proporcional* pero nunca *imaginación representativa,* por esto es incapaz de representar el *tiempo* y el *espacio* infinitos. Carece de esas imágenes puesto que son superiores a las proporcionales, son autoproporcionales, autorregulativas. Por tanto, el animal nunca podrá ser un geómetra. Eso tiene que ver también con los *intereses.*

En el espacio de la imaginación, que es un espacio vacío, se pueden hacer y trazar figuras, pero ésta es una actividad que desarrolla el hombre y no la puede desarrollar un animal. El espacio vacío no tiene ningún sentido vital para el animal. El animal «conoce» el espacio solamente en la medida en que le sirve para ejercer una conducta, un comportamiento. En el animal, el conocimiento es una parte de su comportamiento. Nunca el animal se detiene a conocer; el animal siempre conoce en orden a comportarse, de tal modo que es la utilidad el rendimiento en el conocimiento. El interés por el conocimiento es propio del ser humano. El animal no puede detenerse a conocer; por ejemplo, no puede objetivar el espacio vacío, porque esta operación comporta el detenerse. El espacio vacío no sirve para la conducta animal. Ante ese espacio el animal se desorientaría completamente.

En el espacio infinito ¿qué tipo de conducta o comportamiento puede ejercer el animal? Ninguno. El espacio vacío no existe en el animal. Por lo tanto, objetivar el espacio vacío es una prerrogativa humana. Como eso se logra a través de la imaginación humana, hay que sentar que ésta llega más allá que la imaginación animal, esto es, a la *representación*, a lo cual el animal no puede llegar. El animal tampoco tiene sentido del tiempo según una regularidad o continuidad. El animal no puede percibir ni captar el tiempo isocrónico. Si él pudiera captar un tiempo indefinido, naturalmente ya no haría nada, pues el comportamiento práctico del animal quedaría en suspenso. De aquí se deduce también que *aprender desde el punto de vista de la capacidad cognoscitiva humana es aprender a suspender el interés práctico*[8], es decir, detenerse en un mundo que si se compara con el mundo de la vida –el mundo en el que el niño ha vivido hasta el momento– es completamente diferente.

8. En mi *Curso de teoría del conocimiento* digo con frases gráficas que «pensar es pararse a pensar», que «pensar es sólo pensar y no hacer nada más», y también, por otra parte, que «el interés por el interés carece de interés». Cfr. el vol. II de la citada obra.

El descubrimiento de la geometría es una novedad realmente notable y tiene mucha importancia en un ser humano. Ayuda a descubrir verdades no manipulables. El hombre se da cuenta que es un ser humano, porque sabe que hay algo que se le resiste en virtud de sí mismo, y que él tiene que respetar y someterse a ello. Sabe que debe admitir una necesidad lógica, una necesidad común natural, y eso no es humillante; no significa de ninguna manera obedecer despóticamente a alguien, ya que la verdad ordena de suyo, y el hombre asiente a esa ordenación connaturalmente.

Volvamos ahora a tratar el tema del *interés*. En primer lugar podemos definir al niño como un ser que tiene un predominio del interés, aunque esto no se mantenga a lo largo de toda su vida. El niño es una persona sumamente atenta, pero sólo sobre lo que le interesa. Por lo tanto, cabe decir que *una de las grandes tareas de los maestros*, uno de los grandes objetivos de la tarea educativa, *es aumentar el área de interés*.

No es conveniente que falte el interés en el niño, tampoco en una persona mayor, pues se hace *egoísta*. El que se encuentra aburrido es precisamente el que no vela más que por sus propios intereses, el que no tiene en cuenta los intereses de los demás, es decir, el que no es solidario y, por ende, es incapaz de colaborar. Hay que mencionar, asimismo, que los intereses se vinculan con la verdad, con la ley, con el carácter regular de las cosas, con los juegos reglamentados, o sea, con el sometimiento a ciertas reglas.

Piaget menciona que el interés indiscutiblemente es muy importante en la educación. Sin embargo, no lo define, aunque debería hacerlo, pero no lo hace debido a que tiene demasiada influencia de Kant. En rigor, la teoría kantiana también es una psicología genética. Algunas de sus observaciones y críticas sobre Kant las hace equivocadamente. Por ejemplo, sostiene que el respeto sale del imperativo categórico, pero esto en realidad no lo dice Kant. Éste más bien señala que el presupuesto del imperativo categórico es el respeto. Piaget sostiene la tesis de Kant. No obstante, la interpreta a su manera y, por lo tanto, en el fondo la tesis ya no es netamente kantiana. O no ha leído la *Crítica de la razón práctica* o la ha tergiversado. A pesar de ello, se puede decir que se mueve en una moral muy kantiana, y por ello, del *hábito* no dice ninguna palabra, a pesar de que los hábitos son muy importantes en la labor educativa.

Con respecto al interés podemos darnos cuenta de que siempre tiene un *componente dual*. El interés no es una unidad sino que es dual. El interés se describe desde el punto de vista subjetivo, digámoslo así, como «interesarse por», y desde el punto de vista objetivo como «lo muy interesante». Esos son los dos ingredientes imprescindibles del interés. El interés surge con la presencia de aquellos dos elementos: el interés, y que haya algo interesante, contiene una dimensión dual que está apoyada en el conocimiento. La objetivación se distingue del sujeto, tiene una dimensión más práctica. Lo interesante es aquello en lo que uno centra el interés.

Correlativamente, cabe resaltar que el interés no se puede sostener unilateralmente. En primer lugar, porque si hay algo interesante, pero no interesa, no es capaz de despertar el interés. En segundo lugar, si hay una intención de interesarse, pero no existe lo interesante, pues tampoco puede interesar. Existe tal relación entre ambos componentes, que si falta uno de esos términos no se puede sostener el otro.

Hablemos ahora de la desaparición del interés. Si uno no se interesa ¿ante qué se encuentra? Como se trata de una relación entre interesarse-interesante, si desaparece alguno de esos elementos, el interés desaparece, y si el interesarse desaparece, se produce el *aburrimiento*, el tedio, tema que llama mucho la atención de los pedagogos y de los tratadistas en pedagogía[9]. El que un niño se aburra cuando se le propone algo es naturalmente señal de fracaso. Si en una clase, por ejemplo, un niño se aburre, es obvio que no le prestará atención al profesor. Entonces el niño sólo pensará en que se acabe la clase. Se produce un tedio total cuando la pérdida del interés es completa. Esta situación sería alarmante en un niño. Sin embargo, no suele ocurrir, porque el niño siempre se interesa por algo. Una persona mayor, en cambio, sí puede pasar por una crisis del interés, que no se interese por algo que es importante para su vida, lo cual es muy preocupante. En el niño quizás no sea tan inquietante, debido a que no está demasiado preparado para interesarse en ese aspecto, que sí es muy importante para la persona adulta.

Los pedagogos le dan muchas vueltas al tema del interés, suelen preguntar sobre la manera de despertarlo en los educandos. Éste también es un problema subjetivo, pues como el maestro se encuentra ante una situación de superioridad no sabe si el niño logra interesarse. Quizá sólo tenga un aparente interés que está enmascarado por el respeto o por el temor, y por eso presta interés, pero es un interés que se dirige simplemente al sujeto y no a la temática. Es conveniente en cierto sentido que haya una cierta desaparición de esa superioridad. Mi consejo en este punto sería que, *en lo posible, los padres y los profesores se hagan muy amigos de sus hijos o alumnos*.

No es nada fácil, para los adultos, ganarse la confianza del niño. Conseguirlo significa que el niño ya no considera al adulto tan superior. Establece, por tanto, una relación de compañerismo, porque la amistad –como recuerda Aristóteles[10]– se da entre igua-

---

9. Kierkegaard también describe acertadamente lo que él llama lucha estética contra el aburrimiento, actividad que termina en la desesperación. He aludido a ello en mi libro *Nietzsche como pensador de dualidades*, cap. II.

10. N.E.: Así lo indica el Estagirita: "Pero la amistad perfecta es la de los hombres buenos e iguales en virtud, pues, en la medida en que son buenos de

les. En la amistad humana, si no hay igualación no hay amistad. Esta semejanza no hace referencia a las posesiones materiales ni al dinero. Si la amistad es entre iguales, es patente que sería muy difícil que se dé y se desarrolle entre gente muy distinta. *Cuando hay amistad no hay aburrimiento*, no hay tedio. El amigo es interesante o procura serlo.

Decíamos que si desaparece el interesarse también desaparece lo interesante; entonces tendríamos el tedio. La desaparición del interés es el tedio. El tedioso convierte en aburridas todas las cosas. Por eso se debe tratar de evitar el tedio, y *la mejor manera de eludirlo es educando en la verdad y tratando de hacer amigos.*

También puede ocurrir al revés, que desaparezca lo interesante, que uno quiera interesarse y no haya nada interesante. Ésa es la definición de la *angustia*. El tema de la angustia, debido a su influjo en psicología y en psiquiatría, ha sido objeto de muchas averiguaciones en torno a tratar con certeza ese concepto. *La angustia es la sensación de encontrarse ante la nada, y esto es precisamente encontrarse ante lo que no tiene interés.* La angustia es una especie de *temor difuso*, es un temor que se relaciona con una situación de suspensión del propio individuo, de quien quiere interesarse y no puede. La angustia tiene un carácter *sentimental* que puede ser global y muy generalizado, por eso es muy importante la educación de los sentimientos[11].

la misma manera quieren el bien el uno del otro, y tales hombres son buenos en sí mismos; y los que quieren el bien de sus amigos por causa de éstos son los mejores amigos, y están así dispuestos a causa de lo que son y no por accidente; de manera que su amistad permanece mientras son buenos, y la virtud es algo estable". ARISTÓTELES, *Ética a Nicómaco*, VIII, 3, 1156b.

11. Recuérdese que la angustia es el sentimiento del espíritu al que recurre Heidegger para manifestar que el sentido del hombre es inalcanzable. Aludo a ello en mi libro *El yo*, en Cuadernos de Anuario Filosófico, Serie Universitaria, n° 170, Servicio de Publicaciones de la Universidad de Navarra, Pamplona,

El que un niño no encuentre nada interesante quizá suceda porque su padre o su madre son aburridos. Por ejemplo, una niña se puede quejar de que su madre no la entiende, de que no entiende ni a ella ni al ambiente ni a las generaciones actuales. Entonces está en una situación en que se produce la suspensión de lo interesante. Hay un afán de interesarse, pero no hay nada interesante; entonces, ante tal situación aparece el drama, un síndrome de angustia. Hay niños que son excesivamente ansiosos, con una codicia curiosa, y otros que no lo son tanto. En general, recordaremos que el interés es la base de todas las relaciones humanas.

## 5. Enseñar a soñar

En la historia de la humanidad se podrían mostrar experiencias donde se aprecia que al ser humano le es muy difícil prescindir de la relación de la imaginación con la percepción, y en general de los niveles inferiores. Naturalmente, si se llega al nivel superior, no por eso se eliminan los inferiores. Hay que tener en cuenta que si se llega a un escalón más alto no por eso se prescinde de los más bajos[12]. Y, además, en el nivel superior cabe que se integren hasta

2004, cap. V (publicado en el primer apartado A. «Síntesis histórica» de la Primera Parte, «El primer miembro del hábito innato de la sindéresis», del segundo tomo la *Antropología trascendental,* pp. 315-322).

12. En mi *Curso de teoría del conocimiento* traduzco axiomáticamente estas tesis. Se trata del *axioma de la jerarquía* y del *axioma de la unificación.* Esto es, que existen diversos niveles cognoscitivos, que son *insustituibles,* y que estos son *unificables.* El conocimiento es jerárquico. El nivel superior se distingue del inferior «cognoscitivamente», es decir, precisamente porque conoce más que el inferior y aquello que el inferior no podía conocer. Pero ello es perfectamente compatible con que los niveles cognoscitivos sean *insustituibles,* es decir, que no porque el superior conozca más prescinde del inferior, sino que se dan los dos y se unifican, y es precisamente el superior el que unifica al inferior. El axioma

cierto punto los inferiores. Esto hay que ligarlo a una cuestión sumamente interesante que es el *desarrollo*.

Ya se comentó que el niño que abusa de la imaginación eidética, incluso llegando a la edad adulta, no desarrolla las otras dimensiones superiores de la imaginación, y que esto es señal de que no se le ha educado correctamente. Sin embargo, sí se puede soñar despierto, pero sabiendo soñar, es decir, regulando el sueño sin que éste sea un caos. Quizá se puede enseñar a soñar, a tener una imaginación ensoñativa sabia.

También se podría hablar de saber proyectar o saber establecer un plan, el cual no tiene unas situaciones muy precisas, pero como obedece a una cierta dirección, ya está regulado, es decir que no sólo es una imagen eidética, sino que ya tiene una regla en la cual interviene la inteligencia, y por eso ya no se sueña caóticamente. Una tarea que podría resultar interesante sería enseñarle a la gente a soñar despierto, a «saber soñar».

Expongamos esto con un ejemplo. Hagamos alusión a la ensoñación del matrimonio por parte de una joven mujer sana moralmente. Tal joven de 19 años sueña con el matrimonio, si es que tiene esta vocación. Lo mismo sucede con un varón en ese estado, sueña con el matrimonio procurando mantenerse íntegro, es decir, guardando la castidad, lo cual significa mantener una orientación y saber esperar la situación futura. Evidentemente, esto es imaginativo y no puede ser perceptivo, porque percibir el futuro es imposible. La imaginación podría, hasta cierto punto, hacerse cargo del futuro en forma de proyecto.

Cuando se sueña se ejerce una actividad. Si decimos que cuando soñamos no hacemos funcionar el cerebro sería una equivoca-

---

de la *jerarquía* en tal obra es el B. Se trata de él en el *Curso de teoría del conocimiento*, I, pp. 149 ss. El de la *insustituibilidad-unificación* es el C. Se estudia en el vol. II, pp. 163 ss.

Educar la imaginación para educar la inteligencia

ción. Soñar significa que una parte del sistema nervioso trabaja por las noches. El cerebro no deja de funcionar durante el sueño. La psicología del sistema nervioso aferente y eferente lo indican, por eso el sueño puede cansar, y llega un momento en que una persona se despierta porque el sistema neuronal ha funcionado el tiempo suficiente y, entonces, se desinhibe la corteza. El ensueño, si es educado, tiene mucho que ver con las ilusiones nobles. San Josemaría Escrivá de Balaguer repetía: «soñad y os quedaréis cortos». Por eso tiene sentido soñar con Dios; no sólo que nos hable en sueños, sino «soñar con Dios»[13]. Esto nos llevaría a la *educación religiosa* en el niño, que es una cuestión fundamental, quizá el ámbito más importante de todos. *La educación religiosa corre y está a cargo en primer lugar de los padres*. Por tal razón el Papa llama a la familia «la iglesia doméstica»[14]. Una familia es

13. A Dios se le puede conocer de muchos modos. Existe un conocimiento *racional* de Dios. También hay un conocimiento *intelectual* de Dios. Es posible, además, conocimiento *personal, antropológico*, de Dios. Y por encima de ellos existe, como es sabido, el conocimiento de Dios que la *fe* proporciona. Y por encima está el *lumen gloriae*. Pero también cabe *soñar* en Dios. Cfr. en torno a este tema: *La inteligencia y el conocimiento de Dios*, Cuadernos de filosofía y teología, Ateneo de teología de Madrid, 1978 (4), pp. 14-23 (N.E. de la Obras Completas: se trata de la publicación: *El conocimiento racional de Dios*, II, Suplemento de Cuadernos de filosofía y teología, Ateneo de Teología de Madrid, Madrid, 1978, n° 4, pp. 1-23; las pp. 14-23 se publicaron como «El tema de la inteligencia», *Miscelánea poliana*, IEFLP, 2009 [24], pp. 9-13; texto corregido y publicado como «Dios y la infinitud de la intelección», *Studia Poliana*, 2012 [14], pp. 13-20; incorporado finalmente en *Epistemología, creación y divinidad, Obras completas*, vol. XXVII, Eunsa, Pamplona, 2015, pp. 63-69); «El descubrimiento de Dios desde el hombre», en *Studia Poliana*, 1999 [1], pp. 11-24 (incorporado en *Epistemología, creación y divinidad*, capítulo VI, § 1: «La libertad personal y los demás trascendentales antropológicos como aperturas al ser divino», pp. 185-196).

14. Cfr. JUAN PABLO II, *Familiaris consortio*, Città del Vaticano, Editrice Vaticana, 1982.

una iglesia, un modo de transmitir, enseñar y educar en la fe. Esta labor lógicamente la pueden hacer los padres siempre y cuando tengan fe y se preocupen por infundirla. Cabe resultar que en la educación de la fe hay valores pedagógicos.

Si hablamos de asuntos en los cuales se debe educar, indiscutiblemente la educación religiosa, la transmisión de la fe, es la más importante de todas, porque *si no se la tiene en cuenta se producen desplomes en la vida de la persona*. También es conveniente mencionar que es necesario *transmitir* la fe, ya que si una generación tiene fe no significa que automáticamente la siguiente la tendrá.

## 6. Lo subjetivo y lo necesario

Decíamos que tiene gran importancia e interés hallar la verdad, porque de encontrarla uno se *compromete* con ella. La verdad desde el punto de vista estrictamente cognoscitivo se caracteriza por eso, por su *necesidad*. Ésa es una caracterización que hace Aristóteles de la verdad, que es muy acertada, aunque no sea completa. Una de las características de la verdad es la necesidad. Es el no poder ser de otra manera, el no poder cambiar arbitrariamente. ¿Qué importancia tiene la verdad desde el punto de vista de la maduración de los jóvenes? La verdad es una manera de disciplina, de tal modo que esa disciplina se acepta sin interferencias subjetivas[15].

Hay una cosa evidentemente clara: *la personalidad de los padres influye normalmente mucho en la personalidad de los hijos*. Cuando estos son pequeños se presenta sobre todo esa tendencia mimética de la cual ya se ha hablado. Por muchas razones los padres influ-

---

15. Mi opinión filosófica acerca de esta postura se puede encontrar en «Los límites del subjetivismo», en *Nuestro Tiempo*, 1973 (234), pp. 54-70 (incluido en *La persona humana y su crecimiento*, capítulo 1, pp. 21-33).

yen bastante en los hijos, y estos se fijan mucho en los padres. Los padres también suponen una pequeña carga para los niños, quienes se dan cuenta de que sus padres son más altos, que no son tan diminutos como ellos, que les miran de arriba hacia abajo. Los niños se encuentran en una cierta situación de inferioridad en relación con sus padres, lo cual de ningún modo es incompatible con el hecho de quererlos. Pero sí comporta cierta presión; el niño está un poco presionado y aún más si se educa de una manera arbitraria. Sin embargo, es mejor si esas presiones se atenúan.

*Es muy importante que haya una cierta despersonalización de la educación*, de que el interés del niño positiva o negativamente no esté determinado por las órdenes de sus padres, sino que esté determinado por un elemento impersonal que es la *verdad*. La verdad es una propiedad que a uno le deja en suspenso por así decirlo, y que tiene una soberana autoridad racional que es objetiva y no subjetiva. Por lo tanto, *la verdad no sojuzga, nunca es humillación*.

Un *equilibrio* entre el aspecto subjetivo y el aspecto objetivo de la educación es mucho mejor que un desequilibrio en favor de lo subjetivo inhibiendo lo objetivo. Es muy conveniente complementar los elementos objetivos con los subjetivos, en primer lugar, porque los objetivos son muy asimilables; tanto que un elemento objetivo se entiende, se capta cuando se está ejerciendo una actividad propia. En virtud de eso incluso intrínsecamente el conocimiento es una *operación inmanente*[16], como se suele decir. El conocimiento es poseído inmanentemente por el niño. Esa posesión

---

16. El primer axioma, el que llamo A, de mi aludida *Teoría del conocimiento* se enuncia así: «el conocimiento es acto». Se trata del axioma central en la teoría del conocimiento. Acto es sinónimo de *operación* inmanente. Cfr. *Curso de teoría del conocimiento*, I, pp. 47 y ss. Esto es un descubrimiento neto de Aristóteles: «pero, cuando las potencias tienen como resultado alguna otra cosa además del uso, su acto está en lo que se hace (por ejemplo, la edificación en lo que se edifica...); pero, cuando no tienen ninguna otra obra sino el acto, el acto

lleva consigo una aceptación si es que es verdadero; y si es así, ésta es, por decirlo de alguna manera, una aceptación sin condiciones. Indudablemente esto es básico para la educación moral.

*Quien no tiene sentido de la verdad tampoco tiene sentido de la ley*, no percibe el valor de una ley, esto es, no se da cuenta de lo que es una ley y de su carácter obligatorio. La ley se debe cumplir porque es ley y no por el hecho de que si no se cumple haya un castigo. Eso sería una subjetivización de la ley. Aristóteles señaló que la ley es un *logos* sin pasiones, es decir, un *logos* impersonal. Por otra parte, *la ley implica un valor educativo que es evidente*. Se debe seguir lo que nos indican las leyes porque nos educan; el niño connaturalmente aprende a captar el valor de la ley.

La *sociabilidad* del niño depende de la captación del valor de la ley, de que sea capaz de darse cuenta de que hay realidades que funcionan en las interconexiones de los sujetos. Interconexiones que no son sólo debidas a las contingencias subjetivas y psicológicas de los sujetos, sino que están reguladas. *La ley rige en sociedad* por lo tanto, para lograr la sociabilidad de un grupo hay que ir educando la sociabilidad. Es obvio que *un niño, en cuanto a la sociabilidad, se educa mejor en familias numerosas que en familias poco numerosas o de un solo hijo.* Éstas constituyen una fórmula mala debido a que la sociabilidad se establece mejor entre hermanos. En el colegio, los profesores llevan el control de los niños al entrar en relación unos con otros y, por tanto, a ellos les corresponde esta labor directamente. No obstante, los padres siempre deben vigilar y estar al tanto del cómo se educa la sociabilidad en un centro educativo.

Al adherirse y respetar la verdad, el educando no sólo deja de depender de caprichos, sino que esa dependencia de la verdad es

---

está en el agente mismo (por ejemplo, la visión en el que ve)», *Metafísica*, l. IX, cap. 8 (BK 1050 a 30-36).

aceptada con todo gusto, porque si bien se está ante algo que es necesariamente así, no obstante esa necesidad no es coactiva. *La verdad no coacciona.* *Se trata de una necesidad que entusiasma*[17], a diferencia de una coacción física tanto cuando está en una ley como cuando está en una actividad práctica, en una actividad fabril, la cual es susceptible de *ars* o retórica.

La verdad también conecta con la geometría, que como condición puede dar lugar a otros sistemas, como por ejemplo, a sistemas de cálculo. Podemos decir que, atendiendo al futuro de la persona, este asunto de la educación de la imaginación es, pues, muy importante.

## 7. Imaginación y trabajo

De acuerdo con lo que hemos dicho anteriormente, los animales no hacen geometría. Las abejas, por ejemplo, si bien es cierto que construyen sus panales con figuras hexagonales, no son conscientes de ello, son incapaces de imaginarse un hexágono. En cambio, el ser humano sí puede hacerlo. La ingeniería es construida, en gran parte, de acuerdo con objetivaciones. En general, la técnica procede de acuerdo con objetivaciones y con ideas; es el aprovechamiento de lo teórico y de lo práctico.

Se puede decir, por tanto, que *la técnica es propiamente humana*. Para ser técnico lo primero que se debe hacer es *imaginar el espacio y el tiempo*, porque si no se imaginan las figuras fijas, que son las figuras de la geometría, no se puede pensar. Sin imaginación no se puede hacer arquitectura, ni en general ningún *ars*.

---

17. La actitud humana ante la verdad es de *admiración*. Cfr. el primer capítulo de mi libro *Introducción a la filosofía,* Eunsa, Pamplona, 1995 (reeditado en *Obras completas,* vol. XII, Eunsa, Pamplona, 2015, pp. 21-61).

La tecnología clásica es una aplicación de la geometría, pues se suelen establecer relaciones proporcionales. Así, una casa se construye con planos donde hay figuras. *Si el hombre es faber es porque tiene imaginación representativa*, y no sólo imaginación eidética y proporcional. La mecánica fue concebida por Aristóteles y por los griegos como un arte, es decir, como algo que únicamente tiene que ver con la tecnología humana, con las máquinas que el hombre construye. La mecánica clásica es racional, sostiene que el mundo es reducible a ella. Por tanto, la mecánica no es un *ars*, sino que considera que el espacio euclídeo –base de la mecánica– es real. Es el espacio del mundo. Tanto se entendía así que Newton lo expresó como un órgano divino, el *sensorium Dei*: Dios crea el universo y el espacio. Es así como empezaría el principio de las cosas. Como es sabido, Newton intentaba explicar las relaciones entre Dios y el mundo, pues ésa fue su preocupación teológica obsesiva[18].

Es completamente distinta la conducta del que sabe geometría respecto del que no sabe. El que desconoce la geometría es el animal y el que la sabe es el hombre, por eso es que, a diferencia del animal, el hombre es capaz de trabajar. *La acción del trabajo es propiamente humana*. El trabajo en su sentido directo empieza con la geometría[19]. El trabajo como producción de artefactos es imposible sin la geometría. Ser capaz de mantenerse, sin perturbaciones, en el nivel de la objetivación del espacio y del tiempo, es condición para la técnica, para la conducta práctica, y, por ende, también para la acción en el sentido de valor social.

---

18. Expongo más la física newtoniana en mi libro *Nietzsche, como pensador de dualidades*, cap. VII.

19. Cfr. mi artículo «Conocimiento y trabajo», en *Cuadernos de Empresa y Humanismo*, Pamplona, 1988 (8), pp. 45-49 (incluido en el capítulo VI, § 6, de *Filosofía y economía*, pp. 337-338).

*Se puede hacer un experimento mediante la privación sensorial para saber si una persona objetiva o no el espacio. Se coloca a una persona en un ámbito en el cual no pueda emplear para nada su percepción. Se le ubica, por ejemplo, en un ambiente semiesférico, que sea todo del mismo color –ya que la percepción y la sensibilidad externa funcionan siempre por contrastes, impactos o diferencias, pues de lo contrario se detiene, deja de objetivar, pues lo monótono no se objetiva–. Cuando todo es igual y no hay ninguna diferencia, ni ruidos, a eso se le llama privación sensorial. Un sujeto normal puede mantenerse en ese ambiente de privación sensorial dos o tres días sin volverse loco, pero no más, pues se le producirían unas fuertes alteraciones nerviosas debido a que su sensibilidad quiere funcionar y no puede, lo cual se agrava si sólo tiene imaginación eidética. En cambio, un hombre que tiene desarrollada su capacidad representativa podría resistir mucho más tiempo.*

Una persona que sabe jugar al ajedrez a ciegas, y que se dedica sólo a jugar la partida de ajedrez, da una sensación de privación sensorial, pero no es así. Tampoco tiene ninguna alteración psíquica, y esto se puede comprobar en la práctica. Este ajedrecista juega con tanta actividad, se concentra tanto, que no se preocupa por estar en un ambiente uniforme. Como se encuentra en otro nivel más importante se concentra en el juego y no en lo demás; lo demás lo suprime. En cierta medida el budismo es una forma de llegar a este estado. Muchas de las prácticas budistas, en el fondo, son un intento de mantenerse en una situación fija; tratan de excluir la sensibilidad, de matar la variación. *Expulsar la variación es encontrar la fijeza, la cual se da ante todo en el espacio y el tiempo.* Naturalmente, si el espacio y el tiempo no están bien asumidos son una situación de privación sensorial y, en consecuencia, allí la sensibilidad no tiene nada que hacer[20].

20. Al respecto se pueden recordar las reacciones de la gente europea cuando aparecieron las tesis de Copérnico, y luego de las Galileo. Estas personas vivían ceñidas a la idea anterior de que el espacio no era euclídeo.

Según Newton, el ser humano está colocado en un universo euclídeo. En esto se apoya la mecánica moderna. Sin embargo, otros pensadores opinan de manera diferente. Hobbes, que también es mecanicista, sostiene que el espacio euclídeo carece de sentido para la vitalidad inferior. Al aceptar la concepción euclídea del universo, la imaginación se detiene y no puede haber allí ningún complemento animal. Lo único que cabe es una concepción de figuras con las cuales se pueda trabajar.

Según lo expuesto, *no es conveniente que una persona se meta en el mundo del trabajo cuando no ha desarrollado su imaginación*. Una persona con imaginación eidética dentro del mundo del trabajo es un problema, pues a esa persona le resulta muy difícil trabajar. No sabe, por ejemplo, qué es una máquina y, por consiguiente, no la sabe manejar. En efecto, la máquina hay que representarla, de lo contrario no se puede construir o manejar, a no ser que estemos en un sistema materialista en el que a un ser humano se le enseñe a actuar sólo según movimientos mecánicos, pero entonces el hombre sería un autómata. Si un ser humano estuviera toda su vida apretando tuercas habría caído en un automatismo, un condicionamiento de la conducta por el cual el hombre actúa de modo automático, y su situación sería muy pobre.

Sin embargo, insisto en que es muy importante llegar a las formalizaciones sin precipitarse. Genéticamente las formalizaciones imaginativas son básicas; después de éstas vienen las formalizaciones lógicas.

# VI

# Educar el interés

## 1. Naturaleza del interés

En el capítulo precedente se aludió al ámbito del interés humano, concretándolo en las actitudes del niño. El estudio del interés en un niño, su manera de vivirlo, así como su desarrollo es decisivo. Pero reparemos un poco más en qué se entiende por interés. Según lo indicado, el interés tiene una estructura dual. En él debemos distinguir entre *el interesarse* y *lo interesante*. Los dos elementos se reclaman. No hay interés si algo no interesa, es decir, si es que no se encuentra algo interesante. Sucede lo mismo al revés: nada es interesante si el interés no se despierta, si las cosas pasan inadvertidas o se consideran indiferentes, aunque puedan ser interesantes para otros.

La mayor parte de las cosas que se deben editar para los niños –por ejemplo, el material escolar–, tienen que tener en cuenta el interés del niño. Además, si se encuentra ese material es porque alguien se ha interesado en él, y al interesarse, lógicamente lo ha desarrollado. Sin embargo, ese material puede considerarse interesante para algunos, pero quizás no para los niños. Para despertar el interés en el niño debemos procurar que este adopte una *actitud inventiva*. No debemos imponerle las cosas, es decir, no conviene imponerle lo interesante, sino tratar de que lo encuentre interesante y lo constituya como tal. Si algo no hubiese sido interesante, no hubiese sido descubierto y no estaría formando parte de los conocimientos de la cultura humana.

Por otra parte, indicaremos las dos situaciones extremas en las que puede caer el hombre adulto en orden al interés. Aquellas dos situaciones extremas son: a) que haya interés y no haya nada interesante, y b) que haya algo interesante y no haya interés. Si no hay interés, lo interesante deja de serlo y, entonces, uno se aburre y viene el tedio.

El aburrimiento, en el fondo, es una situación psicológica cuyo componente sentimental es claro. El estar aburrido es un sentimiento de hastío, de rechazo, de *inhibición*, pues en ese estado no se intenta cambiar nada. En un animal el aburrimiento es muy fácil de detectar. En efecto, como el animal tiene un sistema de intereses muy reducido, cuando no se interesa por nada entonces se duerme. Cuando ha satisfecho sus necesidades básicas suele terminar el interés. El animal tiene este procedimiento que es muy monótono, pero eso se produce justamente porque el interés del animal es –por decirlo de alguna manera– bastante versátil y, además, porque está muy estereotipado.

En cambio, en el ser humano no es exactamente así, porque *el ser humano tiende a la búsqueda de lo interesante huyendo de lo aburrido*. Cuando una persona se aburre, es decir, cuando considera que algo le es impuesto sin interesarle y que, por lo tanto, debe poner un esfuerzo adicional para hacerlo –como le suele suceder a mucha gente ante su trabajo– entonces, apela a lo que se llama «divertirse». En este caso su interés se centra en la diversión. Sin embargo, si la diversión se compara con el trabajo, resulta superficial. Lo que sucede es que *no se ha descubierto el valor intrínseco del trabajo*.

El interés es materia de educación en niños y en adultos. En las personas adultas también cabe una rectificación de su interés, labor que resulta seguramente difícil. Sin embargo, *a través del diálogo o de una comunicación se puede lograr que realmente la gente se despierte*, que empiece a darse cuenta del valor de las cosas, a apreciar que aquello que antes le aburría no es tal.

Por otra parte, es evidente que las cosas en ocasiones pueden resultar aburridas y el ocuparse de ellas puede producir un fastidio a causa de que no se dominan o no se sabe cómo tratarlas. El interés tiene mucho que ver con las *aptitudes*. Por ejemplo, un problema de matemáticas aburre si es que no nos gustan las matemáticas y si no nos han educado en esta materia. En cambio, cuando nos gustan las matemáticas, es interesante, lleva consigo una concentración del interés y constituye un reto.

Lo indicado acerca de los *juegos* se debe relacionar con el interés. Si un niño ha desarrollado su capacidad de juego, es decir, si ha aprendido a jugar, y sabe lo que es un juego, dándose cuenta de que comporta reglas, que las trampas lo destruyen, entonces, quizá sea a partir de ahí desde donde se puede llevar adelante el crecimiento del interés. Se puede empezar por aquellos asuntos que se dominan, en los que da gusto ocuparse, aunque sean difíciles, y que logran interesar porque se persigue el reto y también el éxito.

Asimismo, es muy importante que el niño esté bien centrado en sus sentimientos, en su afectividad, que tenga un ánimo alegre, esperanzado. Una de las formas de aburrimiento que suelen destacar los clásicos es el *estupor*. El estupefacto es aquella persona que desiste de una cosa porque la considera muy difícil, considera que no está a su alcance. Los filósofos tomistas, que han desarrollado mucho este asunto, discurren que estar estupefacto es como estar *retraído*. Si viene el estupor entonces uno se paraliza y desiste. En el niño puede lograrse que la estupefacción desaparezca guiándole un poco, es decir, enseñándole cómo se resuelve un determinado asunto o cómo puede enfrentarse con él, con qué recursos, etc.

El aburrimiento puede sobrevenir como consecuencia de que el asunto no se solucione, de que esté quieto y uno no consiga resultados, lo cual puede ocurrir, por ejemplo, en la oración. Cuando se hace una oración de petición a Dios y esa petición, por así decirlo, no da señales de que sea escuchada –aunque Dios siempre escucha–, entonces puede darse el caso de que esa oración se torne aburrida, y que ese aburrimiento se exponga a modo de queja, diciendo que se está cansado de pedir y que no se recibe. Entonces se desiste de seguir pidiendo. Hay una tendencia a desistir; pero si se tiene suficiente esperanza y se sabe que Dios siempre escucha, y cuando no concede lo que se está pidiendo es porque a lo mejor no conviene, entonces, se insiste porque se sabe que la oración tiene su valor. Esto, evidentemente, comporta firmeza de carácter. Por otra parte, la fortaleza se debe ir formando en correspondencia con la situación psicológica de la persona.

## 2. ¿Cómo fomentar el interés?

Se puede ayudar a despertar el interés mostrando al niño que tal asunto es asequible, que se puede hacer de una manera externa e indirecta, o quizás enseñándole cómo se tratan las cosas con el fin de que pueda aplicar lo que él sabe, lo que se le va enseñando. Al respecto se pueden poner ejemplos de toda clase. Un ejemplo elemental que ofrece Piaget es el que se relaciona con *la formación de la conciencia analítica*, pero que podemos tomarlo ahora desde el punto de vista del interés.

A un niño se le muestran unos vasos con agua y se le enseña también cuatro jeringuillas, las cuales son todas iguales y no se distingue el color del líquido que contienen. Echamos una gota de la primera jeringuilla en el vaso n° 1 y observamos que el agua se tiñe de amarillo. Le decimos entonces al niño: «si ya sabes que esta jeringuilla, por la prueba realizada, tiñe de amarillo, te pido que me digas, con esta colección de jeringuillas, si todas tiñen o no de amarillo y qué efectos producen en el agua».

Un niño que no puede o no se cree capaz de aprender lo que es un procedimiento analítico, quizás es porque dicho procedimiento se refiere a alguna cosa con la cual no consigue ningún resultado, con la cual no puede resolver un problema, y como eso le produce un estado de perplejidad, entonces el niño desiste. También puede ser porque no le gusta y como no le atrae nada, la rechaza y, por lo tanto, se desinteresa. La cuestión es que si el niño se interesa, probará aparte con las otras jeringas y ya no con la anterior, porque sabe que tiñe de amarillo. Pero el niño sin conocimiento de qué sea un análisis intentará seguramente probar las tres en el mismo recipiente, con lo cual no llegará nunca a un resultado satisfactorio que pueda ampliar su interés con el fin de que ese interés luego sea útil para otras cosas y pueda sacar de allí una enseñanza. Si mezcla todo no sabrá lo que sucede.

Ahora bien, si el niño echa una gota de líquido de la segunda jeringuilla en el recipiente n° 2 para observar qué ocurre, si pasa lo mismo, o sea, si se tiñe de amarillo el agua, ello quiere decir que la jeringa tiñe de amarillo; y si no es así, si no tiñe de amarillo y el agua queda igual, es señal de que la jeringuilla tiene un líquido incoloro que no tiñe el agua. Seguidamente veamos qué pasa al verter líquido de una tercera jeringa en el recipiente n° 3. Nos encontramos, pues, con lo mismo, que el líquido es incoloro. Ahora comparemos el recipiente n° 2 con el n° 3. Si el líquido vertido en el n° 3 es incoloro, quizás se deba a que es exactamente igual al líquido vertido en el n° 2. Si el líquido no colorea, entonces deja abierta algunas posibilidades, pues una cosa que no colorea lo es o porque es neutra o porque quita co-

lor. Para comprobar si quita color experimentamos usando agua
con color. Así echamos la jeringuilla n° 2 en el vaso n° 1 que
con tiene agua amarilla. El resultado obtenido es que el amarillo
continúa y, por ende, se puede concluir que se tiene un líquido
incoloro, no decolorante.

Continuando con el experimento, cogemos un vaso n° 4 y le
echamos el líquido de la jeringuilla n° 1 con el fin de que se ponga amarillo para luego verter unas gotas de la jeringuilla n° 3.
Una vez realizado esto comprobamos que el amarillo desaparece.
Entonces podemos concluir que el líquido de la jeringa n° 3 es
un líquido incoloro decolorante. En suma, tenemos dos líquidos
incoloros distintos en las jeringas: un líquido incoloro no decolorante y un líquido incoloro decolorante. Lo que hemos hecho es
un análisis, un procedimiento lógico por así decirlo.

También queda aún otra cosa por averiguar: ¿qué pasa si mez-
clo el n° 2 con el n° 3? Para saberlo vertemos el líquido 2 con
el líquido 3, pero esa combinación puede provocar una reacción
distinta; un líquido incoloro junto con un decolorante puede dar
lugar a un color azul, y si ocurre esto diríamos: la combinación de
2 con 3 da lugar a un color azul. Pero a lo mejor no sucede tal cosa
y tenemos que 2 más 3 da como resultado incoloro. En definitiva,
cualquiera que fuera el resultado se obtienen conclusiones, se están
determinando las propiedades de cada uno de los líquidos, y el
determinarlas de una manera analítica es ya algo más que imaginarlo; es razonarlo analíticamente, es decir, empezar a aprender lo
que es un método empírico.

Si el niño lo sabe hacer, es porque le interesa. Hay un reto en el
experimento. Se espera algo del niño y si éste se considera capaz de
llevarlo a la práctica, el problema se hace interesante. En cambio,
si se le propone ese problema y no lo sabe resolver, quizás sea porque no sabe exactamente qué procedimiento seguir. Por ejemplo,
mezcla todo sin saber por qué lo hace. Si sucede esto se corre el

riesgo de que al no haber conseguido nada, el experimento carece de sentido para el niño, y éste pierda el interés debido a su inhabilidad. El mezclar todo, como ensayo, para saber qué se obtiene, cómo funciona, a lo mejor está bien; pero si se hace por hacerlo, porque la mentalidad del niño no se pone en funcionamiento, entonces no contribuye a su formación.

Como decíamos, es conveniente ver siempre el interés en relación con lo interesante. Asimismo, debemos tener en cuenta que lo interesante puede transformarse en aburrido, en decepcionante, en algo que a uno no le atrae si es que deja de ser asequible. Si pasa esto, las cosas en vez de despertar el interés provocan todo lo contrario: el aburrimiento. Ahora bien, como el aburrimiento es una situación que el hombre rechaza y de la que quiere huir porque no la acepta, el joven o el niño intentarán hacer interesante algo que esté a su alcance. Lamentablemente, como la mayor parte de veces las cosas que están más a su alcance son las superficiales, no se obtienen buenos resultados.

Un problema matemático, aunque sea un problema de análisis, establece más o menos una tabla de ausencias y presencias, es un método empírico en su forma más elemental, es un método analítico. *Se debe procurar que el método analítico le interese al niño*, porque de lo contrario, a lo mejor después, en su vida de adulto, no va a ser capaz de analizar: y si esto sucede tendrá una capacidad de análisis muy escasa, simplemente porque no ha desarrollado experimentos, no ha establecido experimentos para aprender a diferenciar las cosas.

Al realizar experimentos se produce algo importante, una habilidad, un aprender a pensar; y si el niño no la adquiere, evidentemente es porque se le ha educado mal; por ejemplo, puede ser que se le haya propuesto un problema a destiempo, lo cual ha originado que no lo entienda y carezca de interés para él. En cambio, si el chico es un poco más hábil, un poco mayor, y puede estar en condiciones de entender la pregunta o el problema, se le puede guiar, y esa guía seguramente la va a aceptar. Esa especie de ayuda y asistencia es necesaria al empezar. Después conviene dejarlo solo para ver cómo se desenvuelve. Al niño se le debe ir conduciendo ante situaciones que sean conducentes. De acuerdo con el ejemplo anterior, el niño puede empezar a darse cuenta que es más fácil captar las propiedades de una cosa cuando esas propiedades se determinan independientemente de las propiedades de otra. De esta forma, adquiere casi un hábito, el análisis, que podrá ampliar a otros ámbitos, porque como ya utiliza la mente, eso que se le presente en un caso lo podrá transferir a otros de la misma índole.

No se puede despertar el interés del niño proponiéndole como interesante algo en lo que va a fracasar, algo en lo que, si se empieza a interesar, va a llegar a un desengaño. Esto llevaría a decepcionar el ensayo de la actividad, de la conducta racional que se inicia en el chico o en la chica.

Asimismo, aquí tenemos el origen de una posible formación técnica, la cual tiene mucho de análisis, de combinatoria de lo analítico. *Es aconsejable preparar a los jóvenes técnicamente.* Se trata de conseguir futuros técnicos. Educando positivamente el interés se formará a un joven con capacidad profesional cuyo interés, precisamente, lo puede llevar a tener gusto por el trabajo. No existe peor cosa que una persona a quien no le guste su trabajo, que no tenga una satisfacción, una *motivación intrínseca* para el desarrollo de su labor, y la realice exclusivamente por el salario; es decir, que sólo tenga *motivación extrínseca*[1], lo cual depende mucho de la for-

---

1. La distinción entre motivación intrínseca y extrínseca en la labor profesional está muy bien tratada por mi amigo, Juan Antonio Pérez López, lamentablemente ya fallecido, profesor de la Escuela de Negocios de la Universidad de Navarra (IESE), y con quien pude conversar detenidamente sobre estos temas.

mación. Como se puede ver, la educación en el niño es vital para su futura vida activa en la sociedad. La educación, en gran parte, tiene como objetivo formar a las personas para que luego puedan funcionar bien en las diferentes profesiones. Con todo, debo decir que aunque he expuesto el ejemplo de las jeringuillas, sin embargo, no es un ejemplo de los que más me gusten, porque *el método analítico está muy bien, es un método que debemos emplear, pero no es la forma más alta de pensar*[2]. Sin embargo, quizás una de las cosas más necesarias en este país[3] es enseñar a analizar. Gran parte de la población del país no sabe analizar, y esto seguramente se debe a que no se les han enseñado, quizás porque no han tenido buenos maestros en las escuelas. Con esta lamentable situación el país se priva de una mano de obra que sería muy aprovechable en una época como la actual, en la cual se nota que el desarrollo económico del país está en marcha. Se necesita gente apta, calificada, y *la calificación para el trabajo manual empieza justamente así: despertando el interés por el método analítico.*

### 3. Evitar el aburrimiento y ser solidario

*Siempre se debe evitar todo lo que pueda ser aburrido para una persona. Es mejor dejar dormir al niño, si es que está aburrido, en vez de dejarle en una conducta humana defraudada, porque el aburrimiento es muy perjudicial en la vida humana. El aburrimiento es un*

---

2. En el ámbito de lo humano es mejor ser sistémico que analítico. Ser sistémico es ser reunitivo, epagógico o inductivo, como señala Aristóteles. Es mejor proceder de esta manera porque en los asuntos propios de la esencia humana todo dice relación a todo. No hay –por así decir– hilos sueltos. Conviene ver la trabazón y mutua remitencia de todos los asuntos entre sí.

3. En concreto, en Perú, al menos en la década de 1990, fecha en que impartí estas clases.

*sentimiento que a veces podríamos pasar por alto, pero un sentimiento*
*de esos que debemos formar en la primera infancia con los padres,*
*para buscar ese equilibrio sentimental al que aludíamos más arriba.*

Es manifiesto que hay más sentimientos de lo que parece.
Hay sentimientos que están vinculados a la actividad, como es *el*
*gusto por trabajar*, el estar satisfechos haciendo una cosa, porque
se domina o porque se encuentra un reto y uno está dispuesto a
aceptarlo[4]. Pero también hay otro tipo de sentimientos, como es el
*aburrimiento*. Si una persona no acepta retos, si el reto le atemoriza, se encuentra en una situación de aburrimiento temeroso. Si
el reto es una cosa que no le dice nada, y piensa más bien que si
lo acomete sería un peligro, tenemos a una persona acomodaticia,
con pocas iniciativas. Está claro que debemos tener cuidado con
las actividades de los niños para que no se hagan personas confor-
mistas, pues no conviene que haya personas así.

*Al niño se le debe acostumbrar al reto; la aceptación de un desafío*
*se puede enseñar y aceptar, por ejemplo, al dar los primeros pasos. La*
*madre al principio está pendiente del niño, le da la mano; luego lo*
*suelta para que éste se conduzca solo; cuando está aprendiendo a an-*
*dar y sus pasos son vacilantes, la madre está detrás, es la que le enseña*
*a andar porque no quiere que el niño se caiga, aunque al caerse no le*
*suceda nada. El niño, en estas condiciones, corre el riesgo de fracasar*
*en ese aprendizaje humano de andar; el niño se cae y le resulta difí-*
*cil volverse a poner de pie. Tendrá, entonces, que hacer un esfuerzo*
*adicional; se le debe enseñar a reponerse ante el fracaso, a superarlo.*

Se recomienda, según la intuición de los padres, el dirimir hasta dónde convenga el que el niño soporte las caídas y hasta qué

---

4. En otros lugares describo al hombre como un ser que resuelve problemas. Cfr. mi artículo «El hombre, un ser que resuelve problemas», *Atlántida*,
1990 (2), pp. 37-45 (incluido con algunos cambios en el capítulo 1 de *Quién*
*es el hombre*). Cfr. asimismo el respectivo capítulo de *Quién es el hombre*, cap.
I, pp. 25-36.

punto le conviene al niño darse cuenta de que las caídas también forman parte de la vida, de que hay golpes en la vida. El reto de andar es elemental, y el niño lo toma porque le interesa de una manera muy básica. Le parece interesante porque ha visto que la gente anda y porque, por otra parte, forma parte de su desarrollo físico, se vincula con cuestiones de tipo orgánico. *Es recomendable que al niño se le ayude a enfrentar retos y dejarlo solo cuando ya sepa encarar la situación.*

En la escuela a veces no se tienen en cuenta los retos, y esta falta de oportunidad en la formulación de alguna enseñanza puede producir aburrimiento. Sin embargo, con gente aburrida no se hace nada importante porque ésta tiende a dedicarse a lo fácil, a aquello que no requiere ningún esfuerzo, o sea, en lo que uno no tiene que poner nada de su parte. La persona aburrida será acomodaticia, bastante pasiva. Hay personas que, con tal de desahogar su interés, no les interesan las demás personas, se hacen insolidarios porque no piensan en los otros. Una persona así es un irresponsable y, en consecuencia, la debemos educar; podemos, por ejemplo, establecer que al hacer ruidos se respete un número determinado de decibelios.

*El interés no puede ser egoísta sino compartido.* Es así como se va educando también otro asunto importante: la *solidaridad*; *sin ella no hay sociedad.* Una sociedad de seres egoístas no es sociedad ninguna, porque para poder vivir en comunidad es necesario poner de acuerdo los intereses. Por ejemplo, no se puede conducir de cualquier manera, cambiar el tráfico o ir en sentido contrario, pues ello da lugar a que se formen atascos, a que hayan muchos choques, o quizás a conducir a la defensiva, porque no se sabe qué va a hacer el otro conductor. Una falta de educación vial es, en el fondo, una falta de educación del interés.

Lo que no es interesante debe esconderse. Lo que me interesa a mí debe interesarle al otro. Hay que tener en cuenta la sociabilización del interés. Este asunto es también materia de educación y quizás sea uno de los actos más importantes en la evolución de una persona humana. Si esto se hace con nitidez tiene grandes ventajas. De lo contrario, el interés no se socializa y se desarrolla sólo hasta cierto punto. Aparecen entonces conductas individualistas o con una dosis de insolidaridad sumamente perjudicial para la vida social y para el engranaje de las cosas.

No obstante, en el niño la dualidad interés-interesante no constituye una realidad tan neta como ocurre en el hombre maduro. El interés y lo interesante se distinguen porque el interés es lo mío, y lo interesante también es lo mío, pero no subjetivamente mío, pues está supeditado a las facultades superiores, es decir, no está en mi ámbito subjetivo. *El interés del niño es, por así decirlo, un interés que se apropia de lo interesante* entre otras cosas porque el niño en las primeras fases de su desarrollo *no tiene la noción de yo*[5], y por lo tanto, no puede imponer sus criterios, sus intereses.

## 4. El descubrimiento del *yo*

El *yo* es una instancia central que contribuye al *descentramiento*[6]. Conviene descentrarse. Pongamos un ejemplo: uno puede considerar que una botella es interesante, pero tal botella no soy

---

5. Para un mayor abundamiento en estas cuestiones puede verse mi publicación *El yo* (incluida en el tomo II de la *Antropología trascendental*, pp. 299-322).

6. El descentramiento es una palabra que se me ocurrió examinando concretamente la filosofía de Descartes. Cuando hice la tesis sobre la filosofía de este autor me dije: aquí Descartes tiene un problema, pues no sabe exactamente lo que es descentrarse. Cfr. *Evidencia y realidad en Descartes*, Rialp, Madrid, 1963; 2ª edición: Eunsa, Pamplona, 1996, 3ª edición, 2000; reeditado en *Obras completas*, vol. I, Eunsa, Pamplona 2015.

yo; esa botella me interesa; el interés está centrado en mí mismo, está en mi yo, el que se interesa por la botella soy yo; sin embargo la botella no está en mi yo. La dualidad del interés permite este descentramiento; *el interés es constitutivamente una relación entre el interesarse y lo interesante.* Aprovechando lo que es primordialmente el interés, es como el niño va logrando captarse como *yo*, y por eso puede reconocer que la botella no es su yo.

El niño objetiva lo interesante. Sin embargo, la objetivación de lo interesante en el niño pequeño no se da todavía, porque tampoco se da el yo. El sentimiento de la propia identidad en el niño es más bien un «lo mismo» más que un yo mismo. Ese «lo mismo» se está constituyendo por otro, de manera que no se distingue el otro con suficiente nitidez. El niño, cuando habla, suele referirse a sí mismo en tercera persona, en vez de decir «yo».

Decíamos que para educar los intereses del niño se debe ser amigo suyo, y que eso es compatible con hacer sentir poco la superioridad del adulto. *Al niño le es más fácil establecer una relación yo-tú, y le es más fácil empezar a adquirir su noción de yo si los padres se ponen, un poco, a su nivel, si son amigos.* La amistad como dice Aristóteles es entre iguales. Sólo en la medida en que hay igualdad existe la amistad[7]. No se puede ser amigo de una persona inferior, de un ser muy inferior ni tampoco de una persona muy superior.

Si recurrimos a unas circunstancias históricas, en la Edad Media existía una institución llamada *feudalismo*, que era una organización compuesta de un señor y de sus vasallos. El señor o marqués era el dueño del territorio y los vasallos que vivían en su territorio estaban adscritos allí. Ellos eran los siervos de la tierra, o gleba, como también se llamaba. Pero con el correr del tiempo

---

7. Repárese en el ejemplo de Jesucristo, cuando el Señor les dice a sus discípulos «ya no os llamaré siervos sino amigos» es porque los está considerando a su nivel.

la institución de la servidumbre avanza; va experimentando una rápida evolución hasta llegar al punto en que el siervo se transforma en consejero. Recuérdese el caso, por ejemplo, de Petronio y el conde Lucanor. Eso está recogido en muchos escritos y documentos de la filosofía medieval.

El señor se dedica a las armas, y los altos siervos se dedican al cultivo de las letras, al cultivo del saber. Entre ellos se establece una relación en la que hay un intercambio, ya que antes de hacer alguna cosa el señor pide consejo, y aquellos siervos solían proporcionarle un consejo, razonable, que le indicaba y guiaba sobre lo que el señor pensaba realizar. Se denota aquí que el siervo sabe más que el señor, y por esa razón en ese mismo instante el siervo deja de ser tal; se establece entonces una *relación de igualdad* y, por ende, ya hay *amistad* con lo cual, aunque la vinculación siga siendo –por decirlo así– jurídica, la relación social es verdaderamente de amistad. Se produce la conquista de la igualdad donde había una relación muy desigual, como la precedente del señor y el siervo.

Esta relación de igualdad se puede ver claramente en *El Quijote*. La relación de Sancho Panza y Don Quijote es una relación de amistad, aunque Don Quijote es el ideal de caballero y Sancho es el villano, el escudero. Es evidente que esta situación da lugar a la evolución social siguiente en la que se establecen los parlamentos. Los villanos constituyen un nivel, pero al surgir los parlamentos, primero aparecen los fueros y según estos se constituyen urnas; con ello ya existen derechos que permiten una relación de igualdad de los villanos con el señor o con la ley, y estos derechos debían ser acordados.

Los tres derechos que tenía un monarca español, que no tiene nada que ver con el rey de la monarquía absoluta de otros reinos, eran: Justicia, «Fonsalera», «Sus yantares».

- Justicia, en el sentido supremo, pues el rey es quien regula en última instancia los pleitos. A él se remiten, en última instancia, los casos de justicia.
- «Fonsalera», por el cual los súbditos se comprometen a prestar un servicio en caso de guerra. La «fonsalera» es el número de gente de la comunidad que presta su servicio militar en caso de que el reino lo requiera.
- «Sus yantares» es aquello que tenía que dársele al rey para que éste satisficiera sus necesidades básicas, como por ejemplo comer; es decir, los impuestos que se debían pagar.

Estos son los derechos del rey, los cuales tenían que estar pactados. De manera que si el rey quería elevar por cuenta propia los impuestos por ejemplo en «sus yantares», y a los súbditos les parecía que era demasiado, entonces no lo hacían. Y ello porque ya se encuentran en un régimen de igualdad en donde los intereses se corresponden. Se va llegando, pues, con el tiempo a la reciprocidad de intereses. En la evolución histórica de la Edad Media se ve muy claro el cómo se llega a la comunidad de intereses.

Si comparamos este ejemplo histórico con el niño, notamos que el hecho de que el niño capte la comunidad de intereses, el proceso por el cual se llega a la comunidad, está pendiente. Ese problema histórico se repite en cada ser humano, pero afortunadamente tenemos el modelo, pues hemos visto cómo el *cristianismo* está siempre detrás señalando que la noción de ser humano no puede ser la esclavitud, sino que tiene que ser algo más; con lo cual, en la Edad Media se llegan a establecer los Fueros y el Consejo.

## 5. Interés y confianza

*Se debe sentar el interés como principio en la educación.* Los padres pueden inculcar el interés en sus hijos, y en la medida que se hagan amigos de sus hijos podrán establecer una relación de confianza en la que los hijos les cuenten todas sus cosas, y vean a ese padre o a esa madre como un verdadero amigo/a en el cual pueden confiar.

A veces los padres cumplen sus funciones educativas de una manera imperfecta, quizás porque no lo saben hacer, o porque creen que deben ser siempre autoritarios para mantener el respeto ante sus hijos. Pero esto no es así. La verdad es que *los chicos maduran mucho mejor con padres amables, que se ganan su confianza.* Es evidente que la iniciación en la educación sexual es tarea de los padres. Pero si estos no son amigos de sus hijos es muy difícil explicarles estos temas. Y confiar la educación sexual a otras personas es muy arriesgado. El asunto sexual se puede hacer interesante, se puede despertar el interés a partir de cierta edad, sin embargo, a veces se despierta antes de tiempo y por eso hay que tener mucho cuidado, es mejor prevenir esta situación. Algunos cuentos como el de la cigüeña se deben erradicar, y cuanto antes, mejor.

Otro asunto que debemos tener en cuenta es que en realidad *la formación del interés de los niños sólo la pueden llevar a cabo los adultos.* En efecto, no puede ser realizada por los mismos niños, pues ellos no pueden educarse solos en esta materia. La idea de la educación en grupo, que los niños colaboren entre sí, no se puede hacer sin la presencia del adulto. Si a los niños se les deja solos no saldrán nunca de esa situación de indiferenciación entre lo interesante y lo que no interesa. Esto ya se ha experimentado. En los casos en los que se han dejado solos a los niños el fracaso ha sido muy notable. Los niños no pueden educarse en el crecimiento de intereses mientras están unidos con niños que no tienen diferenciado su interés, porque son incapaces de constituir lo interesante en común. Lo que no puede hacer un niño no pueden hacerlo varios niños; creer que el niño se puede desarrollar espontáneamente es una simpleza. Una suma de incapaces no da lugar al surgimiento de una capacidad. La mejora del interés es justamente el paso del nivel de interés de los niños al nivel de interés de un adulto, es decir, a un nivel mayor.

Este asunto es central. Se podría parafrasear aquel refrán: «dime qué es aquello por lo que te interesas y te diré quién eres». ¿Cuál es el objetivo de fomentar el interés con confianza?, ¿a qué situación hay que llegar? Pues hay que llegar a la *situación de la reciprocidad*. Así es como lo formulan los sociólogos: *intereses comunes* o *intereses intercambiables*, es decir, si yo te doy esto, tú me das un equivalente; eso no saben hacerlo los niños ya que son muy apropiadores, y lo son precisamente porque no dualizan sus intereses. Por lo tanto, no pueden poner sobre la mesa, como se dice en España, un asunto que les interesa. Los niños no dialogan entre sí.

Aquí intervienen varios factores:

– En primer lugar, el reconocimiento de la *propia subjetividad* y el reconocimiento de la *subjetividad del otro*.

– Segundo, sobre el supuesto de la pluralidad de subjetividades, hay que considerar los intereses personales como *intereses comunes*, es decir, intereses *compartibles o disputables* «A cambio de esto, tú me das lo otro». Se ha comprobado que los niños no saben hacerlo, y por eso también es difícil enseñar a los niños a que jueguen juntos, más aún si no son educados en los juegos por sus padres.

A veces en las madres hay una relación posesiva excesiva. Si alguien se aproxima a sus hijos se ponen siempre de parte de ellos; si hay una pelea entre niños, su hijo es el que tiene la razón. Sin embargo, en ese caso conviene hacerle notar que está mal educada en este asunto, que no ha objetivado, y que, por tanto, puede proceder injustamente. En consecuencia, si la culpa la tiene su niño, aunque lo quiera mucho, tiene que reconocerlo. A las madres les cuesta aceptarlo y no suelen hacerlo; en cambio, a los padres también les cuesta, pero quizás menos. Cuando se trata de los padres pasa algo similar, pero la experiencia es que a ellos se les puede hacer razonar más fácilmente. En cambio, a las madres se les pueda hacer razonar en muchas cosas, pero en esto es bastante arduo. Quizás, con el progreso de la educación femenina también se logre que tengan una actitud más objetiva respecto de sus hijos.

Por otra parte, existen experiencias que nos llevan a decir que siempre que los niños juegan entre sí, ganan todos. Un niño no quiere perder el juego y, por lo tanto, siempre se las arregla para salir ganador. En el juego nadie acepta ser perdedor. Esta situación es curiosa y, sin embargo es muy explicable, porque entre otras cosas el niño está tratando de afirmarse, y si se encuentra en una confrontación trata de que ésta no le sea desfavorable; por tanto, ese juego se hace una afición porque todos quieren ganar. Sin embargo, *hay que enseñar también a los niños a perder*, y por eso *es muy importante enseñarles a jugar*. Se les debe enseñar que el perder forma parte del juego. No siempre se puede ganar así se esté en una relación de igualdad. Asimismo, conviene advertirles que, si bien uno es superior, no por ello debe creer que siempre ganará.

Por eso *conviene que los padres rebajen un poco esa situación de superioridad*. Deben fomentar la amistad para así poder educar a sus hijos. Además, los niños deben aprender que el juego es objetivo, es decir, si todos tienen interés en el juego, ese interés no puede estar enteramente asociado a su propio «sí mismo» porque, entonces, no hay juego. Se tiene que *objetivar* el juego, sólo así jugarán realmente.

Evidentemente entender el juego objetivamente es muy difícil si se deja solos a los niños, o sea, sin la presencia e integración de los padres y maestros. aquí suelen existir varias opiniones que son equivocadas. Por ejemplo, los niños que se quedan solos en un salón jugando con determinadas piezas a veces tardan en establecer relaciones sociales, porque aunque al jugar no se aburren, pues siguen interesados, sin embargo, se interesan de una manera que no es un progreso en la perfección de la estructura del interés.

Conviene, por tanto, que los padres al principio sean los que vayan enseñando a los niños y los vayan ayudando en el crecimiento de su propia realidad, su «yo». Pero después hay que dar el salto. Cuando la familia es numerosa y los niños no están muy separados por la edad, los hermanos pueden jugar; muchas veces las riñas entre ellos son consecuencia de que los dos quieren ganar sobre la misma cosa; entonces, se produce la pelea por el objeto en cuestión. Si bien los padres tienen que intervenir, los hermanos pueden empezar a darse cuenta del carácter de otro. Les resulta, al final, más fácil reconocer el carácter de su hermano, que el carácter de un extraño. Asimismo, tiene que llegar un momento en que se reconozca el carácter de otro, de un extraño; de lo contrario, el niño no llega a ser adulto, sino que será una persona que luego no va a saber vivir como miembro de una sociedad más amplia y no podrá rendir y aportar considerablemente. Se producirán fenómenos de marginación, de automarginación, o también de aprovecharse de los otros.

*Respetar al otro*, con el que no se tiene directa vinculación de sangre, con el que no se tiene una larga convivencia, es difícil. La convivencia engendra cariño; a veces también rencillas, pero éstas se deben cortar porque no es bueno que existan. Cuando se produce la pelea, se les debe enseñar a respetar, lo cual junto con otras cosas se aprende primero en el ámbito familiar y luego en la escuela, con los maestros, cuando el niño es un poco mayor.

Los maestros tienen que ver cuáles son las *relaciones de colaboración* entre los alumnos. Estas relaciones se centran, sobre todo, en las *materias* que se explican, en las cuales debe existir un cierto interés por parte del alumno. Si sus intereses no están dirigidos a la materia y los niños se aburren con ella, lo que harán será desarrollar relaciones entre sí. La formación y crecimiento del interés implica una cierta intervención de personas mayores. La presencia del adulto es central en la educación y desarrollo del interés. En ningún momento se debe prescindir de su presencia, de la madurez del adulto y de su confianza hacia el niño.

## 6. Ayudar a reconciliarse con la realidad

Dentro de la tarea educativa está la de *ayudar a la aceptación de la realidad*, poner interés en ella. Podemos tomar como ejemplo la biografía de uno de los grandes en la historia de la filosofía, para educar en un asunto central: *reconciliarse con la realidad*. Como es sabido, Hegel es un autor relevante en la Filosofía Moderna. La madurez humana de este filósofo merece ser atendida. Desde este punto de vista, tuvo una personalidad muy interesante. Hegel nace en 1770 y estudia en Tubinga, donde sus compañeros lo conocían como «el viejo». Fue un hombre que adquirió una conciencia de madurez extraordinariamente pronto. Quizás por eso en la Filosofía de Hegel juega tan importante papel la idea de *reconocimiento*, y también lo que él llama «la reconciliación con la realidad».

Reconciliarse con la realidad en la mente de Hegel significa *poner el interés*. Esto lo dice por propia experiencia, pues él pasó una época difícil dado que cuando salió de Tubinga (1793) estuvo seis años como preceptor privado de familias aristócratas para poder subsistir. Naturalmente, ésa era una situación de poco dinero, de estar casi como un criado. Pasó buen tiempo en Berna (17931796) y luego en Frankfurt (1797-1800). Para él, insisto, fue una fase de su vida muy dura. Se sentía una persona desgraciada desde el punto de vista social, porque él sabía que valía y, por lo tanto, lo que quería era un ascenso en una carrera académica (la que él había elegido). Ésta fue una etapa en la que Hegel tuvo una conciencia hipocondríaca; se encontraba en una situación que no le gustaba nada. Estaba –por así decirlo– desplazado, hasta que en 1800 Schelling, amigo suyo con quien estudió en Tubinga, lo rescata de esa situación y le abre las puertas de la Universidad de Jena, que en ese momento él presidía.

Quizás por esta razón el Hegel maduro, 20 años después de estos acontecimientos, daba mucha importancia a reconciliarse con la realidad. En gran parte realiza una meditación sobre su precedente situación de no aceptación, su disgusto al tener que ganarse la vida de esa manera y sentirse humillado, dedicado a una tarea que no tenía mayores horizontes, su trabajo no era alentador.

Tenemos entonces una época de crisis interior en la vida de Hegel, en la que no se incorpora a la sociedad como él quiere. Ésta es una situación forzada que interiormente no la acepta de ninguna manera, pero, sin embargo, tiene que trabajar de esa forma para poder subsistir. Durante ese período su conciencia está en *crisis*. Es una situación profundamente molesta para Hegel, porque tiene que aceptar algunas cosas que van en contra de lo que él quiere y, además, porque implica una cierta subordinación. Al parecer, en gran parte, fue debido a esto que Hegel escribiese que una de las tareas más importantes es que el ser humano sea capaz de reconciliarse con la realidad. Hay mucha gente que no es capaz de hacerlo, que ni siquiera se lo ha planteado, lo cual no es conveniente porque, según la psicología general, es de esta manera como se generan muchos problemas en la existencia humana.

*El reconciliarse con la realidad es una tarea que implica a los padres y también a los maestros.* Un padre que no está reconciliado con la realidad es un mal padre. Alguien que está a disgusto en la vida puede estarlo también en su familia. Un padre descontento de sí mismo, de su puesto, está en malas condiciones para educar correctamente a sus hijos en la vida social. Un padre así, como está molesto y fastidiado con lo que hace, muchas veces sólo llega a su casa a descansar, lo cual es observado por el niño, quien nota su ausencia.

Enseñar a reconciliarse con la realidad corresponde también a los maestros. A veces, sin embargo, a estos les pasa algo parecido: están a disgusto porque su *status* social no es muy brillante. *No es señal de buen gobierno el no poner todos los medios para elevar la condición social de los maestros.* Esto es fundamental, porque un maestro que no esté reconciliado con la realidad no podrá ser un buen maestro. Si eso sucede se entra en un círculo vicioso, pues si no está reconciliado con la realidad no puede enseñar al alumno a reconciliarse con la realidad. El alumno, así sea una persona inteligente, como no está formado para tratar normalmente a la realidad, lo que hará es huir; sentirá el ambiente escolar como un ambiente con el cual no se puede reconciliar, y como en su familia ocurre lo mismo, entonces, tratará de independizarse de todo esto, tratará de eliminar su juventud, no la mirará serenamente. Esta persona, obviamente, cuando se case y tenga hijos, no los podrá educar.

Con estos defectos hay que contar, precisamente porque son defectos que se presentan en la constitución del interés. Que no se esté reconciliado con la realidad indica que *se interesa negativamente por la realidad*, se aburre, se incomoda, se irrita con lo que debería ser interesante para él. Se debe buscar que el interés sea normal, que no se estropee por ninguna de esas maneras. Por ejemplo, que el hombre tenga cierta nostalgia de su niñez, o la tenga de sus tiempos de estudiante, es señal de que no ha habido falta de conciliación con la realidad en esas etapas de su vida. Por lo tanto, es señal de que su padre le ha tratado con alegría, de que no le ha comunicado el mal humor en el supuesto de que exista o haya existido, y de que sus maestros, aun cuando hubieran tenido alguna amargura, tampoco se la hubieran transmitido.

El hecho, por ejemplo, de que los maestros hagan huelga es una mala señal, aunque ésta se justifique desde cierto punto de vista, como para elevar los sueldos tan bajos que reciben. Esto, por otra parte, es grave, porque si el sueldo es muy escaso, quienes irán a trabajar ahí serán maestros sin cualificación, que no pueden aspirar a otras actividades en las cuales se gana más. No obstante, se debe procurar que esas disfunciones laborales no se produzcan, porque el hombre que no está reconciliado con la realidad lo pasa muy mal y trata de evadirse buscando un consuelo donde no debe.

Un modo de escape ante la dureza de la vida que mucha gente suele adoptar es el recurso desaforado al sexo. Incluso hay gente que no entiende cómo se puede vivir castamente; lo consideran una locura o una cosa anormal. Sin embargo, *vivir castamente es justamente lo normal*. Cuando uno está reconciliado con la realidad no recurre a eso, porque *la lujuria no es más que una forma de no conciliación*. Un señor que está reconciliado con la realidad no tiene una segunda mujer o una tercera o quizás una cuarta; no se le ocurre tener una aventura sexual. El que una persona no entienda la castidad es señal de que no la han educado en este tema. Es una persona que no se ha reconciliado con la realidad; en ella sus intereses se han distorsionado, se ha obsesionado por una serie de cosas con las cuales compensa de alguna manera sus desengaños y sus fracasos.

*El reconocimiento y reconciliación con la realidad son las dimensiones de maduración del interés.* En el doblete «yo-no yo», el «no yo» no es lo que me molesta, sino todo lo contrario: es lo interesante, la reconciliación con la realidad. El «no yo» es lo interesante, pero naturalmente el «nosotros» también lo es. Si a los otros los reconozco como seres humanos, entonces, el interés puede ser común; de lo contrario no; se produciría un fracaso en la estructura del interés, porque la persona individualista es muy poco solidaria.

## 7. Abrir el ámbito de los intereses

*El individualismo y la falta de solidaridad conducen a la sociedad de consumo y al subdesarrollo.* Es curioso que en las sociedades laborales y de consumo esto se produzca de una manera verdaderamente abrumadora, pues es uno de los riesgos más peligrosos de esas sociedades, y esto pasa porque todo el mundo aspira a tener demasiado. También en los países no desarrollados hay una aspiración de llegar a la sociedad de consumo, pues de lo contrario parece que no hay futuro.

Sin embargo, *en el subdesarrollo hay interés; en la sociedad de consumo no lo hay,* porque en ésta tiene lugar un fenómeno: el área de interés está cortada. En este tipo de sociedad la gente intenta siempre triunfar, pero lo hace ostentando su propio confort. Hay una especie de lucha por ver quién tiene más y mejores bienes materiales. En torno a esto se producen verdaderas carreras. Los sociólogos lo han detectado, pero uno también lo puede observar. Si una persona tiene un automóvil y resulta que su vecino se compra uno mejor, esa persona piensa en comprarse otro, porque el automóvil que hasta aquel momento plasmaba su prestigio ya no le contenta, ya no está reconciliado con el automóvil, pues el tipo de automóvil que tiene significa para él una falta de conciliación con la realidad. Entonces, toda su obsesión es comprarse un modelo de automóvil igual o mejor al del otro.

Esa carrera ahora pasa también con las computadoras. La gente quiere tener el último modelo, pero en realidad para comprar una nueva computadora se debería tener en cuenta el uso que se le va a dar; si no la va a emplear mucho, no necesitará comprar el último modelo, ni el más sofisticado, sino que basta con el que ya tiene. No obstante, lo compra porque quiere tener uno igual al de los demás; no le parece bien tener uno inferior al del otro. Si uno va al fondo de este asunto ve que el interés no ha sido educado, pues está en una especie de identificación infantil de lo que es el interés y lo interesante. *Los problemas de madurez humana en los países desarrollados son muy grandes.* La gente es extraordinariamente vulnerable, es decir, son unos niños. De muchas personas se podría decir que son todavía como niños. Isaías afirmaba que un pecador es un niño de 40 años. Al haberse estropeado, su interés se ha acortado, es gente que no sabe ser austera, no practica la virtud de la templanza. Esta virtud se refiere al comer, al beber, al ser casto; asimismo se refiere a los gastos que uno hace, a qué dedica su dinero, etc. Un derrochador o un comprador de últimos modelos, quien cree obtener con ello su prestigio, es un destemplado, lo que Aristóteles llamaba un *incontinente puro.*

El ser humano se siente desgraciado cuando es un acrásico. En cambio, como dice Aristóteles, *el hombre es feliz cuando se autocontrola,* y esto sólo es posible cuando la razón impera sobre la vida entera. *La desracionalización hace a la gente completamente vulnerable.* Tomemos como ejemplo a la gente que es prisionera de la publicidad, lo cual es una de las consecuencias que se obtienen en la edad madura cuando el interés de las personas no ha sido educado. Educar el interés es importante porque tiene un carácter global para la vida.

Las motivaciones están muy relacionadas con el interés. Cabe preguntarle a alguien: ¿por qué hace Ud. esto?, ¿cuáles son sus motivos? ¿sus motivos son sus intereses?, ¿qué es interesante?, ¿vestir mejor que el otro? Tiene que darse cuenta de que esa situación es deplorable. Sin embargo, lamentablemente la gente es así. La verdad es que esta conducta se ve muy frecuentemente.

Lo precedente es muestra evidente de que algunos países no educan a la gente, aunque en cuanto a estructuras tienen buenas universidades y buenos colegios. La universidad se puede valorar bajo diversos puntos de vista, pero una buena evaluación consiste en ver cómo forma a los alumnos. La formación en la universidad debe ser *integral* porque de lo contrario se descuida el seguir educando y desarrollando el interés. En una época como la nuestra, en la que la gente se dedica a las especializaciones, esto se suele descuidar. Afortunadamente se está empezando a descubrir que con especializaciones no se puede funcionar, que es importante el saber dirigir la atención a muchas cosas, el tener una visión más global.

En una época de especializaciones, la formación del interés se refiere a que el especialista *amplíe el ámbito de sus intereses*, que rebase su propia especialización; de lo contrario estamos ante el problema que ya indicamos antes, de que lo interesante y el interés empiezan a confundirse, y si se mezclan es precisamente porque se reduce el espacio de los intereses. Recortar el área de los intereses es malo. *El ser humano debe estar dispuesto a interesarse por todo*, tener una especie de curiosidad. Es bueno interesarse por todo; es un problema de tensión. *Si sólo se despierta el interés de una manera compulsiva cuando se trata de su profesión, y cuando se sale de ésta no hay nada, el interés queda como amputado, recortado.*

*El gran problema de nuestra civilización es hacer que los sujetos activos*, caracterizados o diferenciados por profesiones que se refieren a un ámbito de la vida cada vez más estrecho, *sepan dirigir su atención a otros asuntos y que se interesen por ellos*, de manera que no sólo se definan por su profesión o especialización. Estas personas deben tener un área de interés mucho más amplia. De lo contrario hay que decir que esas personas *no son ciudadanos*, puesto que *carecen del sentido de lo humano*. Por ejemplo, un ingeniero que está formado exclusivamente como ingeniero y que empieza a dirigir una empresa se verá en dificultades porque no tiene ni la menor idea de lo que es una persona y, sin embargo, una empresa o institución es una colectividad de personas, donde éstas, naturalmente, constituyen la parte más importante de la empresa. De ahí que sea indispensable que un ingeniero tenga una suficiente cultura general, aparte de los conocimientos específicos que abarcan su profesión; que esté en condiciones de abrirse con suficientes conocimientos, aunque no sea un experto, a otras cuestiones. De otra forma no se podría construir, por ejemplo, la *democracia*. Con un conjunto de gente incomunicada no se puede organizar una vida social, la cual de por sí es muy compleja.

No estamos ante una batalla perdida, *no tenemos que conformarnos con una sociedad hecha de especialistas y, por ende, de intereses reducidos*. La organización actual es una captación de la insuficiencia de las especializaciones. Debemos, en consecuencia, ser más o menos expertos y, en lo posible, interesarnos por todo.

Cuando desaparece lo interesante y se conserva el interés decimos entonces que se cae en el *tedio*[8]; pero éste también lleva a la muerte del interés produciéndose la *angustia*. Algunos lo llaman de otra manera: *terror*. ¿Qué es la angustia o terror? Es un déficit tan grande de humanidad que la reconciliación con la realidad se pierde de vista. Tenemos a una persona replegada considerándolo todo de modo indiferente. El mundo, en vez de estar lleno de vida y color, se transforma para ella en un gran vacío. Una persona en esa situación no sabe por qué interesarse. La desaparición del interés es grave. Esta muerte del interés en virtud del cual lo interesante deja de existir es todavía más grave que el aburrimiento. La angustia no es aburrimiento. En la angustia uno no está aburrido, sino que uno está en una situación de falta de adecuación con la realidad, por tanto, la persona se siente mucho más afectada que en el aburrimiento.

---

8. El tedio está hábilmente descrito por Kierkegaard en su libro *La enfermedad mortal*. Expongo este extremo en mi citado libro *Nietzsche como pensador de dualidades*, cap. II.

La angustia es, por así decirlo, un sentimiento embargante. Heidegger, siguiendo a Hegel, desarrolla también una teoría de la angustia[9]. La angustia es una palabra que se entiende como *sentimiento*; es un sustantivo alemán cuya raíz significa *encontrar*, de manera que angustiarse es encontrarse. Cuando un hombre está angustiado, donde se encuentra es exclusivamente en la angustia, la cual es algo más que un estado de ánimo. El aburrimiento es un estado de ánimo y puede abarcar muchos ámbitos de la realidad. El aburrido está dejando lo interesante, pero como el interés lo conserva, tratará de buscarlo por donde sea. Seguramente, como se ha aludido, buscará interesarse en un terreno superficial, es decir, divirtiéndose. La palabra *divertir* en su sentido etimológico es volcarse, dirigirse por otro lado.

En cambio, el que tiene angustia no puede divertirse, porque como en él ha muerto el interés, no tiene nada a qué dirigirse, y esto es justamente porque todo se ha hecho indiferente por falta de interés. Lo cual no se arregla buscando lo interesante, ya que para hacerlo tiene que haber interés. *En la situación de angustia el interés no se conserva*, sino que se atrofia.

La angustia es una especie de desvelamiento. Uno se encuentra en una situación de no poderse interesar, y eso es peor que aburrirse. Es algo así como una especie de *muerte en uno mismo*. El animal cuando es incapaz de interesarse se duerme; el hombre no, en vez de dormirse se angustia. La angustia lo lleva a estar muy despierto sin interés alguno, está despierto sin haber nada de interés.

---

9. En mi libro *Hegel y el posthegelianismo*, publicado por la Universidad de Piura en 1985, después en segunda edición por Eunsa, en 1999 (e incluido en *Obras completas,* vol. VIII, Eunsa, Pamplona, 2018), dedico un extenso tema al análisis de los primeros capítulos del libro *Ser y Tiempo* de Heidegger. Ahí podrá encontrar el lector motivos suficientes para comprender por qué la antropología heideggeriana aboca a la *angustia*.

*La angustia es la incapacidad de amar*, porque el que ama se interesa. *Amar es la forma trascendental del interés*, la más alta. El interés es una manera débil de afrontar un tema central en el hombre: amar. Por lo tanto, el que tiene angustia no ama y tampoco se ama a sí mismo, porque uno mismo no es más que la angustia. Al encontrarse angustiado no encuentra nada interesante y, por ende, tenemos una situación de restricción total de esa dualidad interésinteresante desde el punto de vista subjetivo de esa realidad. No se puede excluir que alguna vez el niño experimente la angustia. Si no es una cosa patológica, una cosa que haya que encargar a psiquiatras, entonces, habrá que tratar de superarla. ¿Cómo se puede hacer rendir el interés de un niño? Este asunto es un poco más complicado, pues *la angustia no se puede perder más que con la presencia de Dios*. La proximidad a Dios y la angustia son incompatibles. El alejamiento de Dios es justamente lo que puede producir angustia. Tenemos, de esta manera, que *la angustia es manifestación clara de esa inconformidad, de ese no reconciliarse con la realidad.*

Los defectos en la educación religiosa del niño, como por ejemplo, que nadie le hable de religión o de Dios, dan lugar a lo largo de la vida a la aparición de situaciones de angustia en forma esporádica, o incluso dan lugar a una *pérdida completa del sentido de la vida*, lo cual es horroroso. En el fondo, la desaparición del sentido de la vida está constituido por la angustia, y no por aquella angustia que afecta al sistema nervioso hasta tal punto que a la persona se le deba llevar al psiquiatra. La angustia no es depresión, es otra cosa. A veces se podría describir como un sentimiento general de alarma; sin embargo, es muy difícil su descripción fenomenológica, porque como la angustia es un sentimiento muy subjetivo, para poderla describir desde el punto de vista teórico, en cierto modo, hace falta pasar por tal situación.

*La depresión no es exactamente la angustia*. La depresión es una situación perturbadora que disminuye la capacidad de trabajo. Se siente y produce un dolor psíquico diferente a la angustia. Heidegger decía que no debían confundirse. La angustia es algo más profundo que puede hacer aparición en algunos momentos de la vida; es un reflejo total del alma. Este tema está relacionado también con una cosa que trataban mucho los clásicos. Santa Teresa, gran psicóloga y observadora, habla de la *melancolía*, la cual encontró en algunas monjas. Ella hace unas descripciones espléndidas utilizando palabras que no eran de su época. La monja melancólica está en la línea depresiva. Los escolásticos medievales, no obstante, hablaban de otra cosa. Detectaron algo a lo que llaman *acidia*, que describen como «tristitia espiritualis»[10], lo cual no es exactamente lo mismo que la melancolía. La persona melancólica llora, está en una situación de sufrimiento nervioso y psíquico que no sabe detectar ni nombrar, pero sabe que existe y eso la hace sufrir y le lleva a apartarse de los demás disminuyendo así sus facultades reactivas, pues las desactiva.

En cambio, *la «tristitia espiritualis» o acidia se refiere, precisamente, al trato con Dios*, es decir, una gelidez del corazón. La frialdad amorosa es intolerable, es una situación inadecuada. Como en este punto no hay autoridad divina aparece la *angustia*, una disconformidad con todo y consigo mismo. Es un asunto psicológicamente muy complicado que a veces se nota en la gente.

Se puede suponer como hipótesis que alguna forma de angustia está presente en la gente muy inquieta. Tomás de Aquino habla de los efectos corporales de la *acidia* y menciona la inestabilidad y la inquietud física, por las cuales, casi compulsivamente, se carece de capacidad para permanecer sosegado en un lugar[11]. Parece

---

10. Cfr. TOMÁS DE AQUINO, *De malo*, q. 11, aa. 1-4; *De veritate*, q. 26, a. 4, ad. 6.
11. Cfr. TOMÁS DE AQUINO, *Summa Theologiae*, II-II, q. 35, a. 4, ad. 3.

coincidir con el insaciable afán de diversiones que tantos muestran hoy; con el incesante activismo en la búsqueda de diversiones excitantes, saltando de una a otra sin disfrutar apenas de ninguna. El que tiene angustia se inventa diversiones extravagantes, porque para él ninguna diversión usual vale, y esto es debido a que el interés está muerto, es decir, el hombre está completamente desaficionado; no encuentra ni puede tomar gusto por nada. Detrás de todo esto está la angustia. Sin embargo, *la angustia se puede evitar con una adecuada educación religiosa*[12], la cual es vital para contrarrestar la angustia.

---

12. En algunos lugares digo que la religión es una forma sapiencial que, como la filosofía, es superior al mito, la magia y la técnica. Se distingue de la filosofía porque tiene un componente de *certeza* de la que aquélla carece. Además, cabe religiosidad *natural* pero también *sobrenatural* debida a la revelación divina, como sucede en el cristianismo. Cfr. mi libro *Sobre la existencia cristiana* (reeditado en *La persona humana y su crecimiento. La originalidad de la concepción cristiana de la existencia*).

VII.

# Psicología educativa

## 1. Investigación y trabajo

Educar no consiste en infundir unas ideas, unas indicaciones considerando al niño o al adolescente como un ente pasivo. Al contrario, se debe intentar que entre en actividad, que ponga en marcha su propia iniciativa, dándole, por lo tanto, las cosas que están a su alcance en cada momento de la vida. Esto se podría resumir en una palabra: *investigación*.

Se trata de poner en marcha la iniciativa, la cual siempre suele conducir, desde el punto de vista cognoscitivo, a la investigación, durante todas las fases de la vida. *En la última etapa de la educación superior la investigación es la actividad central del profesor.* Sin investigación se estropea la docencia[1]. Hay que investigar, hacer incursiones en muchos campos, para evitar también la especializa-

---

1. Cfr. al respecto mis publicaciones: *El profesor universitario*, Universidad de Piura, Colección Algarrobo, Piura, 1996, pp. 13-48, reeditado por la Universidad de La Sabana, Bogotá, 1998 (incluido en *Escritos menores 1991-2000*, pp. 171-181). Cfr. asimismo: «Universidad y sociedad», en *Josemaría Escrivá de Balaguer y la Universidad*, Eunsa, Pamplona, 1993, pp. 165-195 (incluido en *Escritos menores 1991-2000*, pp. 139-146).

ción, que tiene muchos inconvenientes, si es que no se compensa con estudios en otros campos.

Con este tema tiene que ver el *juego*. Para que se ponga en marcha la actividad del ser humano a la edad que sea, en el sentido de una averiguación, de una investigación, de un ir aprendiendo, hace falta un estado indispensable en la vida: *la normalidad afectiva, la cual se consigue en la familia.* La función educativa de la familia tiene como primera tarea la educación de la afectividad. Se trata de formar personas alegres, esperanzadas y confiadas, de manera que no tengan muchos miedos o que aprendan a superar el miedo. La normalidad afectiva no es lo más importante, pero tiene carácter de requisito, porque cuando la afectividad se desordena, la actividad de las facultades cognoscitivas superiores, como la inteligencia, se hace muy difícil[2].

El niño tiene afectividad, y además la tiene bastante a flor de piel. Por lo tanto, se debe evitar que este afectivamente en una situación perturbada. La educación, como se indicó, no la pueden hacer los niños solos, pues siempre exige la intervención de una persona madura como pueden ser los maestros, pero en primer lugar la educación afectiva corresponde a los padres, quienes son realmente los primeros educadores. Conviene, asimismo, que se imparta la formación del maestro a todo nivel, primaria, secundaria, superior o universitaria. La intervención del adulto es imprescindible, y por eso se debe tener cuidado al impartirla, pues no debe originar en el niño una situación de inferioridad. Es importante que en las familias los padres se pongan en el nivel de los niños. A eso se le llama *amistad*.

---

2. N.E.: Por esto se concluye que, para Leonardo Polo, la primera fase de la educación consiste en lograr la normalidad afectiva. Se trata de educar los afectos de los niños desde que nacen. Luego vendrá la educación de las facultades del alma, esto es, la inteligencia y la voluntad.

Al mismo tiempo, esa presencia de las personas mayores en la educación es indispensable para lograr la *disciplina*, ya que sin ésta no se puede educar. Cuando aparece un maestro y los niños no le obedecen, no atienden a sus clases, entonces su labor es contraproducente, es antieducativa, inútil y perjudicial para los chicos. Se debe educar a los niños, de modo que ellos tengan sentido de la disciplina. La disciplina es imprescindible en la vida. Un hombre que no es disciplinado no tiene lo que Aristóteles llamaba el *autocontrol*. Se debe adquirir esa capacidad de autogobierno porque conlleva disciplina, y ésta se le debe inculcar al ser humano para que pueda desarrollarse y no incurra en el caos.

La disciplina y la presencia de maestros son dos cosas solidarias. Un maestro que no sepa imponer disciplina no ayuda a los alumnos. La disciplina es imprescindible para eso que se ha llamado «respeto a la realidad» o «socialización». En el niño la socialización está basada en la idea de *reciprocidad* en la descentración del interés: se da cuando el interés es común, cuando los demás son importantes y se les presta reconocimiento. A esta aceptación Hegel le llama –como decíamos– *reconciliación con la realidad*, y eso es lo que después permite que una persona trabaje.

El trabajo es una cosa que hace el hombre maduro al incorporarse como sujeto activo en la vida social[3]. La función del hombre es trabajar siempre constituyendo *empresa*[4]. Un abogado que no

3. En otros lugares indico que trabajar es *añadir*. Pero sólo se puede añadir, dar, si previamente se acepta. Cfr. «Tener y dar», en *Sobre la existencia cristiana* (reeditado en *La persona humana y su crecimiento. La originalidad de la concepción cristiana de la existencia*, pp. 227-253.

4. Cfr. en torno a este tema mis escritos: *La empresa frente al socialismo y al liberalismo*, editado por Pablo Ferreiro, Universidad de Piura, Lima, 1985, pp. 1-27 (reeditado en *Filosofía y economía*, pp. 279-302); «El hombre en la empresa: trabajo y retribución», en *Cuadernos de empresa y humanismo*, Universidad de los Andes, 1990, pp. 27-35 (reeditado en *Escritos menores 1991-2000*,

pertenece a una organización quizás es porque tiene un bufete o un despacho de abogados, y esto es ya una empresa; si un médico no trabaja en un hospital, pero tiene su propio consultorio y da consultas, esto también tiene carácter empresarial.

*El hombre está hecho para trabajar,* y todo este asunto de la disciplina, del respeto a la realidad, etc., son antecedentes para conseguir formar personas aptas para el trabajo. Así como *la investigación tiene que ver con la actividad teórica del hombre, el trabajo de producción tiene que ver con la acción práctica.* En el hombre hay una educación en el orden moral y también una educación para la práctica técnica, o para la práctica productiva. Esto lo podemos englobar en ese término de *acción práctica.*

Al niño se le ayuda a ponerse en condiciones de poder trabajar cuando sea mayor; y también, en el otro ámbito, en el de la actividad cognoscitiva, para que ame la verdad, para que la busque e investigue de una manera muy intensa. *A un universitario le corresponde investigar,* pero un aprendiz también tiene que investigar bastante. La investigación es un intento de averiguación y de examen de lo que uno lleva entre manos para sacar alguna conclusión, algún invento. Actualmente las empresas empiezan a tener en cuenta la iniciativa de los trabajadores. En la época del feudalismo el hombre era considerado como una pieza de una maquinaria, pero se ha comprobado que eso no da resultado. Lo que se busca es un trabajo con iniciativa, un trabajo de equipo.

Estas cosas están muy interrelacionadas. Muchas veces las dificultades que tienen la teoría y la práctica educativa se deben a que las cosas no sólo hay que tratarlas analíticamente sino también

pp. 19-28); «El poder empresarial», en *Cuadernos de Empresa y Humanismo,* Universidad de los Andes, 1990, pp. 45-50 (reeditado en *Escritos menores 1991-2000,* pp. 29-35).

de una manera sintética o sistémica. Todo lo humano se entiende
así, de lo contrario no se entiende, pues todo está correlacionado.
Tenemos, por una parte, la normalidad afectiva, por otra la investigación, la disciplina, el trabajo. Todas esas dimensiones de lo
humano forman una especie de realidad compleja, que consta de
muchos factores relacionados entre sí, que se refuerzan de modo
que si alguno falta hay un déficit que estropea los otros aspectos y
hace que funcionen en un nivel muy bajo.

## 2. Psicología genética

*La educación hay que verla, cualquiera que sea la etapa de la
vida, en orden al hombre maduro*, pues no tiene sentido educar un
niño «como niño». Al niño se le educa en orden a unos presupues-
tos, a su finalidad, que es la de lograr la madurez de las personas[5].
Un niño no es una persona madura, un adolescente tampoco lo
es, pero hay que tratarlo de tal manera que pueda llegar a serlo. La
educación es una tarea muy ardua, desde que el niño nace hasta
que se hace adulto la madre y el padre le educan; el niño va aprendiendo a hablar, a andar, a usar un poco la cabeza, a aceptar una
disciplina. La educación debe ayudar a que la persona se desarrolle
todo lo que puede dar de sí. La tarea docente siempre está mirando
a un resultado que le sirve a una persona para desarrollar sus tareas
y actividades de adulto.

A veces pueden seguirse inadecuadas interpretaciones sobre la
educación, porque se aceptan algunas propuestas de la llamada
*psicología genética*, que inventó Piaget junto con otros autores de

---

5. N.E.: Aquí se nota claramente que Leonardo Polo indica que el fin de
la educación es la madurez. Más adelante se verá que entiende Polo por ella.

su época[6]. Su tesis central viene a decir que el niño tiene unas peculiaridades tan absolutamente propias, que se puede establecer como teoría que el niño debe ser educado como niño. No obstante, esto es equivocado; al niño no se le puede educar como niño porque no va a ser niño toda la vida. Lo que sí debe hacerse es educarlo considerando que es un niño, que tiene determinada edad, unas características propias, etc., pero teniendo en cuenta siempre que va a parar a la etapa siguiente. Todo esto es un *proceso que está unificado por el fin*, un proceso largo en el tiempo que pasa por muchas etapas cuyo fin es formar un hombre perfecto[7].

Educar para que un niño pueda pertenecer al grupo está muy bien. No obstante, se debe tener en cuenta que el niño no va a quedar siempre así. No existen «niños bonsai». Un niño de 40 años es un inútil; es una situación irreal ya que lo característico de la mente es que se desarrolle. *No hay que educar para cierta edad, sino educar para la edad madura*. Se trata de educar a los niños y a los adolescentes para que lleguen a ser personas maduras[8]. La psicología genética se entiende mejor si se le ve desde la perspectiva de conseguir la madurez. Se educa en las fases iniciales de la vida, se transmiten conocimientos elementales, se establece una disciplina incipiente; pero la evolución es un proceso gradual, y no se puede entender al revés.

6. Cfr. PIAGET, J., *Introduction à l'épistemologie génétique*, 3 vols., Librairie Philosophique J. Vrin, París, 1949-50. Las fases por las que, según Piaget, pasa la inteligencia son: a) *Fase de la inteligencia sensorio-motora*; b) *Fase del pensamiento simbólico y preconceptual*; c) *Fase de las operaciones concretas*; d) *Fase del pensamiento formal*; e) *Inteligencia reflexiva completa*.

7. N.E.: Es muy importante que el educador, en su práctica, siempre tenga presente el fin de la educación –lo que quiere lograr en el educando–, porque todos los medios educativos deben subordinarse –deben servir– al fin de la educación.

8. N.E.: Nuevamente sostiene Polo que el fin de la educación es la madurez.

Uno de los grandes problemas que se presentan ahora es que la mentalidad del adolescente se prolonga durante mucho tiempo. Esto es más frecuente en los países llamados «desarrollados» que, en lo referente al desarrollo humano, presentan fuertes incongruencias, ya que no se sabe educar a las personas, no se les ayuda a llegar a la madurez. En estos países se nota claramente que la aptitud de una persona hace 50 o 60 años era afrontar la realidad con realismo desde muy joven; era una educación más rápida, lo cual hacía que la niñez no se prolongara demasiado. Ahora, hay gente de 20 y más años que, sin embargo, parecen de 12 años.

También tenemos que advertir que la actividad educativa se va extendiendo cada vez más a nivel escolar. La escolarización en muchos países es obligatoria. Sin embargo, muchas veces tenemos déficit de maestros; o si los hay, no saben mucho o no tienen, por decido así, una buena consideración social, y eso les influye psicológicamente. En general, no es conveniente que hayan pocos profesores. Todo el mundo tiene que seguir estudios. No tiene sentido decir que la enseñanza es obligatoria y que se debe tener aptitudes, y luego resulta, por otro lado, que el sistema no lo permite. *La educación secundaria debe ser también obligatoria.*

El problema que plantean los niños es que la persona madura debe saber trabajar, tener disciplina, resolver problemas e investigar. De manera que debe haber una educación activa en la que el niño investigue al igual que el maestro investigador. Habrá que hacer una investigación activa, y eso quiere decir, iniciarles en la investigación, según la formación, ejerciendo la imaginación, proporcionando razonamientos empíricos. Con la disciplina pasa igual, primero hay que disciplinarlos aunque todavía no tengan un sentido de lo que es la vida social, ni tengan un sentido de la subjetividad de los demás, etc. La disciplina debe empezar, por supuesto, en el hogar, con la familia. Además, la disciplina se instaura mejor en una familia numerosa que en una familia con un solo niño; disciplinar a un hijo único realmente es muy difícil. En gran parte, y en ciertas edades, se consigue disciplinar asumiendo tareas, dando pequeños encargos, como por ejemplo, arreglar su cuarto, tender su cama, lavar platos, etc.; es decir, asignar tareas para ayudar. A partir de un elenco de encargos, realizado en base a unas necesidades comunes, se pueden asignar tareas, teniendo en cuenta lo que cada hijo puede dar de sí; inclusive un niño de 8, 9 o 10 años ya está en condiciones de proponerlos e incluso de elegirlos. *Disciplinar, en gran medida, es asignar tareas*, lo cual es mucho más fácil en una familia con varios miembros. Los hijos únicos, insisto, son muy difíciles de disciplinar; y, sin embargo, el matrimonio con dos o menos hijos es lo típico de la mentalidad de los países desarrollados. No obstante, a dos niños tampoco es fácil disciplinarlos, se disciplina mucho mejor a 3, 4 o 5 hijos.

Quizás esta especie de excesiva duración de la adolescencia se deba en buena parte justamente a que no hay familias numerosas. En las familias numerosas el niño a muy temprana edad normalmente tiene que asumir tareas que le sirven mucho para alcanzar la disciplina, y para hacerse responsable respecto de los demás.

## 3. Educación y aptitudes

La *aptitud* se configura de acuerdo con la disciplina. Hay aptitudes disciplinadas y aptitudes indisciplinadas. Algunos ejemplos de éstas últimas son: salir y llegar a casa cuando les da la gana a los chicos, dejar la ropa como sea, no dar los saludos, etc. Hay que enseñarles que la ropa cuesta dinero, por lo tanto, deben cuidarla; enseñarles a tener limpia y ordenada su habitación; se les debe enseñar a que pongan cada cosa en su sitio, de lo contrario se hacen merecedores de un castigo que vaya dirigido a ayudar a corregir la falta.

Hay que educar a las personas, y educarlas quiere decir ante todo ayudarlas a disciplinarse. *Si no hay disciplina no hay moral.* Sin embargo, no se debe perder de vista que *la amistad es la base de una buena educación.* Hace falta ser amigo de los chicos para que se puedan dar órdenes razonables y estar en grado de señalar las consecuencias de no haber cumplido las reglas o tareas encomendadas. Evidentemente, no se trata de atacarles, porque se estropearía su afectividad. Aún cuando se tenga que reprender a un niño, siempre hay que dejarle una salida, abrirle una posibilidad de mejora. No conviene decirle a un niño que es malo, que es un holgazán, etc. Etiquetar, encasillar a un niño, es limitarlo, confinarlo a ese estado, lo cual no es coherente con la finalidad de la educación que es precisamente ayudarle a crecer, a salir de la situación en la que está en vistas de una mejor.

Ante las faltas de los niños, lo más adecuado es proceder atendiendo a los hechos: «has hecho las cosas así, pero aún te falta algo». Ese «te falta algo» está en el orden de la investigación, es decir, en el orden de la esperanza activa. «Te falta algo por cumplir», es otro modo de decir «lo has hecho a medias o todavía no lo has hecho y por lo tanto tienes que hacerlo». *Es mejor plantear las cosas de un modo positivo, optimista, señalando un objetivo y confiando en que el niño puede alcanzarlo.*

Las recriminaciones negativas como por ejemplo: «¡eres un inútil!» o «¡eres un niño malo!» son antieducativas y, además, son manifestación de muy poco sentido común. Se debe tener cuidado con los gritos de los padres –producidos muchas veces por su descontrol nervioso– ya que pueden herir al niño. Hay que tener presente que hay niños estropeados afectivamente, y que sufren mucho debido a que su afectividad no está normalizada, no está educada. Sin embargo, la educación de la afectividad es elemental,

porque es aquello sobre lo que se edifica y sobre lo que se puede
establecer una disciplina de modo que poco a poco el niño vaya
alcanzando la madurez[9].

Esa idea de niños modelos en la educación no es acertada,
porque tales niños no existen. La idea de niños modelos es errada
porque el niño modelo deja de ser niño, deja de comportarse como
tal. El problema de los niños prodigios es un lío. Un ejemplo de
niño prodigio –suele decirse– es aquél que sabe jugar ajedrez como
ajedrecista. Entonces se comenta: «¡Qué niño prodigio!». Pero varios de los niños prodigios se quedan así, en «prodigios». Mejor es
que aquel niño sea «medio prodigio» y que vaya aprendiendo cada
vez más, porque se dan casos en que no se desarrollan; y, constituidos en «maestros», lo único que hacen cuando llegan a ser mayores
es observar, debido a que los otros les ganan.

Hemos empezado hablando de la normalidad afectiva. También nos hemos referido a la necesidad de investigación, de disciplina. Asimismo se ha advertido cómo la orientación hacia la
madurez es un proceso. Además, hemos tratado el sentimiento de
angustia. La anormalidad afectiva por excelencia es justamente
la *angustia*. La angustia reside precisamente en que es solamente
sentimiento, es decir, pura *sentimentalidad* pero indiferenciada, y
con eso se abre a la *nada*. La normalidad afectiva consiste en todo
lo contrario, a saber, en tener una afectividad matizada, en *darle
a cada cosa la importancia que tiene*, en no concederle más de la
que tiene, en hacerle justicia a las cosas; por lo tanto, si algo no
nos gusta, no se puede cambiar arbitrariamente. Sin embargo, la
afectividad no es un bloque afectivo, sino que aparece según el

---

9. N.E.: Queda claro que para Leonardo Polo la madurez es un proceso,
no es algo que se logra de un momento a otro, sino que es un proceso que se
lleva a cabo gradualmente. Lo primero en este proceso es lograr una normalidad
afectiva.

matiz de cada circunstancia, según lo justifique cada cosa; eso es la normalidad afectiva.

La angustia es la anormalidad afectiva por excelencia. Puede darse una afectividad indiferenciada que tiende a expandirse. Precisamente por eso en la angustia se pierde el interés, es decir, ni hay investigación, ni hay disciplina, ni nada. El hombre está parado, es presa de la angustia, es la afectividad global. *Es recomendable que la afectividad no funcione de una manera global*, sino que se despliegue normalmente.

*La tarea de educar en la afectividad por parte de la familia debe ser repartida.* A cada uno corresponden diversos matices: a la madre se le concede un tipo de afecto, al padre otro, a los hermanos otros, a los amigos otro, a quien hace la comida otro, etc. La afectividad normal es aquélla que funciona de una manera suficientemente diferenciada. La afectividad en bloque es una afectividad anormal, es aquélla en que no hay más que afectividad, y por lo tanto, eso es angustia. La angustia puede sentirla un niño, aunque no es exactamente angustia, sino que se parece a ella. La angustia se da en personas mayores en las que se suspende el interés. La angustia significa una falta de orientación global. Una afectividad global indiferenciada es lo mismo que una falta de orientación global.

## 4. Orientación y madurez

En la palabra *orientación*[10] podríamos incluir lo que hemos llamado investigación y disciplina, el mirar hacia algo más allá,

---

10. N.E.: Se puede notar que, para Polo, la 'orientación' es la forma de conducir al educando a la madurez. La educación es un proceso y el acto por medio del cual se lleva a cabo ese proceso es la orientación, que es sinónimo de mostrar, dirigir, guiar, aconsejar, ordenar, recomendar, asesorar, sugerir, proponer, indicar. En otra oportunidad Polo afirma que "para «personificar» hay que

hacia el fin, hacia lo que todavía no hemos llegado. *La orientación debe ser global*. El hombre debe orientarse en vez de angustiarse, es decir, que en vez de tener una afectividad global lo que debe tener es una orientación global. Si tiene una orientación global, tendrá una gama de intereses muy rica y se dedicará a la investigación sin problemas, y al mismo tiempo, seguirá y afrontará una disciplina porque todo eso cabe dentro de la orientación global.

La orientación global es una síntesis, y al mismo tiempo es una unidad que recoge, por lo cual es una unidad muy rica. En cambio, la angustia es al revés, es una afectividad que se encuentra ante la nada, por lo tanto, es el producto de una falta de orientación. Hay que orientarse. La palabra orientación tiene muchas connotaciones y tomada en su sentido global se puede describir si se tiene en cuenta que *la educación está orientada al hombre maduro*. El que necesita de la orientación global es el hombre maduro, de lo contrario no se puede decir que es maduro[11]. La orientación global hay que educarla, es decir, hay que ver cómo se puede ir despertando en el niño la orientación global.

La orientación global debe orientarse, es decir, descubrir caminos; es la vida en marcha. Si no hay una orientación, la vida se detiene, y eso ya no es vida. La orientación global debe ser rica en contenido. Dentro de la orientación global, la afectividad normalizada, matizada, jugará un gran papel para establecer la necesaria flexibilidad práctica en orden de los medios, para saber orientar la actividad investigadora, y no perder la investigación por culpa de una investigación no orientada.

orientar, hay que influir, en una palabra: educar". POLO, L., *La persona humana y su crecimiento*, p. 79. A esto añade que "sin orientación la educación no es concebible, pues se educa *para*". *Ibid.*

11. N.E.: Por consiguiente, se puede indicar que, para Leonardo Polo, el fin de la educación –la madurez– se logra al alcanzar la orientación global.

En la investigación, o se sabe de antemano, aunque sea de una manera imprecisa, lo que se va a encontrar, o no se investiga. Las investigaciones siempre están precedidas por hipótesis más o menos formalizadas. Esas hipótesis no son más que barruntos, pero que si no se establecen no se encuentra nada; son como pre-ideas, lo que Hegel llama preconceptos, la pre-tenencia. En la topología de Heidegger también aparece el interés. Sin embargo, al final señala que el interés se rompe –o desaparece– con la angustia cuando aparecen estas nociones de «pre». Sin embargo, aunque «pre» es siempre un poco impreciso, es orientador a la vez, porque significa que ya marca alguna dirección hacia la convención, señala una orientación hacia una posición, hacia la captación de datos.

La orientación tiene este sentido, y esto ocurre a lo largo de toda la vida. Desde aquí quizás se puede entender mejor la situación de inmadurez. Si la orientación la tomamos desde ese punto de vista, todos somos un poco inmaduros, es decir, estamos siempre en una situación de «pre» o de «pre-paración». Lo que necesitamos es una orientación global, una orientación que si es global es una adivinación o una pre-comprensión, un pre-tener lo básico de la realidad.

Aquí se habla de imagen de la realidad. Se puede decir que eso de la imagen de la realidad no es más que el carácter de ver lo que es característico de la orientación. La imagen que tenemos de la realidad es una captación insuficiente de la realidad, pero si estamos orientados hacia la realidad, entonces esa imagen tiene un sentido. La imagen de la realidad es una fase desde el punto de vista del desarrollo de una actividad, de una orientación global.

¿Cuál es mi puesto en la realidad? ¿Quién soy yo? La orientación tiene este otro aspecto. *La orientación es una cierta adivinación*, un encaminarse que, por tanto, está abierto a posibilidades, es decir, no condensado. Pero la orientación también tiene otros ingredientes: es un saber. Al hombre le proporciona suficientes indicaciones.

Hay como una serie de indicadores, como señales de tráfico, que
señalan el camino. Pongamos un ejemplo: hay ciudades en las que
se aprecia una falta de señales de tráfico. En cambio, en ciudades
más grandes existen muchas señales, que son una ayuda respecto de
la disciplina. Así, el «paso de cebra», sirve para saber que si pasan
peatones, éstos tienen preferencia, a no ser que el paso de cebra esté
al lado de un semáforo —en cuyo caso prevalecerá el color del semáforo—, pero si no hay semáforo, el paso de cebra significa preferencia
total para el peatón, lo cual prescribe que ante el paso de cebra el
automóvil se debe parar. Los pasos de cebra se respetan, lo cual significa orden y disciplina. Los pasos de cebra dan orientaciones: «se
puede hacer esto», «no se puede hacer esto», «aquí hay que pararse».

Bien, la orientación global va acompañada de lo que podríamos llamar una *convicción sobre sí mismo*. El hombre necesita de
un *auto-reconocimiento*. Esto se indicó al hablar de cómo va creciendo la conciencia de sí en el niño. Primero, el niño es un «lo
mismo», pero luego se va dando cuenta de las cosas, de los demás
y aparece también la conciencia del «yo». La conciencia del «yo»
no es la forma más alta de autoconciencia, de «conciencia de sí»,
«de saber quién es uno». Saber que es un «yo» es importante, pero
todavía no es suficiente. Sin embargo, todo esto necesita también
educación y esto nos lleva ya a la religión, al problema de la educación religiosa.

## 5. La educación religiosa

La educación religiosa es un asunto sobre el que muchas veces
no se dice apenas nada, o muy poco. Parte de la educación religiosa la tienen que dar los *párrocos* hablándonos de la espiritualidad,
pero parte importante se encomienda a los *padres*. Como ya hemos
señalado, Juan Pablo II denomina «iglesia doméstica» a la familia,

usando una expresión clásica tomada de la vida de la primitiva cristiandad. Esto quiere decir que una familia es una Iglesia; es como la Iglesia católica en la casa. Es una iglesia doméstica porque existe un sacerdocio de los fieles que es *real* en el doble sentido de la palabra: real porque corresponde al Rey, y real porque es verdad. Como es sabido, hay una diferencia entre el sacerdocio ministerial y el sacerdocio común del fiel, del bautizado. Sin embargo, el sacerdocio del bautizado es un sacerdocio real y, por lo tanto, una familia es una iglesia. Evidentemente, para aceptar este punto hace falta ser católico. Esto muchas veces no se tiene en cuenta en los planteamientos de la educación de la familia. *La educación religiosa es sencillamente el dinamismo de la propia familia en cuanto iglesia doméstica.* El matrimonio que no tiene en cuenta esta realidad no educará bien a sus hijos; el matrimonio que ignora que está formando una iglesia doméstica no sabe nada como católico; no sabe lo que es realmente el sacramento del matrimonio, y entonces puede cometer dislates a la hora de educar.

La casa, la familia, es una iglesia doméstica, y como tal, le corresponde la misión que tiene la Iglesia: formar religiosamente a sus miembros. Aquí se manifiesta la educación religiosa básica, la cual puede hacerse muy pronto; es una labor que pertenece a los *padres*, porque una escuela no es una iglesia doméstica ni una iglesia escolar. Una escuela es un centro educativo, pero una familia es una iglesia doméstica siempre que sus miembros estén bautizados. En este punto a veces falla de una manera estrepitosa la comprensión de lo que es educar, pues hay gente que no sabe, ni dice nada, acerca de la iglesia doméstica.

*La educación religiosa es un aspecto muy importante en la formación del ser humano porque sin ésta no hay orientación global*[12,] la

---

12. N.E.: Es importante tener en cuenta que, si bien Leonardo Polo es cristiano –lo que queda de manifiesto en su obra–, en este caso no habla de

cual se recibe y se despliega en la familia. La educación religiosa pertenece a la iglesia doméstica, es decir, que si bien corresponde al párroco, ante todo le pertenece a los padres, puesto que la noción de iglesia doméstica no es una simple palabra ni una metáfora, sino que es estrictamente teológica, educadora: enseña en orden a la fe, prepara para la fe.

Lo primero que habría que decir, por tanto, es saber qué significa para un adulto orientación global, y cómo se educa en la orientación global. La *orientación global* sólo es posible si tiene una comprensión de sí mismo suficientemente profunda; de lo contrario no se da[13]. ¿Qué significa ser hombres?, ¿cuál es nuestra verdad fundamental? Se trata de esa verdad esencial que buscaba Sócrates: el saber acerca del hombre. Ese saber es muy especial, porque el hombre es una criatura especial.

educación religiosa cerrándose a dicha religión, sino que se refiere a alguien que se abre a Dios. Esto es importante, porque independiente de que una persona no profese religión alguna, cualquier persona, de modo natural, puede llegar al conocimiento del Creador. Por este motivo es necesario aclarar que la orientación global no se logra por medio de las 'clases de religión', sino que se logra con la misma educación. Claramente las clases de religión –si están bien llevadas– pueden facilitar el alcanzar la orientación global, puesto que permiten de manera más evidente 'poner al educando frente a Dios'.

13. N.E.: El hombre maduro es aquel que sabe *quién* es y *quién* está llamado *a ser* desde su *intimidad personal*, de cara a su Creador. Leonardo Polo considera que solo Dios sabe *quién* es cada acto de ser personal humano: "quién soy sólo lo sabe Dios. Dicho con terminología tomista, Dios significa el yo soy del acto de ser. Por lo tanto, el quien humano sólo se sabe en Dios". POLO, L., *La persona humana y su crecimiento*, p. 96. Esto quiere decir que la orientación global la alcanza aquel que ha descubierto la vocación divina de cara a Dios: "para que esa tarea sea esperanzada es menester que no obedezca al mero capricho del sujeto, sino que haya sido *encomendada*, es decir, que se comprenda como un *encargo*... Pero, en rigor, el autor de la encomienda es el Creador. Por eso, hay que entender el encargo como una misión otorgada". *Epistemología, creación y divinidad*, p. 116.

Aquello a lo que la angustia es lo más contraria es a la orientación global. La orientación global es necesaria para vivir adecuadamente. Todo hombre debe lograrla porque ésta marca la madurez[14]. El cristiano recibe la orientación de su fe primariamente en la familia si se tiene en cuenta que la familia cristiana es una iglesia doméstica.

## 6. ¿Azar o predilección?

Para mostrar de qué manera el hombre se sitúa en condiciones tales que su orientación global sea posible, se puede partir, a mi parecer, del hecho de que el hombre es un *ser humano*. El tema se puede afrontar de la siguiente manera:

En primer lugar, al considerar lo que es un ser humano, destaca el hecho de que es un *ser sumamente improbable*[15]. Uno es quien es, precisamente, por el encuentro de una célula masculina con una femenina, las cuales tienen que ser estrictamente ésas, porque si fueran otras o una de las dos, simplemente uno no existiría. Para que exista el ser humano es necesario empezar por ahí; de otra manera no se daría nunca, y eso depende a la vez de muchas cosas, como de que su padre y su madre se hayan conocido, pues si ellos no se hubieran encontrado, uno no hubiera sido nunca.

Cualquiera de nosotros, por tanto, tiene una probabilidad de existencia prácticamente ínfima, porque si los acontecimientos hubiesen sucedido de otra manera, si cualquier otro espermatozoide hubiese fecundado el óvulo u otro óvulo, si se hubieran encon-

---

14. N.E.: Nuevamente advierte Polo, que el fin de la educación –la madurez– se logra al alcanzar la orientación global.
15. Describo esta misma idea en una parte de mi libro *Introducción a la Filosofía*, lección 20, pp. 199-210.

trado otras parejas a lo largo de la historia, no hubiéramos nacido nosotros, sino otros seres humanos. Si hubiese habido la menor modificación en una generación, entonces ninguno de nosotros existiría. En consecuencia, ¿podemos decir que nosotros somos hijos del azar?, ¿somos un producto del azar a costa de que otros, que podrían haber sido, no han existido nunca, justamente porque somos nosotros? Cada uno es a costa de los muchos posibles hermanos que no han sido y que nunca serán, pues si uno no hubiera sido otros podrían ser. Ante esto tenemos dos respuestas: o azar o Dios. Piénsese en la mente de Dios. Él conoce a todos los que podían haber sido, pues su mente es infinita.

Somos seres contingentes de un modo verdaderamente asombroso y, sin embargo, somos a costa de que muchos otros seres posibles no sean. Resulta, entonces, que uno es criatura de Dios, que es *objeto de una predilección divina* (*pre-dilecto*: querido, elegido con anterioridad). Dios, que lo ordena todo, nos ha tenido que querer a cada uno de nosotros muchísimo más que a todos los que pudieran haber sido y que, por el hecho de nacer nosotros, no lo han sido ni nunca lo serán.

En estas consideraciones se comienza a penetrar en la verdad del ser humano. *Lo fundamental del ser humano es ser hijo*, y como hijos, en cuanto nacidos, somos a la vez una enorme contingencia humana, pues no hay necesidad de que seamos, y al mismo tiempo somos a costa de que nos encontramos con una señal de predilección. Probablemente si alguien no cree en Dios, o es mecanicista, dirá que somos únicamente una casualidad, un hecho, no hablará de predilección por parte de Dios en el hombre.

El hombre es un *ser personal* y es querido en condición de *fin*. Dios no lo considera como un medio sino como un fin, puesto que le destina a la eternidad con Él. Somos personas porque Dios nos ha amado desde la eternidad con amor de predilección. Si consideramos los dos aspectos del asunto, a saber, por una parte, que no cabe duda de que yo existo y que mi existencia es, desde el punto de vista de la generación humana, una improbabilidad verdaderamente enorme, y, por otra, que esa improbabilidad comporta que a cambio de muchos de los que existimos han dejado de ser otros que nunca han sido ni nunca lo serán, es porque todo depende de que Dios nos haya escogido.

Reparemos ahora en el control de la natalidad. Podemos darnos cuenta de que por muchos que sean los seres humanos, son muchos menos de los que podían ser, y que cuando cualquier ser humano pone un medio anticonceptivo en marcha, se está metiendo en el orden de las funciones divinas; está interfiriendo en las predilecciones divinas porque al que toca decidir «quién va a ser» es a Dios y no a un ser humano. Naturalmente, esto se debe a que en ciertos ambientes, por lo general, la gente piensa poco y, además, porque muchos dicen que éstas son meras consideraciones teológicas o biológicoteológicas. No es así, sino que en realidad Dios quiere a cada uno por encima de los demás, por encima del infinito.

*Si una persona no piensa así, no sabe quién es.* Tendrá de sí una visión mucho más *pesimista* que quien se sabe hijo predilecto de Dios, pues se considerará producto de la casualidad. Pero, un ser humano en esas condiciones no puede tener una orientación global en la vida, porque no tiene en cuenta el carácter de predilecto, ya que se considera un simple fruto de la casualidad, es decir, que «es de hecho». Pero, si uno es «de hecho» y nada más que así, entonces *no es una persona*, porque ésta es el ser más digno que existe, es un *fin*, por lo tanto, una persona no puede ser «de hecho».

Dios tiene predilección por todos, por eso pasamos a ser sus hijos. Todos somos término de una predilección verdaderamente asombrosa, porque todos somos a costa de que otros, muchísimos más, no sean. Nosotros somos las personas que Dios ha querido que seamos. Es evidente que *esto es el motor y fundamento de la religión*, aunque también la religión se fundamenta en muchas otras consideraciones. Si nos planteamos las preguntas: ¿quién soy?, ¿por quién soy? Esas preguntas no tienen más respuesta que ésta: *soy porque Dios ha querido que sea y porque Dios me ama*; Dios ama todo lo que crea. *Soy hijo de Dios.* Mis padres, mis abuelos, mis tatarabuelos, toda mi genealogía, no sabían quién iba a nacer, pero Dios sí lo sabía porque Él nos eligió. Dios es quien elige esto o lo otro, quien crea, conserva y gobierna el mundo.

Si esto es el ser humano, nos encontramos con una verdad notable: ¿yo, merezco existir? No. ¿Yo, me debo a mí mismo la existencia? No, uno no se debe la existencia; esto es indiscutible; no es posible que uno se genere, que antes de su generación uno sea la causa de su ser. Cada ser humano es porque Dios le ha creado y sus padres han colaborado. El hombre es personal y muy peculiar.

Estamos entonces ante una verdad fundamental y es que el hombre es *hijo de Dios*. A esto le corresponde que cada quien le debe a Dios una gratitud, la *piedad*. Yo soy porque Dios ha querido que sea. Por tanto, le debo algo que no podré pagarle nunca. Además yo me puedo fiar de Dios totalmente, porque si soy persona es justamente porque he sido elegido en vez de otra, y esto porque he sido y soy querida por Dios. Cada persona es un *novum*, una pura novedad, que no existía antes de ninguna manera. Cada persona existe debido a Dios, cada uno es hijo de Dios y, por ende, se debe ordenar a Él. Yo soy en orden a Dios. *La vida de cada uno no tiene sentido más que dirigiéndose a Dios.* Se trata de una respuesta que está globalmente acompañada de otra cosa que es la *humildad*. Las dos cosas están consolidadas: *humildad* y *predilección*.

La predilección no puede –por así decirlo– unirse a ningún objeto de soberbia, porque «existo yo», pero también existen los demás. Tener soberbia frente a los que no han sido nunca no tiene sentido. Sería una soberbia frente a la nada. ¿Un hombre es tal porque se lo merece? No, la predilección viene de Dios. ¿Qué he hecho yo para ser elegido?

## 7. La orientación global

Después de lo expuesto conviene tener en cuenta algo más: resulta que no todo se acaba con la creación del ser humano, porque éste ha pecado y Dios también nos ha tenido que redimir enviando a su Hijo. La redención es el costo de la vida del Hijo de Dios. Como dice San Pablo, Dios envió a Cristo, Dios ha muerto por mí. Además, Dios nos perdona a cada uno porque le fallamos muchas veces. Bueno, todo esto, que son verdades cristianas elementales, pertenece a la verdad sobre el hombre, por lo tanto se las debe tomar muy en serio[16].

En cuanto uno considera aquella pequeña idea de que soy un predilecto, se pone a pensar «¿cómo le voy a fallar a Dios si se lo debo todo, en términos de predilección?». Es evidente que *esto es lo que le concede y le proporciona al hombre una orientación global*. Esta consideración lo domina todo, al lado de esto cualquier otra cosa es secundaria. Por eso, cuando se pregunta acerca de cuál es el fin del hombre, es lógico responder que el fin del hombre es Dios, y si se tiene un nivel más alto se responderá: Dios y la intimidad de Dios, es decir, el conocimiento de Dios desde la vida interior. El fin del hombre es amar a Dios, y esto nos lleva a la santidad, a la visión beatífica, a ser bienaventurados.

*En la orientación global no se puede prescindir de Dios*, de lo contrario no se puede existir. Sin orientación global no hay manera de vivir. *Si uno prescinde de Dios prescinde de sí.* Si se prescinde de Dios se comete un acto irresponsable, porque el hombre debe ser religioso. El hombre o es un ser religioso o es un animal, no

---

16. Esas ideas las desarrollo más ampliamente en «La originalidad de la concepción cristiana de la existencia», en *La persona humana y su crecimiento. La originalidad de la concepción cristiana de la existencia*, pp. 345-363.

hay alternativa; o se es religioso o no se es persona[17]. Sartre pretendía ser ateo, pero en realidad ésa es una actitud superficial, pues trataba de seguir a Nietzsche y declarar el ateísmo como principio, cuando Nietzsche sostiene que ser ateo es muy difícil, en el fondo es imposible, pues es muy complicado aprender a quitarse a Dios de en medio.

*Un ateo no posee orientación global.* Tendrá algunas orientaciones, pero no una global. El ateo no tiene orientación global porque si uno es fruto del azar, también la propia vida depende del azar. Si todo es azar, no se puede poseer una orientación global. Uno se orientará a esto o a lo otro, pero globalmente a nada. La única manera de totalizar la propia vida es considerarla como una unidad dirigida o referida a Dios.

El hombre es un ser esencialmente religioso por ser hijo de Dios. Esa es la religiosidad del hijo puesto que lo es desde su nacimiento precisamente por ser quien es, por haber nacido él y no otro. Por eso, si la noción de *yo* la consideramos suficientemente, no significa simplemente el que se opone a los demás; el *yo* significa «el predilecto», aquél que es capaz de una orientación global que solamente nos la proporciona Dios. En este juego está nuestra verdad: entre la predilección divina y nuestra contingencia radical, somos quienes somos porque Dios lo ha querido, de lo contrario no hubiésemos existido nunca.

*Al niño hay que proporcionarle esta orientación básica.* Evidentemente no se le puede explicar filosóficamente porque no lo entendería. Sin embargo, a un niño se le puede explicar, con algunos términos que entienda, cómo ha nacido, si bien se ha de tener en

---

17. N.E.: Nuevamente queda de manifiesto que la orientación global no es exclusiva de una persona que profese una religión particular, sino que puede ser alcanzada por cualquier persona que conozca a Dios: ya sea por profesar una determinada religión o por llegar a Él naturalmente.

cuenta que la educación sexual que le den los padres debe ir de acuerdo a cierta edad, etc. *En la iglesia doméstica lo primero que se tiene que enseñar al niño es a rezar.* Nosotros aprendemos a rezar gracias a nuestros padres. Si los padres rezan, el hijo lo hace también. Los padres constituyen la iglesia doméstica y, por lo tanto, deben educar religiosamente a los hijos.

Tarea de la iglesia doméstica es educar; tal iglesia tiene unos catecúmenos, pues para un padre sus hijos son alumnos que aprenden la doctrina, por tanto, tienen que hacer una catequesis con sus hijos, y esa enseñanza consiste fundamentalmente en enseñarles a rezar; la moral cristiana viene después. Lo primero que deben enseñarles es a rezar, e indicarles cuál es su destino, que pueden ir al cielo, luego viene la moral cristiana, es decir, los mandamientos, porque esa capacidad de dirigirse a Dios es inherente a esa condición de *predilecto contingente.*

El predilecto contingente debe dirigirse a Dios. Por haber sido creado puede y tiene que llegar a Él. Puede preguntarle por qué le quiere tanto, por qué le ha creado, qué espera de él, qué quiere que haga, cuáles son las tareas que le tiene encomendadas. Entonces es cuando se posee una orientación global. Esas preguntas son preconceptos, pre-comprensiones que dan una respuesta divina.

Cuando el hijo está bautizado tiene la fe, el Espíritu Santo está actuando en él. Por lo tanto, aprende a rezar como un pez sabe nadar en el agua. Enseñar a rezar a un niño bautizado es facilísimo. Será necesario repetir oraciones, pero enseñar la actitud de rezar no hace falta, y justamente lo primero que se debe enseñar es *la actitud del orante.* Luego ya se enseña oraciones concretas. Las oraciones aprendidas de niño nunca se olvidan; a veces se olvidan una de las cantilenas de las pequeñas oraciones tradicionales, pero la oración en sí no se olvida.

Orar significa dirigirse a Dios, orientar, ordenar la mente a Él. El *Catecismo* también lo dice, porque orar es elevar la mente a Dios[18], acostumbrarse a tratar con Dios. A un niño se le puede acostumbrar a tratar a Dios, a contar con Él, de una manera esporádica, por ejemplo, al levantarse, al acostarse, al bendecir la mesa, etc. Los padres deben enseñar al niño a tratar a Dios con amistad, el padre y la madre son los maestros y deben enseñar al hijo que el mismo trato de amistad y respeto que tiene hacia sus padres lo debe tener con Dios porque Él ha creado todo de la nada.

Cuando no se tiene fe se piensa que el padre y la madre nos han traído al mundo sin consentimiento alguno, y eso a veces ocurre, pues una persona puede pensar que los padres son los culpables de su nacimiento. En cambio, si se enseña la fe eso no se diría nunca.

Rezar es lo básico, enseñar a rezar requiere de iniciativa, disciplina e investigación, todo esto es inherente a la oración. La investigación es requerida porque es preguntarse, tratar de conocer a fondo lo que se considera un misterio. Además, la oración comporta disciplina de entrada. La disciplina no es una cosa desagradable, es tomarse en serio un asunto, saber que la oración no se puede hacer de cualquier manera sino de acuerdo a cómo debe ser. Después hay que enseñarle otras cosas.

En segundo lugar, lo que los padres deben inculcar a sus hijos después de rezar, es ir a la iglesia. Los padres tienen que llevar a sus hijos a la Iglesia, si los hijos acuden, es por acompañar a sus padres. Se debe empezar por ahí. El hombre que no sabe rezar está perdido, pero si desde pequeño sabe rezar, con el tiempo la oración crece, se hace más constante. *Saber rezar con entereza es un hábito, es poner la fe, la esperanza y la caridad en marcha, es crecer en virtudes.*

La enseñanza moral es importante, por esto existen profesores de Ética. También lo es el enseñarles a leer el *Evangelio*. Si esto

---

18. Cfr. *Catecismo de la Iglesia Católica*, Cuarta Parte: *La oración cristiana*, Primera Sección: *La oración en la vida cristiana*, n. 2559.

no se hace no hay formación religiosa. La educación religiosa no consiste en prácticas superficiales, por ejemplo, la de ir a la iglesia solamente los domingos, es decir, no tener en cuenta la disciplina de la piedad ni seguir los ritos de la misa. La formación religiosa consiste en enseñarle cada cosa al niño, pero de tal modo que lo lleve a la práctica. Insisto, esto les corresponde a los padres.

El cristianismo es una cosa que va por dentro. Existe la iglesia interior, la vida cristiana interior, aunque es evidente que existe también, digámoslo así, la iglesia externa que se inicia como cuerpo de Dios, como una organización. Lutero niega la unidad de ambas, sostiene que la iglesia externa no existe. Aunque negar que la Iglesia visible sea un error, Lutero tenía razón al decir que el cristianismo es labor de cada uno.

Hay que llamar la atención sobre este asunto de la educación religiosa, entendiendo por religión la respuesta del hombre a la iniciativa divina, a la iniciativa creadora y a la iniciativa redentora. La religión no es una iniciativa humana, sino que es una iniciativa divina[19] porque Dios, quien ha creado el ser humano y lo ha creado con amor de predilección, está siempre dirigiéndose al hombre; además, esa dirección ha tomado la forma asombrosa de encarnarse.

Hay que enseñarle al niño lo que Dios hizo por nosotros, cómo envió a su Hijo al mundo para redimirnos; se le pude explicar esto y enseñarle a vivir la fe en Semana Santa, así también en otras fiestas de guardar, como Navidad. Todo esto va formando al niño. La persona que, por así decirlo, tiene su pozo y ha vivido la fe, no se le olvida nunca. Es una persona que tiene ya la orientación global y puede encontrarse con ella de una manera más amplia al llegar a mayor; puede desatar una serie de consecuencias que le comprometan más como cristiano, adquirir unos compromisos firmes.

---

19. «Dios nos ha amado primero», *1 Juan*, 5, 19.

Insisto, la *esencia* humana es sistémica y no se puede prescindir de esa dinámica; de lo contrario, los otros elementos o factores en que consiste la educación se quedan deslabonados, resulta muy difícil integrarlos.

¿Cómo se puede educar mejor? ¿Cómo se puede educar mejor la investigación y la disciplina si falta una orientación global? Pues no se conseguirá: será una investigación muy especializada o muy particularizada, será una disciplina que acudirá a medios coactivos y se aceptará de una manera molesta, entonces aparecen los aspectos puramente legalistas (reglas externas), una concepción legalista de la vida.

La disciplina no forma parte de mi orientación global, sino que la disciplina es una cosa que viene de fuera y que debo acatar, por ejemplo, si no respeto la luz del semáforo se pueden ocasionar choques. Sin embargo, en cuanto a la disciplina hay que ser un poco flexibles, pero esa flexibilidad la da justamente la orientación global, porque si la disciplina se toma diariamente de una manera maniática, entonces la vida de un ser humano se vuelve un poco neurótica. Me parece bastante significativa la definición de *neurosis* que dio un conocido psiquiatra: «la absolutización de lo relativo». Nosotros, al absolutizar lo relativo, podemos dejar lo importante; no habrá educación si esto es así; si la disciplina se mueve en forma matemática, no es verdadera.

Si la afectividad se dirige hacia Dios, es buena. *La mejor manera de educar la afectividad es dirigirse hacia Dios.* Dios nunca fracasa en su educación como pedagogo, es el mayor pedagogo que existe, pues tiene pedagogía divina; en cambio, los padres y los maestros fracasamos muchas veces. Aunque tenemos que contar con la libertad de cada educando, quizás muchos fracasos se deban a que no se le enseñó a rezar bien, a tener fe en Dios.

# Anexo

## *Ética y educación*[309]

### Planteamiento

El título de esta intervención es la relación que hay entre ética y educación. Que la ética tiene mucho que ver con la educación es clarísimo, porque la ética se refiere a las cosas que hay que hacer, y como dice Aristóteles, 'las cosas que hay que hacer solo se conocen cuando se hacen'[2]. Por consiguiente, el hombre va aprendiendo la ética a partir de un primitivo núcleo que acompaña a su naturaleza, que es lo que se suele llamar la 'sindéresis', es decir, algo

---

1. Este artículo se encuentra publicado en POLO, L., *Artículos y conferencias*, en *Obras Completas*, Serie B-III, vol. XXX, Eunsa, Pamplona, 2022, pp. 367-379.

Se trata de una conferencia que tuvo lugar en el Centro Cultural Ausangate de Lima (Perú) el 10 de septiembre de 1990.

2. N.E.: La tesis del Estagirita se encuadra en este pasaje: "Adquirimos las virtudes como resultado de actividades anteriores. Y éste es el caso de las demás artes, pues lo que hay que hacer después de haber aprendido, lo aprendemos haciéndolo. Así nos hacemos constructores construyendo casas, y citaristas tocando la cítara. De un modo semejante, practicando la justicia nos hacemos justos; practicando la moderación, moderados, y practicando la virilidad, viriles". ARISTÓTELES, *Ética a Nicómaco*, II, 1, 1103a.

así como unos principios impresos en la naturaleza humana, pero principios muy generales como hacer el bien y evitar el mal. Realmente la ética es algo que se va desarrollando a través de la vida humana. Aristóteles dice, con su buen sentido característico, que a los jóvenes la ética les entra con cierta dificultad[3], es decir, que la ética se va incrementando a lo largo de la vida. La ética tiene mucho que ver con el crecimiento humano, por lo tanto, la ética es cuestión de educación. Tal vez podríamos verlo al revés: la educación, ¿qué tiene que ver con la ética? No solo se educa en ética, sino que la educación tiene mucho de instrucción, de 'preparación para', sobre todo la educación actual: adquisición de conocimientos que son necesarios para el mejor cumplimiento de las tareas sociales, productivas, etc., para cumplir la propia función en la sociedad.

Sin embargo, precisamente porque la ética sin educación no aumenta, el hombre no madura éticamente sino a través de un largo proceso a lo largo de su vida. Pues si la educación, tomada en el otro sentido, es decir, como un modo que prepara a la gente para desempeñar tareas, para enseñar cosas, si la educación se separa de la ética, realmente la ética quedaría arrinconada o no habría un buen desarrollo ético.

## 1. El primer sujeto de la educación ética: la familia

Creo que lo mejor es, por lo tanto, que la ética y la educación estén estrechamente vinculadas, entendiendo por educación,

3. N.E.: Tal afirmación se halla en este pasaje aristotélico: "Los jóvenes pueden ser geómetras y matemáticos, y sabios, en tales campos, pero, en cambio, no parecen poder ser prudentes. La causa de ello es que la prudencia tiene también por objeto lo particular, que llega a ser familiar por la experiencia, y el joven no tiene experiencia, pues la experiencia requiere mucho tiempo". *Ibid.*, VI, 8, 1142a.

la instrucción, la adquisición de conocimientos profesionales. La educación ética no es solamente la que se puede dar en centros educativos, sino que la ética empieza a aprenderse en la familia[4], es decir, el primer sujeto de la educación ética, quienes imparten la educación ética, son los padres.

El hombre es sujeto de la educación ética en su familia, en los primeros años de su vida, de una manera casi exclusiva. Es derecho de los padres y obligación suya la formación de sus hijos. Procrear no basta –dice la doctrina de la Iglesia–; la formación debe ser, por lo tanto, continuada a lo largo de los primeros años por los padres. Ellos tienen ese derecho y ese deber. El primer ámbito en el que el hombre es educado y adquiere las primeras direcciones, que luego van a influir mucho en su vida, es justamente la familia.

Cuando se ha intentado suplir la familia en este terreno, en estas tareas, el resultado siempre ha sido malo. Piensen ustedes, por ejemplo, en los intentos de los regímenes totalitarios, de que fuera el estado el que se hiciera cargo de la educación de los niños. Esto ha dado lugar a sujetos inmaduros, a grandes problemas psicológicos. En el caso de la Unión Soviética, esta sustitución de la familia como agente educativo desde los primeros años de vida, ha llevado a una fuerte mala formación de la gente, que ha producido una corrupción social extraordinariamente extendida, que es uno de los grandes problemas en los que actualmente se encuentra la Unión Soviética y que hace tan difícil todo este proceso de cambio. Han llegado ya a la conclusión de que se habían equivocado, de que tienen una actitud ante la vida demasiado pasiva, que lo esperan todo del Estado, que no tienen sentido de la libertad. Y precisamente aquella gente que se ha salvado en la Unión Soviética son precisamente los que recuerdan el influjo de sus padres o de sus abuelos, porque muchas veces eran las abuelas las que con esa

---

4. N.E.: Para Leonardo Polo el primer agente educador es la familia.

tenacidad característica de las mujeres –todavía más con sus nie-
tos–, les inculcaron una serie de convicciones a lo largo de la vida,
y al cabo del tiempo son precisamente aquella gente la que se ha
salvado de esa especie de catástrofe sociológica que están atrave-
sando ahora los países del Este.

Quienes primero tienen que educar son los padres, y eso forma
un primer estrato en la educación, que, si falla, el resto del proceso
educativo, o la continuación del proceso educativo, se encuentra
sin base.

## 2. Del colegio a la universidad

Después es claro que intervienen los colegios, y luego la educación, desde el punto de vista profesional, culmina naturalmente
para mucha gente en la universidad. Pero durante esos años, y con
mayor razón en la universidad, el educador es el profesor[5]. En el
proceso educativo interviene mucho la sociedad[6], no ya la sociedad
familiar, sino la sociedad civil en que el sujeto se inserta.

Eso para un profesor plantea problemas para la tarea educativa, porque a veces los criterios formativos, educativos, que están en
la sociedad, y que muchas veces se propagan precisamente a través
de los medios de comunicación, son sumamente distintos de la labor educativa que realizan los profesores. Y eso tiene también muy
malas consecuencias cuando se produce esa disociación.

Por lo tanto, es muy conveniente que los colegios colaboren
con los padres. Creo que es muy conveniente que los colegios colaboren con los padres para que los padres no deshagan la enseñanza recibida en el colegio, y también al revés, para que los padres

5. N.E.: Para Leonardo Polo el segundo agente educador es el profesor.
6. N.E.: Para Leonardo Polo el tercer agente educador es la sociedad.

controlen la actividad de los profesores. Es importante la armonía entre lo que se dice, entre la formación que se recibe en el colegio o en la universidad y lo que se dice y hace en la familia.

## 3. La educación social

Influyen mucho en la gente de la calle, y hoy especialmente, los llamados medios de comunicación de masas. Esto puede dar lugar a una situación verdaderamente muy difícil, cuya importancia para la ética es grande y en la cual la ética tiene muchísimo que decir.

La formación ética es algo así como la maduración del hombre[7]. El hombre madura en términos éticos. Una persona madura es una persona en la que las distintas dimensiones humanas están armónicamente coordinadas. Una persona no madura es la que no consigue ese grado de unidad, es decir, no logra la integración y, por lo tanto, es un ser humano en el que se dan disfunciones, disgregaciones entre los distintos aspectos de su vida.

Para ponerles un ejemplo, que para un profesor universitario europeo es preocupante, diría lo siguiente: ¿Qué relación hay entre lo que se dice en la universidad y entre lo que los chicos hacen por la tarde, por la noche y los fines de semana, que normalmente es irse a las discotecas? Lo que quiero decir es que lo que se aprende en la universidad, no sirve para nada cuando uno va a una discoteca. Y también al revés, lo que hace uno en una discoteca, después en la universidad tampoco le sirve para nada. Una persona que

---

7. N.E.: Como se vio más arriba, el fin de la educación es la madurez, que consiste en la orientación global. Previa a la orientación global tiene que darse una madurez ética, que consiste en la formación de la inteligencia y la voluntad, ayudando al educando a adquirir hábitos intelectuales y virtudes morales. A esto se denomina educación ética o educación del carácter.

hace por la mañana una cosa y por la tarde otra que no tienen absolutamente nada que ver, pues esa persona realmente no se forma.

De manera que tenemos una personalidad escindida, dividi-
da; eso es un fenómeno muy actual con el que el educador debe
enfrentarse. Tanto los padres como los profesores tendrían que tenerlo en cuenta para lograr que las distintas influencias en la vida
de un niño, y luego de un adolescente, sean lo más compatibles, es
decir, lo más unitarias posible.

Formarse es crecer; formarse es que todos los dinamismos humanos, que toda la dinámica humana, vayan de acuerdo. Por lo
tanto, lo peor que le puede pasar a una persona desde el punto de
vista ético es justamente esto: la disgregación, pues eso es incompatible con la ética.

Con ocasión de las fiestas de Santa Catalina de Alejandría, patrona de los filósofos, organizamos unas sesiones tratando que la
gente se acostumbre a que también hay fiesta universitaria, y que
no son cosas completamente distintas la universidad y la fiesta.
Naturalmente en estas fiestas se procura que las conferencias sean
un poco festivas, que no sean aburridas, en fin, tratar algún tema
agudamente, pero al mismo tiempo con cierta ironía y un poco
paradójicamente. Recuerdo un profesor de Cambridge, un hombre como otros muchos ingleses con un gran sentido del humor,
que dio en Pamplona una conferencia en una de estas fiestas que
los filósofos organizamos el día de nuestra patrona. Este profesor
hizo un elogio a la pereza. Argumentaba que, si una persona no
tiene buenos hábitos, no tiene virtudes, lo que tiene son vicios negativos, lo contrario a la virtud. Si una persona tiene muy desarrollado el vicio de la pereza, si está enviciado, entonces las actividades que desarrolla serán malas; por lo tanto, lo mejor es que haga
poco. Por tanto, lo mejor es que un vicioso sea perezoso. Haciendo
un poco de paradoja, se sostiene el vicio de la pereza remedia en
cierto modo el resto de vicios. Esta tesis no está ausente en Aris-

tóteles, porque en la Ética a Nicómaco de vez en cuando aparece algo parecido, una idea que se aproxima a esta formulación. En cambio, cuando una persona está bien desarrollada ejerce bien sus actividades porque tiene buenos hábitos. Por lo tanto, no debe ser perezosa, ya que entonces la pereza sería contraproducente. Una persona que sea capaz de actuar bien, debe actuar bien y debe actuar mucho; por lo tanto, a esa persona la pereza le viene muy mal, es decir, que, si la pereza es el vicio mejor para el vicioso, en cambio, es el vicio peor para el virtuoso.

## 4. La virtud y la ética

¿Qué es la ética en último término? La ética es madurez, es coordinación; la ética es la que hace que el hombre aumente su capacidad de actuar. Hablando de virtudes, es decir, de los hábitos normalmente buenos, se suele tener una idea ridícula, se piensa que una persona virtuosa es una persona tímida, a veces muy 'buenecita', o bien que es muy rígida. No, no; eso no tiene nada que ver; esas son deformaciones éticas, morales, porque cuando una persona tiene virtudes entonces es más activa, es decir, mucho más capaz. Lo que las virtudes hacen al hombre es reforzarle su naturaleza, por eso la ética es interna, no es un adorno. La ética es un factor intrínseco de la formación humana, es el factor que perfecciona la capacidad humana y, por lo tanto, hace que el hombre tenga unas tendencias más fuertes.

El objetivo de la educación ética no es inhibir a las personas. Una persona no es ética porque no hace. Una persona es ética cuando hace mucho. Crecer: la ética está en el orden del crecimiento de la naturaleza humana. El hombre madura como ser activo. Madurar como ser activo es ser más activo, y para ser más activo, hace falta tener unas tendencias y unos motivos más altos. Y, además, las dos cosas se corresponden: cuando uno tiene más fuertes sus inclinaciones, entonces sus inclinaciones llevan a lo alto. Pensar que una persona tiene unas inclinaciones, unas tendencias fuertes, pero que le llevan a lo bajo, naturalmente esto es incoherente. Por el contrario, el vicioso es el que entra en pérdida, el que realmente no tiene gran capacidad o no ha aumentado su capacidad, sino que más bien la ha disminuido. El vicioso no es dueño de sí, y al no serlo, tampoco se puede decir que sea muy activo, sino más bien que es muy pasivo, que se deja llevar. El hombre tiene tendencias fuertes en la misma medida en que es dueño de esas tendencias; son tendencias que el hombre tiene en la misma medida en que es libre; por eso ética y libertad tienen mucho que ver.

Un ser humano que no es capaz de perfeccionarse, no es dueño de sí; no es libre. Los griegos pensaban que los esclavos eran precisamente esclavos por naturaleza, porque no podían mejorar. Esta es la justificación que da Aristóteles. Se encontró con este problema: ¿cómo es posible que haya esclavos? Era un hecho social entonces, y eso justificaba la esclavitud, y dijo: 'Lo que pasa es que esclavo es por naturaleza aquel ser humano que no es capaz de perfeccionarse'. Sin libertad no se puede ser moral, y sin una fuerte moralidad se pierde la libertad. Y todo esto es algo en lo que el hombre va creciendo, es decir, en que va siendo educado

## 5. Educar como ayudar a crecer y ética como incremento de actividad

Los educadores lo que hacen es prestar su ayuda, porque realmente a crecer se puede ayudar, pero nada más. Nadie puede crecer por los demás, sino que quien tiene que crecer es cada uno. Por eso la educación, para la ética y para la libertad, es una ayuda. Por eso cuando un estado totalitario quiere educar fracasa, porque el estado no ayuda a crecer, sino que en todo caso impone otra tarea; y si a uno se le impone algo, esa persona no crece. Una persona crece si es libre, y aquí hay una especie de '*feed-back*', porque crece siendo más libre, y para ser más libre; por lo tanto, más dueño de sus actos, para lo que tiene que tener sus capacidades perfeccionadas, porque cuando las capacidades humanas están estropeadas no se pueden usar libremente.

La libertad crece con la capacidad de hacer. Cuando el espíritu está fuerte el hombre tiene libertad espiritual, quiero decir, está en orden a su inteligencia, a su voluntad. Cuando el cuerpo está fuerte tiene también libertad respecto del cuerpo, puede usar su cuerpo libremente. Por ejemplo, sí a mí me dijeran 'salte usted 2 metros', yo diría: 'lo siento en el alma, pero no salto 2 metros'. ¿Por qué? Porque tengo las piernas oxidadas, no por la humedad de Lima, sino por la humedad de Pamplona, que es tan grande como la de Lima, y además, porque ya tengo mis años... Yo no puedo saltar cómo saltaba en mi juventud. En mi juventud yo saltaba bastante, sí, porque tengo las piernas largas y saltaba bastante bien, pero ahora ya no. ¿Soy libre para saltar? La verdad es que es una libertad pequeñita.

Si una persona no tiene sus capacidades intensamente formadas, es menos libre que si las tiene en buen estado. Pues esto es lo que pasa con la ética. Se entiende muy mal la ética cuando se la desconecta de esto. La ética, el fin de la ética, es que el hombre sea capaz de actuar, es aumentar el poder humano, es hacer al hombre más intensamente activo. Cuando más intensamente activo es, más difícil es contentar a un hombre, a un ser humano. El hombre que tiene un gran afán de vivir no se contenta con poco. En cambio, una persona que tiene una vida mediocre vitalmente se conforma con poco; entonces cede ante cualquier reclamo irrelevante, por ejemplo, a 'vamos a emborracharnos'. Para hacer a un hombre bueno, hay que hacerlo fuerte. Para hacer a un hombre bueno, hay

que hacerlo justo. Hay que hacerlo más racional, es decir, él tiene
que usar su inteligencia.

## 6. La educación moral

La ética abre horizontes. La ética hace al hombre magnánimo.
Magnánimo significa esto: grandeza de alma. La ética no es para
empequeñecer, la ética es para agrandar. Y para un cristiano es
todavía más; es para parecerse cada vez más a Dios. Ahora bien,
¿qué sentido tiene la moral? La educación moral, ¿a qué va dirigida? En primer lugar, a aumentar, a hacer más brillante la imagen
de Dios en el hombre, y si la imagen de Dios en el hombre es más
brillante, es más intensa, está más perfilada, por decirlo de alguna
manera, y entonces es evidente que el hombre será mucho más
activo, porque Dios es el ser más activo que existe, es acto puro.
Por lo tanto, cuando el hombre se parezca más a Dios, más acto
será, más actividad será.

Éste es el meollo, el núcleo, el 'intríngulis' como decimos en
España, o sea el 'busilis', es decir, el secreto de la educación ética,
el secreto del crecimiento humano: fortalecer la naturaleza humana, hacer al hombre cada vez más parecido a Dios, de tal manera
que pueda comparecer delante de Él sin que Dios lo desconozca.
Ustedes han pensado alguna vez en el Juicio particular, pues saben ustedes que el Juicio es uno de los novísimos. El hombre es
juzgado por Dios tras la muerte. Luego está el Juicio final. Pues
¿en qué consiste el Juicio particular? Naturalmente consistirá en
muchas cosas, pero, en definitiva, si cuando Dios juzga al hombre
se encuentra con un hombre que se parece a él, el juicio es positivo.
En cambio, si se encuentra con un ser humano que ha desdibujado
los rasgos divinos en él, Dios podrá preguntar: '¿éste es el que yo
he creado a mi imagen y semejanza? ¡Pero si se ha estropeado, se

ha hecho una birria!'. Se podría decir con un poco más de dureza: 'tú te has engañado a ti mismo; tú te has hecho mentira; tú no has sido fiel a tu condición humana y has borrado en ti mi imagen. Por lo tanto, no te conozco', que quiere decir: 'pero ¿qué has hecho con mi imagen?'. En cambio, dice San Pablo que conoceremos como somos conocidos, conoceremos a Dios como Dios nos conoce a nosotros.

Por eso, los educadores deben tener mucho cuidado con las ideologías. El educador debe darse cuenta de que tiene poder de ayudar a crecer a una criatura de Dios en su mismo carácter de criatura, hecha a imagen y semejanza de Dios. Pero esto, ante todo, ¿qué quiere decir? La verdad es que esta perspectiva sobrenatural quizás mejor sería para una meditación en el oratorio, aunque también podemos decir algo de esto aquí. Este crecer quiere decir hacer a las personas, a los seres humanos, más humanos, porque cuando más humanos son más parecidos a Dios serán. Y además, como esa imagen, ese modelo es Jesucristo –*perfectus Deus, perfectus homo*, Dios y hombre perfecto–, entonces razón de más no solamente para parecernos a Dios, sino al hombre por antonomasia. Vean ustedes: cuando Pilatos lo presentó a los judíos dijo: '*Ecce homo*' –he aquí al hombre–; eso tiene un sentido mucho más profundo de lo que parece. 'He aquí al hombre' significa que Cristo es el hombre por excelencia, es el hombre perfecto.

Por eso el educador tiene que ser fiel al hombre. Debe tratar de tener una comprensión de lo que es el ser humano cada vez más aguda. El educador tiene que ser un experto en humanidad, como dice el Papa[8] respecto de la Iglesia: 'la Iglesia es experta en humanidad'. Todos debemos ser lo más expertos posibles en humanidad si somos educadores. No debemos traicionar la imagen de Dios; solo así podremos ayudar a la gente a crecer. Esto no sé

8. N.E.: Ese año el Romano Pontífice era San Juan Pablo II.

si resulta un poco solemne tal como lo estoy diciendo, pero me parece que es la verdad, y además, como la ética es seria, pues eso. A ustedes no sé si hace falta decírselo demasiado, pero a un profesor de ingeniería hay que decírselo quizá con más energía. 'Es que está formando ingenieros'. Sí, pero no sólo, porque si formamos ingenieros y no hombres, pues ¡menudo educador!

La ética tiene que ver con la educación, porque tiene que ver con la maduración del ser humano, y el hombre va aprendiendo a ser cada vez más hombre a través del ejercicio de su vida. El educador tiene que ser humanista, tiene que darse cuenta que está educando a seres humanos, no a caballos, sino a seres humanos, ayudando a crecer a seres humanos.

## 7. Formación personalizada

Los seres humanos tenemos una característica que a veces los educadores nos olvidamos de ella, quizá porque a veces queremos tener recetas, o tener fórmulas, por influencia de una psicología equivocada que depende del conductismo, que desgraciadamente ha tenido una fuerte influencia en la Facultad de Ciencias de la Educación o Pedagogía. No. Los seres humanos tenemos unas características muy peculiares, y una de ellas que es muy importante no se puede olvidar nunca. Lo dicen los andaluces –los andaluces son a veces muy sabios–: 'cuando Dios hace a un ser humano, rompe el molde'. No hay dos seres humanos iguales. El hombre es imagen de Dios, pero es una imagen tan personal, tan radicalmente personal, que cada uno es cada uno. Tenemos muchos rasgos parecidos, comunes, todos tenemos nariz, ojos, orejas, etc., pero cada uno es cada uno. Esto quiere decir que 'cada uno tiene sus cadaunadas'; dicho de otra manera, cada uno es cada cual.

No se puede formar en serie. La formación tiene que ser muy personalizada. Pero muy personalizada no quiere decir muy caprichosa. Sí, porque cada uno tiene sus 'cadaunadas', pero cada uno es un ser humano también; por lo tanto, no puede hacer sus 'cadaunadas' al margen de su condición humana, sino que tiene que alcanzar su madurez, siendo a la vez él mismo, haciéndose a sí mismo. Esto es ética y libertad, que quiere decir que cada uno es plenamente un ser humano, pero según una personalidad propia, según la persona que es y no otra. Esto para los padres es muy importante, y para los hijos también.

La pretensión que tienen algunos padres de que los hijos sigan su misma carrera es un error. Está usted fallando en su labor de educador cuando quiere usted que su hijo sea lo mismo que usted. Si usted es abogado y quiere que su hijo sea abogado, no se da cuenta de que su hijo es una persona, y tiene derecho…, más aún, usted tiene la obligación de tratar de averiguar qué es lo que le va mejor, cuál es su vocación, por decirlo de alguna manera, por qué camino se desarrolla mejor. Me acuerdo de que mi padre, cuando yo era pequeño, me observaba bastante y alguna vez me dijo: 'Cuando tú tenías 10 años, yo creía que para ti lo mejor sería estudiar matemáticas, porque te gustaban mucho. Éste tiene una mente matemática, pero él era abogado y tenía un bufete en Madrid. Podría haber pensado que yo, siendo el hijo mayor, sería su sucesor, pero no: '¡vamos a ver por dónde sale éste! ¿Qué es lo que le va a éste?'. Y luego me lo dijo: 'después me ha parecido que tú serías médico, porque te gustaba mucho la biología'. Nunca pensó que yo fuera abogado, y se lo tengo que agradecer. Al final he resultado filósofo, o sea, que tampoco acertó, pero por lo menos lo intentó.

La verdad es que a veces hay gente, hay padres, que se empeñan en que su hijo les sucedan, pero se producen catástrofes. Por ejemplo, un padre que tiene una fábrica y quiere que su hijo sea su sucesor en ella. ¿Pero si ese hijo no tiene mentalidad de comerciante, de fabricante o de empresario? Lo importante es respetar la imagen de Dios; no se puede pretender educar a la propia imagen. Esto no lo puede hacer un padre, y un profesor tampoco. El padre tiene que estar muy atento a cómo es su hijo; quizás lo mejor es que no se lo diga demasiado, sino que se lo guarde para sí, pero debe estar atento; esto es lo que yo creo que es el núcleo básico de lo que se suele llamar la educación personalizada.

Cada cual es cada cual; 'cada uno es cada uno y tiene sus cadaunadas'. Por tanto, hay que hacer una educación personalizada, y para eso, hay que atender a cómo es cada uno; lo mejor es muchas veces no decírselo a él, pero sí que uno debe tenerlo eso metido; si es profesor, bien metido. Esto me parece más o menos que va por aquí: a éste se le puede pedir esto y no se le puede pedir esto; a éste sería mejor orientarle por acá.

## 8. Ayuda al profesorado

Para llevar a cabo una educación de este tipo, hace falta también que los profesores sean bastante buenos. Pero a veces resulta que es difícil ser buen profesor cuando se está en una situación muy difícil. Y la verdad es que en casi todos los países los profesores estamos en una situación un poco difícil. La función del educador en este país, en el Perú concretamente, es decepcionante. El Perú necesita una intensa ayuda educativa, porque tiene una enorme cantidad de recursos humanos que están sin aprovechar.

Y a veces uno dice: '¿los maestros; estudian suficiente?' A los maestros hay que ayudarles. Las universidades deben ofrecerles cursos, hay que cuidarles para que mantengan siempre la ilusión, para que mejoren, para que no se queden retrasados. Hay que ganar en calidad, hay que elevar su nivel, hay que capacitarles mejor, y la ética consiste en esto: en hacerles crecer a los seres humanos, en aumentar su capacidad. Por lo tanto, la educación es inherente a la ética. Si a la gente se la deja en una situación de ignorancia, entonces el país no avanza. Un país vale lo que valen sus profesores. A primera vista parece que no, que un país vale lo que valen sus empresarios, que vale lo que valen sus políticos, o los recursos naturales que tiene. Pero al final se llega a la conclusión de que es el nivel educativo lo que marca el nivel de un país.

Otro aspecto, porque la cosa es un poco complicada: lo importante es que el profesor tenga en cuenta la personalidad de los alumnos, que se dé una educación personalizada. Pero claro, para eso hace falta que el profesor esté bien. Me acuerdo de una conversación que tuve una vez con el viejo rector de la Universidad de Lovaina. Me dijo una frase que siempre he recordado, y que muchas veces se ha repetido: 'es preciso cuidar a los propios hombres, es preciso pagarles'. Sus propios hombres eran los profesores de la Universidad de Lovaina. Hace falta cuidar a los profesores, hace falta pagar a los profesores; si no, la universidad no funciona.

Lo más importante en un centro educativo son los profesores. De esto depende todo, porque si los profesores no son buenos, entonces todo esto de la ética, de la educación, no sale. Es cómo 'matar la gallina de los huevos de oro'. A los que hay que cuidar es a los profesores. El meollo son los profesores; si los profesores son buenos, entonces educaran bien; si los profesores son malos, entonces todo irá mal. Si saben poco, enseñarán un poco; si tienen poco sentido de lo que es el hombre, no respetarán al ser humano; saldrán piltrafas, no saldrá gente formada, sino que la deformarán.

Me he dedicado a escuchar un poco de 'rock and roll', a ver si lo entiendo, a ver si soy capaz —como decimos los filósofos 'de elevar a concepto el rock and roll'—, de hacerles comprender a los chicos, o por lo menos a mis alumnos de primero qué es el 'rock and roll', qué tipo de música es, y decirles qué hacen cuando están ahí, hacerles una teoría del 'rock and roll', para cuando vayan a la discoteca, y sepan lo que están haciendo, que exista una vinculación, una relación entre lo que saben por las clases de filosofía y lo que están haciendo ahí. La verdad es que algún resultado se puede conseguir. No hay manera de quitarlos de que vayan a la discoteca; no hay manera. Ellos y ellas van como locos. Estuvieron varios días en la discoteca, en una pequeña ciudad española, en Segovia o en Ávila, en una reunión que hicimos desde la Asociación de la Rábida. Sobre esto recuerdo a don Vicente Rodríguez Casado, un gran maestro, un gran profesor, que fue el creador de esa Asociación y que acaba de morir. Un amante de la Universidad de Piura. Yo le he tomado bastantes veces un poco el pelo. Me acuerdo que me encontré con él la primera vez que vine al Perú, que fue en el año del fenómeno atmosférico del 'Niño'. Me dijo: 'parece que aquí en vez de casas hay terrones de tierra, porque están hechas de adobe, y el adobe es el más noble de los materiales'. Era un 'forofo', como decimos en España, de la Universidad de Piura y de Piura. Pues bien, en una de esas reuniones, había treinta y tantos chicos y chicas que estuvieron 4 días yendo, y cuando terminamos no había quién conociera aquella discoteca, la habían normalizado; habían entrado allí como 'universitarios'; habían tomado sus 'vodkitas' correspondientes, habían bailado decentemente; en fin, introdujeron un nuevo estilo en la discoteca. Intentamos decir qué era un hombre y qué era divertirse.

## 9. Educar la fiesta

¡Cuántas cosas hay que decir del ser humano! Enseñar a divertirse… ¡No crean ustedes que no es una cosa que no hay que educar! ¿Tiene sentido ético la diversión? ¡Claro que tiene sentido de ético! Para la ética es importantísimo saber divertirse; uno se puede divertir virtuosamente y se puede divertir viciosamente. Yo creo que está claro que uno se puede divertir viciosamente. Que uno se puede divertir virtuosamente, quizá esto no es tan obvio y, sin embargo, así es. La diversión es cristiana. Fíjense ustedes que en todo el calendario litúrgico hay muchas ferias, y ¿qué significa 'feria'? Feria es fiesta. Todos los días –menos el Sábado Santo que es un día alitúrgico– son de 'feria'. Para un cristiano la vida es fiesta.

La ética tiene que ver con la alegría de vivir y la educación también. El que vive sin alegría es mal educador. Al que enseña ética y no se para a considerar que la ética es alegría, habría que decirle: '¡Menuda ética tiene usted; es usted lo peor que hay: una persona triste!'. Miren ustedes, yo de la ética no les puedo decir más que una cosa: que la ética es aprender a ser más hombres o más mujeres; esto es lo que es la ética; por lo tanto, si uno es vicioso, lo mejor es que sea perezoso, y si uno es más hombre, pues que sea más activo, que no sea perezoso, que sea diligente. Así que no sean tontos: sean más activos.

Educadores pueden ser los padres, los maestros, las discotecas y la televisión. Pero como el hombre disgregado no puede ser ético, todos estos agentes educativos tienen que estar coordinados. Cuando se trata de la educación en centros educativos, lo más importante son los profesores, y esto, aunque se haya dicho es muy importante, porque si no se tiene en cuenta uno se equivoca. Así como en una familia no hay que formar mucho a los padres para que sean educadores, ya que los padres están naturalmente bien dotados para serlo, y normalmente lo más importante son los hijos, cuando se trata de centros educativos lo más importante son los profesores, porque de que los profesores funcionen bien, depende la calidad de la enseñanza.

Y lo último que se ha dicho es que todo esto tiene que ver con la alegría de vivir: una ética triste es una contradicción. Así lo dice Aristóteles y así lo comenta Tomás de Aquino. También se podría decir de otra manera: 'miren: no saben lo que se pierden si no maduran'. La persona que no madura no sabe lo que se pierde, y es que le gustara el 'rock and roll', pero no le gustara Mozart, y entre las sensaciones más o menos agradables que puede dar el 'rock and roll' y el gozo de entender una sonata de Mozart hay una diferencia de calidad total. Bueno, ¿quién está más profundamente alegre, el que está oyendo 'rock and roll' o el que se da cuenta de cómo es una sinfonía de Mozart? El que se da cuenta, el que entiende la sinfonía y dice: '¡Mira, mira, es el tema, ahora está variando! ¡Oh qué espléndido!'. ¡Cómo goza uno cuando entiende la estructura de una gran obra musical!